CHEMIN DE FER

MÉTROPOLITAIN

ET DE LA

BANLIEUE DE PARIS

※

II^c MÉMOIRE ET ANNEXES

※

PARIS

SIÉGE DE LA SOCIÉTÉ

45, rue Joubert, 45

—

1873

CHEMIN DE FER

MÉTROPOLITAIN

ET DE LA

BANLIEUE DE PARIS

——◦◦◦——

DEUXIÈME PARTIE

——◦◦◦——

MÉMOIRE

par

JULES BRUNFAUT

INGÉNIEUR

——◦◦◦——

PARIS

SIÉGE DE LA SOCIÉTÉ

45, rue Joubert, 45

—

1873

CHEMIN DE FER MÉTROPOLITAIN ET DE LA BANLIEUE DE PARIS

Légende

Imp. N. Jollivet, 37, Fau. des Martyrs.

A Monsieur le Président,
Et a Messieurs les Conseillers généraux
du département de la Seine.

Messieurs,

A l'ouverture de votre dernière session, nous eûmes l'honneur de présenter à votre haute approbation le projet du *Chemin de fer Circulaire de la banlieue de Paris.*

Sur l'initiative de l'un de vos honorables collègues, votre attention a été appelée sur ce projet, que vous avez renvoyé à votre Commission des routes et chemins, afin d'être mûrement examiné et de devenir l'objet d'un rapport spécial.

La Commission, par l'organe de son honorable rapporteur, a cru devoir vous inviter à renvoyer ce projet, ainsi que celui présenté par M. le Préfet, devant l'Administration, pour être de nouveau étudié et être soumis, s'il y avait lieu, à une enquête publique.

C'est forts de cet encourageant accueil, que nous avons l'honneur de nous présenter aujourd'hui devant vous, pour soumettre à votre appréciation les Rapports des diverses Commissions nommées dans chaque canton du département de la Seine; Rapports élucidés sous le bienveillant patronage de plusieurs d'entre vous et par les soins des Conseils municipaux, auxquels sont venus s'adjoindre les notables négociants, propriétaires et industriels appartenant aux localités que le Chemin de fer doit desservir.

L'ensemble de ces nouveaux Rapports nous fortifie de plus en plus dans la pensée de persévérer dans une œuvre appelée à satisfaire des intérêts aussi multiples et aussi importants, au double point de vue industriel et pratique.

Notre Société a eu l'honneur de mettre à la disposition de l'autorité préfectorale M. Coumes, inspecteur général des ponts et chaussées, aujourd'hui notre ingénieur en chef, et M. Brunfaut, l'auteur du projet du Chemin de fer Circulaire de la banlieue de Paris, pour conférer sur la question technique et sur les voies et moyens que nous proposons pour l'exécution de l'œuvre.

Grâce au travail de la Commission nommée par l'Administration et aux études poursuivies par les ingénieurs de notre Société, vous aurez sous les yeux, Messieurs :

Les moyens pratiques pour arriver à la réalisation du but ;

Une appréciation raisonnée des aspirations des populations suburbaines ;

Un tableau fidèle des besoins, des nécessités de l'industrie parisienne ;

En un mot, un exposé approfondi et complet d'une question qui touche à l'intérêt vital du département de la Seine.

Vous trouverez, ci-joints, les procès-verbaux des nouvelles réunions qui ont eu lieu, les rapports des Commissions nommées, les lettres que nous avons eu l'honneur de recevoir de MM. le Préfet et le Ministre des travaux publics.

Nous analyserons ces pièces, et espérons prouver que nous ne sommes que l'expression sincère des intéressés du département de la Seine, lorsque nous réclamons l'*exécution du Chemin de fer Circulaire de la banlieue de Paris.*

Veuillez agréer, Messieurs, l'assurance de notre haute considération.

Le Président du Conseil d'administration.

Comte de VAUVINEUX.

Paris, décembre 1872.

CHEMIN DE FER CIRCULAIRE

DE LA

BANLIEUE DE PARIS

I.

Dans la séance du 25 octobre 1872, M. Sueur a donné lecture, au Conseil général de la Seine, d'un Rapport :

1° Sur le projet de Chemin de fer de camionnage entre Neuilly et Pantin, proposé par M. le Préfet;

2° Sur le projet de Chemin de fer Circulaire de la banlieue de Paris, déposé par M. Lesage.

Voici d'abord l'exposé des motifs présenté par M. le Préfet de la Seine, accompagné du rapport de M. l'ingénieur en chef des ponts et chaussées. Nous les ferons suivre du texte du rapport de M. le conseiller général Sueur, examinant les deux projets au nom de la Commission des routes et chemins :

RAPPORT

DE M. LE PRÉFET A MM. LES MEMBRES DU CONSEIL GÉNÉRAL

CHEMIN DE FER INDUSTRIEL DE NEUILLY A PANTIN

MESSIEURS,

Dans votre dernière session, vous vous êtes occupés des améliorations à apporter aux services de transport des voyageurs et des marchandises dans les communes suburbaines du département.

Le système auquel vous vous êtes arrêtés a été de réunir, par des tramway à traction de chevaux, les communes extérieures à l'intérieur de Paris, et de relier entre elles les gares intérieures des chemins de fer à voyageurs au moyen d'un Chemin de fer métropolitain à traction de machines.

Vous avez prévu un service de messageries sur les tramway, mais vous avez ajourné à une autre session l'examen de la question du camionnage des marchandises encombrantes au départ ou en destination des usines.

Des renseignements statistiques très complets ont été réunis pour établir le nombre des usines, leur situation, leur consommation en houille et en matières premières.

Les résultats de ce travail sont consignés dans des tableaux qui sont joints à ce Mémoire. L'arrondissement de Saint-Denis est, au point de vue industriel, beaucoup plus important que l'arrondissement de Sceaux ; c'est celui dont j'ai dû me préoccuper tout d'abord.

Les études en ce qui concerne l'arrondissement de Sceaux ne sont pas terminées.

On a constaté dans l'arrondissement de Saint-Denis un mouvement industriel de 2 millions de tonnes, en houille, plâtre, matières premières et produits divers. La plus grande partie de ce mouvement se fait par les chemins de fer existant et par un camionnage à petite distance ; mais il reste un tonnage important, dont le camionnage se fait à une distance de plusieurs kilomètres.

Pour pouvoir résoudre économiquement la question de ce camionnage, il faudrait que les quantités à transporter pussent être groupées sur un même point, tant à l'arrivée qu'au départ, ce qui est une condition difficile à remplir. Toujours est-il qu'il y a à Pantin, à Aubervilliers, à Saint-Ouen, à Levallois, à Clichy, des centres communs autour desquels sont installées un certain nombre d'usines, et que, si on organisait un camionnage économique entre ces cinq points et les grandes gares d'Aubervilliers, Est, Saint-Denis, Nord et Clichy-Ouest, on aurait rendu à l'industrie un service signalé.

Il y a 200,000 à 250,000 tonnes sur lesquelles on pourrait peut-être économiser 2 francs et plus de transport.

Ces principes posés, on a cherché à déterminer d'une façon précise ces centres communs dont je viens de parler ; en combinant les nécessités de l'industrie avec les dispositions naturelles des lieux, on a trouvé que les points les plus convenables étaient :

1° La rencontre de la route nationale N° 1 et du chemin du Landy ;

2° Les terrains situés entre Aubervilliers et Pantin, près du chemin N° 13 ;

3° La rencontre de la route de la Révolte et de la route départementale N° 13, et les abords des Docks de Saint-Ouen ;

4° La rencontre de la route de la Révolte et de la route départementale N° 14, à Clichy ;

5° Les terrains situés à Levallois-Perret, près du saillant des fortifications.

On a cherché ensuite à relier ces points entre eux et avec les grandes lignes, au moyen d'une voie de fer qui pût devenir le tronc commun d'où on pourrait détacher des embranchements particuliers au profit des usines capables de recevoir des wagons à chargement complet.

Ce projet, si on le trace sur la carte, donne un Chemin de fer industriel pourvu de huit grands garages, pouvant se relier avec toutes les grandes usines et avec les trois grandes lignes, et ne coûtant à établir qu'une somme de 5 MILLIONS DE FRANCS.

Il partirait de l'avenue de Neuilly pour aboutir à la gare de l'Est, à Pantin, se reliant à ses deux extrémités au réseau des tramway, dont il rencontrerait d'ailleurs, sur son parcours, un certain nombre de lignes.

La partie comprise entre Saint-Denis et Aubervilliers est construite à travers champs ; le reste est presque tout entier prévu sur un des bas-côtés ou le milieu de la route de la Révolte.

La traction pourrait se faire immédiatement par machines, d'un côté jusqu'à Aubervilliers, et de l'autre sur la route de la Révolte, jusqu'aux environs de la route départementale N° 13, à Saint-Ouen. Sur le reste du parcours, il faudrait, jusqu'à nouvel ordre, organiser la traction au moyen de chevaux.

Les gares constitueraient, pour ainsi dire, des marchés de houille, dans lesquels les usines qui n'auraient pas d'embranchements particuliers pourraient avoir des dépôts. On y organiserait des services de transbordement pour les wagons spéciaux des tramway ; car, s'il est vrai que les wagons de tramway pourront circuler sur les chemins de fer ordinaires, la réciproque ne sera pas réalisée tout de suite, et les wagons des chemins de fer, avec leurs boudins saillants, ne pourront pas être reçus encore sur les rails des tramway.

On voit bien, dans les houillères, des wagonnets de 2 tonnes verser leur chargement dans les wagons de 10 tonnes des grandes lignes de chemins de fer; on pourra, par contre, détailler le contenu des wagons de 10 tonnes dans des wagonnets de 3 ou 4 tonnes, qui circuleront, au besoin, jusqu'à Puteaux et Suresnes par les tramway, et pourront même entrer dans **Paris**.

Le projet que je soumets à votre examen n'est *peut-être pas grandiose;* mais il a un caractère industriel et pratique qui vous paraîtra sans doute *intéressant.* L'avenir ne serait pas compromis par son exécution; le jour où des besoins plus considérables permettront d'aborder des travaux d'un ordre plus difficile, on serait toujours libre de le faire; mais on peut du moins, sans immobiliser trop de capitaux, préparer la solution d'un problème très important pour l'industrie des communes suburbaines.

Je vous demande d'approuver, en principe, l'avant-projet dont vous trouverez le détail dans le Rapport de M. l'ingénieur en chef du département et dans les documents annexes.

Si vous concluez à l'approbation, je ferai terminer les études sur le mode de construction et d'exploitation; mais, avant même d'aborder les études de détail, je vous demanderai l'autorisation d'acquérir une partie des terrains sur lesquels les garages devront être établis. On évalue à un million la valeur totale des terrains à acheter; avec 600,000 francs, on pourrait s'assurer les points les plus importants, et obtenir ainsi une base fixe pour l'achèvement des études d'exploitation.

Le Préfet de la Seine, membre de l'Assemblée nationale,

Signé : LÉON SAY.

Paris, le 30 septembre 1872.

RAPPORT

DE M. L'INGÉNIEUR EN CHEF DES PONTS ET CHAUSSÉES

A M. LE PRÉFET DE LA SEINE

ÉTUDE DES CHEMINS DE FER D'INTÉRÊT LOCAL

M. le Préfet nous ayant invité à poursuivre l'étude du Chemin de fer industriel que nous lui avons soumise le 9 septembre, le présent Rapport a pour but de préciser comment on comprend l'utilité de ce chemin et de proposer les premières mesures qu'il paraît convenable d'adopter.

Le résultat à obtenir, s'il pouvait être complétement atteint, serait de créer un chemin de fer, tronc commun, sur lequel chaque usine pourrait souder un branchement qui la mettrait en communication directe avec l'artère principale; mais, s'il y a des usines assez importantes ou placées de telle sorte qu'elles aient intérêt de possibilité pour faire ce branchement, il y en a beaucoup d'autres qui ne sont pas dans les mêmes conditions. Cependant, pour celles-ci, il y aurait avantage à trouver dans le voisinage, à une faible distance, le lieu de dépôt ou d'entrepôt, c'est-à-dire d'arrivée ou de départ, des matières qu'elles reçoivent ou qu'elles expédient.

L'utilité du Chemin de fer industriel serait donc assurée par l'établissement de gares près des divers centres industriels constatés à Pantin, à Aubervilliers, à Saint-Denis, à Saint-Ouen, à Clichy, à Levallois-Perret et à Neuilly (à la jonction du tramway de Puteaux et Suresnes).

Ces gares auraient principalement pour objet, comme la grande gare de La Chapelle, du chemin de fer du Nord, d'offrir aux industriels des emplacements sur lesquels ils feraient exécuter eux-mêmes les chargements, déchargements, enlèvements, etc., à leur convenance; elles seraient, en outre, disposées pour faciliter les transbordements sur les tramway.

L'emplacement nécessaire à chaque gare est, moyennement, de 15,000 mètres carrés. On peut admettre, par exemple, qu'elles doivent comprendre deux plateaux de 12 à 13 mètres de largeur, séparés par une rue pavée de 10 à 12 mètres, et cotoyés extérieurement par deux voies de fer reliées par des plaques tournantes; il faut une largeur d'environ 50 mètres et une longueur, variable suivant les besoins, que nous estimons à 200 ou 300 mètres.

Le point commun de départ est toujours la gare de Saint-Denis du chemin de fer du Nord ; de la déclaration des ingénieurs, il résulte qu'il n'y a pas là de difficultés.

A la bifurcation des deux branches de l'Ouest et de l'Est, il faudra une petite gare.

Pour la branche Est, vers Aubervilliers et Pantin, le tracé suit à travers champ et traverse la route nationale N° 1, sous le pont du chemin de fer de Soissons ; au-delà, nous avions d'abord pensé à utiliser le chemin N° 5 et le pont sur le canal Saint-Denis ; mais nous croyons plus simple et plus, facile de continuer à travers champ et de passer le canal au moyen d'un nouveau pont, en aval de l'écluse de la Haie-Coq ; quoi qu'il en soit, une gare serait placée à l'angle de la route nationale N° 1 et du chemin du Landy ; elle desservirait les nombreuses usines qui bordent la route nationale, entre le pont du chemin de fer de Soissons et Paris, et même le groupe important des usines d'Aubervilliers, situées à l'Ouest du canal Saint-Denis. (De cette gare, un embranchement serait très facile pour l'usine importante de Saint-Gobain, sur le chemin du Landy.)

Après avoir franchi le canal, le Chemin de fer industriel passe au sud d'Aubervilliers ; la gare serait placée près du chemin de grande communication n° 13 ; les usines sont groupées le long de ce chemin qui doit recevoir un tramway. Ce tramway est commun avec le Chemin de fer industriel jusqu'à la gare de Pantin du chemin de fer de l'Est, avec laquelle un raccordement ne paraît présenter aucune difficulté.

Remarquons de suite qu'il n'y a de ce côté aucun obstacle à ce que la locomotive vienne dès maintenant jusqu'à la gare d'Aubervilliers, c'est-à-dire jusqu'au tramway du chemin de grande communication N° 13.

Pour la branche ouest, rien ne s'oppose à ce que le Chemin de fer industriel soit placé, en quittant la gare Saint-Denis, sur le côté droit de la route de la Révolte ; il y aurait une première gare pour Saint-Ouen, entre les rues du Landy et de Paris (cette dernière rue est la route départementale N° 13, indiquée pour recevoir un tramway) ; une autre près des Docks ; et *jusque-là pas d'empêchement pour l'emploi de la locomotive ;* mais, d'ici au chemin de fer de l'Ouest, la voie du Chemin de fer industriel doit être placée au milieu de la route de la Révolte ; on est toujours en traverse, il y a des maisons des deux côtés ; toutefois, on a des terrains pour gares : à Clichy, entre la route départementale N° 14 (ligne de tramway) et le chemin de fer de l'Ouest, du côté des fortifications (de cette gare partira le raccordement avec la ligne de l'Ouest) ; à Levallois-Perret, entre la rue de Courcelles (ligne de tramway) et les fortifications, c'est-à-dire au point où le Chemin de fer industriel doit contourner les fortifications.

Ici, on est dans les terrains nus des abords des fortifications et lorsqu'on rejoint la route de la Révolte, la voie de fer doit rester sur le côté gauche de la route ; il n'y a, de ce côté, d'autre construction que la chapelle Saint-Ferdinand, et entre le terrain de cette chapelle, les fortifications et l'avenue de Neuilly, il existe un vaste plateau d'au moins un hectare, qui peut être utilisé pour une gare commune au chemin de fer et au tramway de Neuilly à Puteaux et à Suresnes.

En résumé :

Une gare à Saint-Denis, au point de bifurcation des branches de l'Est et de l'Ouest, soit 12,000 mètres à 10 fr. l'un...............	120.000 fr.

Puis, sur la branche Est :

Une gare dans l'angle de la route nationale N° 1 et du chemin du Landy, 25,000 mètres à 7 fr. l'un...............	175.000
Une grande gare entre Aubervilliers et Pantin, près du chemin de grande communication N° 13, 20,000 mètres à 5 fr. l'un..	100.000

Sur la branche Ouest :

Première gare à Saint-Ouen, 15,000 mètres à 12 fr......	180.000
Deuxième gare près des Docks de Saint-Ouen, 15,000 mètres à 6 fr..	90.000
Gare à Clichy sur les terrains nus, aux abords des fortifications, 15,000 mètres à 5 fr.........................	75.000
Gare à Levallois-Perret, sur les terrains nus, aux abords des fortifications, 15,000 mètres à 5 fr.................	75.000
Enfin, gare à Neuilly, sur les terrains nus des fortifications, 10,000 mètres à 5 fr..........................	50.000
Total (pour 112,000 mètres)...............	865.000
Imprévu....................	135.000
Total général......................	1.000.000

Dans le premier Rapport du 9 septembre, nous avons évalué la dépense du chemin proprement dit à 3,700,000 fr., compris 400,000 fr. pour voies de garage, plaques tournantes, croisements ; nous venons de voir que les gares coûteront d'établissement 1 million ; ajoutons 300,000 fr. pour le complément d'installation des gares, et la dépense totale du chemin de fer (à deux voies) et des gares sera de 5 millions de fr.

Il ne faut pas perdre de vue que les locomotives pourront de suite arriver, sur la branche de l'Ouest, jusqu'à Saint-Ouen, et, sur la branche de l'Est, jusqu'à la gare placée entre Aubervilliers et Pantin ; les transports se feront donc jusque-là presque au même prix qu'à la gare de La Chapelle, et le camionnage sera, sinon supprimé, au moins considérablement réduit.

Les usines ne viendront-elles pas, d'ailleurs, s'installer le long du Chemin de fer industriel, surtout pour la branche de l'Est ?

Les bases des dispositions principales et l'utilité du projet sont maintenant indiquées d'une manière précise ; nous avons parcouru le terrain plusieurs fois ; nous avons déjà des renseignements précis ; nous faisons dresser des plans et compléter les nivellements ; l'étude peut être terminée et réduite en projet détaillé d'ici à peu de temps ; mais si le principe est admis, n'est-il pas prudent de prendre les devants, en ce qui concerne au moins les emplacements nécessaires aux gares ?

Il serait sage de tenter l'acquisition de ces emplacements à l'amiable ; nous avons donné ci-dessus des renseignements que nous avons lieu de croire exacts et que M. l'ingénieur Saint-Yves a recueillis sur les lieux et de différentes sources ; ils peuvent donc servir de base à l'application d'un premier crédit dont nous demandons l'allocation au budget de 1873.

Paris, le 27 septembre 1872.

CONSEIL GÉNÉRAL DE LA SEINE

SÉANCE DU 25 OCTOBRE 1872

Rapport de M. Sueur

M. Sueur donne lecture d'un Rapport :

Le Conseil général,

Vu le Mémoire de M. le Préfet de la Seine, en date du 30 septembre 1872, par lequel il propose :

1° La création d'un chemin de fer industriel pour le transport des marchandises dites encombrantes, allant de Neuilly à Saint-Denis et de Saint-Denis à Pantin, se raccordant avec les lignes de l'Ouest, du Nord et de l'Est, et offrant aux usines la possibilité de créer des embranchements particuliers ;

2° L'ouverture d'un crédit de 600,000 fr. pour continuer les études et acquérir, par traités amiables, les terrains nécessaires aux gares et lieux de dépôt à établir sur ledit chemin de fer industriel ;

Vu les rapports de l'ingénieur en chef du département, en date des 9 et 27 septembre 1872 ;

Vu le projet d'un Chemin de fer Circulaire dans la banlieue de Paris, dressé par M. Brunfaut et renvoyé à la deuxième Commission, sur la proposition de M. Lesage ;

Ouï le Rapport de la deuxième Commission ;

Considérant que la création de chemins de fer dans la banlieue, reliant les communes entre elles et aux lignes existantes qui pénètrent dans Paris, a fait l'objet d'un vœu émis par le Conseil général dans sa dernière session :

Que cette création est demandée par la plupart des communes du département ;

Considérant que les besoins à satisfaire comprennent aussi bien le transport des personnes que le camionnage des marchandises, matières premières, combustibles et produits fabriqués ;

Que des raccordements nombreux doivent être ménagés aussi bien avec les railway existant qu'avec les tramway à construire ;

Que le chemin de fer de la banlieue semble devoir être disposé de manière à faciliter, au point de vue industriel, l'insertion d'embranchements particuliers pénétrant dans les usines et les reliant au besoin avec les voies navigables, et, au point de vue stratégique, la fonction de voies ferrées de service, alimentant les forts utiles à la défense de Paris.

En ce qui concerne le projet présenté par M. le Préfet;

Considérant que ce projet ne donne qu'une faible satisfaction aux désirs exprimés par les communes et par le Conseil général;

Qu'on ne voit pas comment il pourrait être rattaché à une conception d'ensemble;

Qu'il convient de demander sur ce projet des études générales complètes et, autant que possible, comparatives entre les diverses solutions qui peuvent se produire ;

Que, pour assurer le service des études, la somme de 40,000 francs est jugée nécessaire;

Considérant qu'en attendant le travail des ingénieurs et la présentation d'un projet complet et définitif, accompagné d'un cahier des charges pour la concession éventuelle du chemin en projet, il n'y a lieu d'engager l'opération ni par un commencement d'exécution ni par des acquisitions de terrains qui seraient prématurées ;

Considérant que les voies et moyens doivent au contraire être absolument réservés jusqu'au moment de la décision à intervenir après production et examen d'un projet définitif;

En ce qui concerne le projet présenté par M. Lesage;

Considérant que le Conseil ne peut apprécier, au point de vue technique, le mérite de ce projet, qu'il doit, avant de statuer, s'éclairer de l'avis de l'administration ;

Délibère :

ARTICLE PREMIER. — L'Administration est invitée à faire procéder à des études complètes pour arriver à la réalisation d'un Chemin de fer Circulaire départemental à créer dans la banlieue de Paris.

ART. 2. — Le projet présenté par M. Lesage est renvoyé à M. le Préfet pour être soumis à l'examen de l'administration, et devenir, ainsi que le projet de l'administration, l'objet d'une instruction, d'une enquête, s'il y a lieu, et d'un rapport au Conseil.

ART. 3. — Un crédit de 40,000 francs est ouvert au budget départemental (sous-chapitre XIV, art. 24 bis) pour couvrir les frais d'études.

II

Il ne nous appartient pas d'entreprendre la critique du projet présenté par l'Administration préfectorale ; nous sommes d'autant moins disposés à le faire, qu'il est pour nous avéré que, si l'exécution ne se réalise pas toujours au gré de ses vœux, néanmoins ses études ont pour unique but le bien-être de ses administrés. Nous venons seulement démontrer aux communes intéressées que les moyens qui leur sont proposés ne leur apporteraient pas toutes les satisfactions auxquelles elles ont droit, au point de vue pratique et industriel.

Et notre assertion est basée sur l'expérience.

Car, s'il faut reconnaître que les ingénieurs de l'Administration possèdent toutes les aptitudes nécessaires pour la création de nos chemins de fer ; s'il faut reconnaître que les voies ferrées françaises sont les mieux établies, il faut cependant laisser à l'industriel, au négociant, le soin de trancher les questions *terre à terre*, celles qui touchent directement aux besoins, aux intérêts du commerce et de l'industrie : les questions de transport, en un mot.

Ce qui fixe l'attention, lorsque l'on parcourt les Rapports de M. le Préfet et de M. l'ingénieur en chef, c'est qu'ils ne sont pas complétement, absolument, au courant de cette importante question.

Tout d'abord, ces Rapports reconnaissent que le Chemin de fer qu'ils proposent ne pourra pas être partout desservi par la locomotive ; et, après avoir constaté un mouvement considérable de marchandises, ils déclarent qu'une partie de ce chemin sera inaccessible aux wagons des grandes Compagnies.

Ce sont là des faits qu'il est indispensable de relever, afin que les intérêts suburbains, qu'il s'agit précisément de desservir, ne soient pas, une fois encore, oubliés.

Au contraire, le projet que nous présentons répond tout à la fois aux besoins de l'industrie et aux exigences des voyageurs suburbains, en permettant aux wagons, ainsi qu'aux locomotives employés par les chemins de fer avec lesquels ils se raccordent, de venir librement circuler sur ses rails.

Jusqu'à ce jour, les populations éparses dans la banlieue, privées de communications entre elles, n'ont, comme principal débouché, que la grande cité parisienne. Le chemin de Neuilly à Pantin vient-il mettre un terme à cette situation ? Supprime-t-il les énormes frais de camionnage qui pèsent si lourdement sur les usines suburbaines ? Évidemment non. Ce chemin n'est qu'un compromis entre ce qui existe actuellement et ce qui devrait exister.

C'est un moyen terme, une demi-mesure qui ne satisfera que quelques personnes, et qui n'améliorera que très petitement la situation fâcheuse qu'elle désire faire cesser.

III

L'expérience nous a si souvent démontré, à nos dépens, le danger des demi-mesures, que nous ne comprenons vraiment pas qu'après tant de déboires, nous retombions encore dans les mêmes errements.

Pourquoi hésiter à construire un véritable chemin de fer desservant tous les intérêts suburbains ? La vitalité de l'industrie parisienne est ici tout entière en jeu ; c'est la prospérité du pays qu'il s'agit de relever et de secourir ; c'est le travail d'un million de bras qu'il faut assurer. Certes, la question est assez importante pour fixer l'attention.

Et, si on lui reconnaît ce caractère d'urgence, pourquoi l'industrie parisienne devrait-elle se contenter des moyens incomplets présentés par l'Administration ?

Nous concevons qu'il était sage d'agir lentement et avec prudence, lorsque les chemins de fer essayaient leurs premiers pas. Tous n'avaient pas une égale confiance dans cette nouvelle force, mise au service des besoins de l'industrie.

Mais aujourd'hui, c'est-à-dire à une époque où il est bien reconnu qu'un peuple qui *est mal outillé* ne peut travailler utilement, et encore moins soutenir la lutte avec son voisin, viendra-t-on proposer à ce peuple de se servir d'un outil hors d'usage, d'une arme ébréchée? Lui proposera-t-on, en un mot, d'abandonner le secours mécanique pour revenir au travail manuel ?

Mais l'intelligence de ce peuple se révoltera; elle protestera, elle s'insurgera contre une idée aussi rétrograde et qui ne tendrait à rien moins qu'à consommer sa ruine!

Donc, il faut que les honorables individualités qui occupent les premières fonctions publiques obéissent à des raisons bien majeures pour venir proposer de semblables moyens.

Ces fonctionnaires voudraient, nous dit-on, laisser au crédit public la plus grande somme possible de quiétude, afin de permettre au dernier emprunt de se classer définitivement.

Certes, ce motif est grave; il parle hautement au cœur de tous. Si, en effet, la construction d'une voie ferrée dont le coût est de 100 millions de francs devait retarder, ne serait-ce que d'une heure, le moment de la libération du sol de la patrie, notre projet de chemin de fer serait, s'il était poursuivi quand même, une mauvaise action qui soulèverait autour d'elle une indignation bien légitime. Du premier au dernier, les habitants de la Seine viendraient arrêter les travaux, car il n'en est aucun qui ne fût prêt à renoncer sans hésitation à tous les bénéfices promis par cette création. « Nous attendrons, diraient-ils; au plus pressé d'abord. »

Mais si, au contraire, l'exécution de cette voie ferrée donnait non-seulement un travail assuré à tous les entrepreneurs et ouvriers du département, mais encore venait, dans une certaine proportion, contribuer à l'affranchissement du sol, il n'y aurait pas

2

seulement utilité, mais devoir, à l'entreprendre sans aucun retard.

Aussi, après l'avoir examiné de nouveau, si nous reconnaissons que notre projet remplit entièrement les conditions que nous venons d'énoncer, nous le soutiendrons de toutes nos forces, nous demanderons qu'il nous soit permis de nous mettre immédiatement à l'œuvre, de ne pas perdre un instant, de manière à commencer à livrer l'an prochain à l'industrie parisienne un outil de plus, un nouvel élément de prospérité, qui contribuera à augmenter le bien-être, à accroître la fortune publique.

IV

Ce qui est bien reconnu, ce que nul n'oserait contester, c'est qu'il faut à une nation, non-seulement des routes et des canaux, mais encore, et surtout, des chemins de fer.

Ce qui est également hors de doute, c'est que si ces chemins de fer ne viennent pas prendre les marchandises au lieu même de production ou de chargement, pour les voiturer ensuite jusqu'au point de consommation, ils ne rendent que des services restreints et sont créés dans de mauvaises conditions.

Il faut que la marchandise arrive là où elle sera consommée, précisément dans le wagon même qui l'aura reçue au départ, et ce, sans cette adjonction de frais sans nombre qui, sous le nom de transbordement et autres, grèvent les matières premières. — *Telles sont les règles fondamentales des transports.*

Les Américains conçoivent si bien ces principes, ils en sont tellement imbus, qu'avant de jeter les fondements de leurs fabriques, ils commencent par établir le raccordement ferré qui unira leur établissement avec le chemin de fer passant près d'eux ou, à son défaut, avec le cours d'eau le plus rapproché.

Quant à nous, nation de progrès, fidèles à notre esprit d'initiative, nous construisons tout d'abord la fabrique, et nous attendons que l'Administration, cette *alma mater*, veuille bien penser à nous relier avec les voies de communication.

V

Le Conseil général de la Seine avait décidé qu'il serait fait un essai de chemins de fer souterrains dans l'intérieur de Paris. — Ces chemins se réaliseront-ils? — Nous n'avons pas, en pareille occurrence, à donner notre opinion. La Commission des ingénieurs a déclaré qu'au point de vue du transport des marchandises, ces voies seraient improductives; mais que, si on les considérait comme devant transporter des voyageurs, le revenu en paraissait très problématique.

Or, remarquons bien que le tronçon sur lequel la Commission des ingénieurs avait à se prononcer reliait les Halles-Centrales au chemin de fer du Nord, et qu'il s'agissait de la ligne appelée à donner les plus beaux résultats.

Mais il est juste de dire que les promoteurs des chemins de fer souterrains ont prétendu — avec raison — que les bénéfices de l'entreprise ne pourraient se réaliser que lorsque tout Paris serait souterrainement sillonné de chemins de fer.

En admettant que ce travail immense puisse être mené à bonne fin, nous nous demanderons :
Le Chemin de fer Circulaire de la banlieue de Paris serait-il un obstacle à leur création ?

Il suffit de jeter les yeux sur le tracé de ce Chemin de fer et sur les lignes des chemins souterrains pour se convaincre que ces deux voies ferrées peuvent être reliées ensemble. Ces chemins de fer souterrains seraient alors un prolongement du Chemin de fer suburbain, permettant à ce dernier de porter ses entrées plus au centre de la capitale.

L'écartement des voies est le même ; la section des souterrains sera celle de notre Chemin de fer. Ils ne s'abaissent sous le sol qu'à la profondeur voulue pour ne pas gêner la circulation dans la rue sous laquelle ils passent — 5, 6 mètres environ. — Donc, ils présentent toujours un profil susceptible de recevoir le matériel qui circulera sur la voie suburbaine.

Nous ne croyons pas nécessaire d'avoir recours à d'autres raisons pour répondre aux objections qui ont été produites par les promoteurs des chemins de fer souterrains, qui prétendaient que le Chemin de fer Circulaire viendrait contrarier leur exécution, ayant voulu, par ces quelques mots, donner satisfaction aux vœux exprimés par le Conseil général et prouver que l'une et l'autre de ces entreprises, bien loin de se contrarier, étaient appelées à former un complément de voies de transport pour le département de la Seine.

Donc, le CHEMIN DE FER CIRCULAIRE DE LA BANLIEUE DE PARIS S'HARMONISERAIT AVEC LES VOIES SOUTERRAINES MÉTROPOLITAINES.

VI

Si l'établissement hypothétique des souterrains ne peut être qu'un bien, tant pour eux que pour le Chemin de fer Circulaire de la banlieue, s'ils ne doivent constituer, l'un par rapport à l'autre, qu'un complément de moyens de transport, *les tramway qui vont se créer sont-ils un obstacle à l'établissement de ces lignes?*

L'Administration et le Conseil général viennent de décider que des lignes de tramway relieraient Paris avec quelques-unes des localités environnantes.

Ces voies, uniquement destinées au service des voyageurs, remplaceront et étendront les lignes actuelles des omnibus.

Ce sera une économie d'argent pour le voyageur, et incontestablement un progrès sur ce qui existe aujourd'hui.

Mais, si ce progrès est un fait indéniable, il ne faudrait pourtant pas y attacher plus d'importance qu'il n'en comporte. On doit seulement s'étonner que cette substitution du tramway à l'omnibus n'ait pas été opérée plus tôt, et sur une plus large échelle, dans l'étendue du département de la Seine, et que dix-sept ans se soient écoulés depuis la seule application du tramway reliant la place de la Concorde à Saint-Cloud et à Versailles.

Cependant l'on sait quels grands services peut rendre l'établissement des tramway. L'exemple de Vienne, de Bruxelles et de Londres n'est-il pas une démonstration?

Aujourd'hui que l'élan est donné, le remplacement de l'omnibus ordinaire par un véhicule roulant sur les rails se fera rapidement. Mais on pourrait reprocher à l'administration supérieure de ne pas considérer cette substitution comme une simple mesure de voirie, et de vouloir suivre les errements anciens en maintenant tels qu'ils sont les services des transports dans Paris.

Il faut tenir compte des progrès constants de notre époque. Ce qui était considéré comme chose impossible il y a vingt ans, se passe aujourd'hui sous nos yeux sans provoquer le moindre étonnement, comme si ces choses eussent existé de tout temps. Or, qui peut prévoir l'avenir?

Cette manière de juger les choses est toute naturelle. La nécessité sera toujours la loi dominante, et lorsqu'elle apparaît, les changements, les transformations, les révolutions s'accomplissent.

Dans l'espèce, lorsqu'il s'agit du transport dans l'intérieur d'une cité, il faut toujours réserver l'avenir.

Au reste, pour une chose aussi simple et qui offre si peu de dépenses, les demandes de concession de tramway seront nombreuses, et l'autorité pourra subordonner leur établissement à des règles appropriées au besoin du moment.

Les tramway de Vienne forment huit lignes, ayant ensemble une longueur de 22 kilomètres. L'écartement de la voie est de 1ᵐ,90; les courbes mesurent 8 mètres. Leur établissement n'a pas coûté plus de 16,000 francs par kilomètre.

Ces huit petites lignes, présentant chacune en moyenne une longueur de 2 kilomètres 750 mètres, rendent des services incontestables à la localité. Elles disparaîtront cependant du jour au lendemain, si le public ou si l'expérience démontrait qu'il pourrait être créé d'autres voies plus rapides ou plus économiques.

Cet enlèvement du tramway n'entraînerait d'autres embarras qu'un remaniement partiel du pavé.

Ces tramway ne transportent pas de marchandises.

Les tramway de Bruxelles transportent à peu près au même prix. Leur tarif est fixé au kilomètre parcouru, soit dix centimes pour les premières, neuf centimes pour les secondes. Il existe là quatre lignes, comportant un développement de 12,700 mètres; les rampes ne dépassent pas 0ᵐ,035; les courbes, les rails, leur mode d'établissement, leur prix de revient, sont les mêmes que ceux des tramway de Vienne; ils rendent comme eux des services très appréciés par la population bruxelloise. Mais, pas plus que le tramway allemand, la Compagnie belge n'a à faire autre chose que le transport des voyageurs.

A Londres, la longueur des tramway desservant les quartiers excentriques est de 64 kilomètres; le prix du transport est d'un peu moins de 0 fr. 07 par kilomètre. Ils ont les mêmes rails, les mêmes courbes, seulement ils coûtent infiniment plus cher; mais, tout comme les belges et les autrichiens, leur prétention se borne au service des voyageurs.

L'Administration a eu raison de proposer l'établissement de lignes semblables appliquées à Paris et à la banlieue. Le Conseil général a très bien fait de l'accepter. Mais Paris, et surtout la banlieue, ne pourrait pas se contenter d'un service restreint aux voyageurs, à l'exclusion des marchandises.

Il faudrait donc que le tramway transportât les colis sans nombre, arrivant journellement à Paris, et nous réaliserions alors une heureuse innovation, que nos voisins les Belges, les Autrichiens, les Anglais s'empresseraient d'imiter.

Tous ceux qui s'occupent des questions de transport savent qu'un chemin de fer est d'autant plus rémunérateur qu'il transporte un plus grand nombre de marchandises; ils ne sauraient admettre qu'une voie ferrée exclusivement réservée aux voyageurs puisse donner des bénéfices, sauf l'exception des chemins de fer de la banlieue de Paris, par exemple, la ligne de Vincennes.

Voyons si ce progrès est réellement possible.

Les marchandises sont divisées en deux classes :

Les messageries ;

Les grosses marchandises.

Les messageries sont ces colis habituellement petits, qui, du point d'expédition au point de réception, sont rendus à domicile.

Les chemins de fer aboutissant à Paris reçoivent de tous les points de leur parcours une innombrable quantité de ces colis qui, à leur arrivée en gare, sont remis à un service de camionnage chargé de les trier, de les ranger et de les remettre à domicile, dans chacun des vingt arrondissements de Paris.

Pour que le tramway soit réellement utile pour le transport de ces colis, il faut qu'il soit organisé de telle sorte, qu'à son point d'arrivée et de départ, il rencontre un service de camionnage qui fera également la distribution à domicile.

Rien ne paraît plus simple au premier abord.

Mais si on réfléchit qu'une gare de chemin de fer est un lieu où arrive une quantité considérable de ces colis, et que le point d'arrivée d'un tramway n'en contiendra jamais qu'un nombre fort restreint, on comprendra qu'il est difficile d'établir un service de factage à chaque station de tramway, qui aurait à desservir à la fois la banlieue et les vingt arrondissements de Paris, car ce qui est une source de bénéfices pour le chemin de fer deviendrait une ruine pour le tramway.

Telle est la raison pour laquelle les Belges, les Autrichiens, les Anglais, ont restreint ce genre de service au seul transport des voyageurs.

Nous reconnaissons cependant qu'il est possible d'opérer ces transports. Les courbes, les rampes, la traction par cheval suffiront, et, à un certain moment de la journée, il n'y aura qu'à substituer un fourgon à l'omnibus des voyageurs, pourvu que ce fourgon n'excède pas, son chargement étant complet, le poids de cinq tonnes.

Mais l'Administration va plus loin, les tramway, dont elle propose l'établissement, seraient destinés à desservir non-seulement les voyageurs et les messageries, mais encore les grosses marchandises.

D'après le Mémoire de M. le Préfet, l'administration ne songe pas à faire circuler les wagons mêmes; c'est dans des voitures spéciales que la marchandise sera transbordée dans les mêmes conditions, c'est-à-dire en suivant à peu près le mode employé dans les mines.

Les transports dans les mines n'ont aucune analogie avec ceux qui nous occupent; car là du minerai vient au jour, voituré dans des wagonnets qui les rendent au lieu d'expédition, tandis qu'ici ce sont des wagons chargés de marchandises qui, pour éviter des frais de transbordement, n'auront qu'à poursuivre directement jusqu'à leur point d'arrivée.

Or, la voie du tramway ne permettant pas au wagon de continuer sa route, il faut transborder la marchandise : de là des frais perdus et un argent dépensé inutilement.

Devons-nous faire remarquer que ce que nous disions lorsqu'il s'agissait de la remise à domicile du petit colis, n'est pas applicable au transport de la grosse marchandise?

En résumé, le tramway est une excellente chose. C'est l'amélioration de l'omnibus actuel. C'est une voiture plus vaste, plus commode, marchant beaucoup plus vite que l'omnibus ordinaire, et qu'il est désirable de voir employer chez nous sur une grande échelle.

Si le tramway n'est pas apte à transporter la messagerie et la grosse marchandise, il rendra, au point de vue du voyageur, des services d'autant mieux appréciés qu'il viendra se relier avec le Chemin de fer Circulaire de la banlieue de Paris.

Nos quatre entrées dans Paris et celles des autres chemins de fer desservant la banlieue laissent entre elles des segments considérables, sur lesquels l'omnibus et le tramway s'établiront et viendront desservir la partie de Paris s'étendant du centre jusqu'à la rencontre du Chemin de fer Circulaire.

De cette manière, le voyageur aura à sa disposition non-seulement les gares indiquées par notre projet, mais toutes les stations que ces lignes nouvelles de tramway viendront y créer, répandant elles-mêmes dans tous les quartiers de la capitale de nouveaux points d'arrivée.

En créant ce service de tramway dans Paris, l'Administration donnera donc un élément de vitalité de plus au Chemin de fer Circulaire de la banlieue de Paris.

Cette vérité a reçu une sanction éclatante par l'installation des omnibus de Paris qui végétaient lorsqu'ils étaient divisés, et qui ont pris, au contraire, un si grand développement lorsque, par la création des correspondances, il a été possible à la population parisienne de se rendre à peu près sur tous les points de la capitale.

Donc, LES TRAMWAY, TELS QU'ILS ONT ÉTÉ PROJETÉS, PEUVENT FORMER DANS PARIS LE COMPLÉMENT DE NOTRE CHEMIN DE FER, MAIS NON POINT LUI ÊTRE SUBSTITUÉS DANS LA BANLIEUE.

VII

L'autorité préfectorale demandait au Conseil général la construction d'un chemin de fer dit de camionnage, reliant Pantin à Neuilly. Il s'agissait ici d'un chemin de fer ordinaire.

Les considérants invoqués par M. le Préfet assignaient à Pantin, Saint-Denis, Neuilly, Aubervilliers, premières localités devant être desservies, un chiffre de transports considérables.

Tous ces points, disait M. le Préfet, retirent leurs marchandises des grandes gares de Pantin, de Saint-Denis, des Batignolles, qui absorbent inutilement, au grand détriment de notre industrie, 5 à 600,000 francs de camionnage.

C'est là un fait indiscutable; pour éviter cette contribution sans motif, il faut que la voie de transport à créer soit construite dans de bonnes conditions; c'est ce qui n'avait pas lieu, comme nous allons le voir, dans le projet présenté au Conseil général.

On calcule qu'une tonne de marchandises coûte pour le premier kilomètre de transport par camion 1 fr. 70 c., et que cette somme s'augmente de 30 cent. par chacun des kilomètres suivants. Nous entendons, en comptant 1 fr. 70 c., le déchargement du wagon, le chargement et le déchargement du camion, son transport à 1,000 mètres, et nous n'entendons parler que de la marchandise qui n'exige aucun soin.

Il en est tout autrement des marchandises délicates, dont le prix de transport atteint un chiffre bien plus élevé.

Supposons, par exemple, un transport entre Saint-Denis et Courbevoie, par camionnage ordinaire.

Ce transport coûterait, d'une part, 1 fr. 70 c. pour le premier kilomètre parcouru, et 30 c. par chacun des kilomètres suivants, soit environ 3 fr. 50 c., suivant que l'usine sera plus ou moins bien située.

Dans le système proposé par l'Administration, nous trouvons :

Le déchargement du wagon de la Compagnie du Nord et le chargement sur le wagonnet du chemin de fer, soit, au bas mot. . . . . 0 fr. 60 c.

Transport sur le chemin projeté, jusqu'à la gare de Neuilly (5 kilom. à 08 c.). 0   40

Transport sur le tramway de l'avenue de Neuilly (4 kilom. à 10 c.). 0   40

Le chargement et le déchargement, et le transport par tombereau. 1   70

Total. . . . . 3 fr. 10 c.

Si nous voulions nous appesantir sur cette question et fournir d'autres exemples, nous n'aurions aucune difficulté à démontrer que la différence est bien plus sensible lorsque le parcours est moins étendu, comme, par exemple, de Saint-Denis à Saint-Ouen, ou de Saint-Denis à Aubervilliers.

Si on veut donc atteindre le but que nous nous proposons et que cherche l'Administration, ce n'est pas en employant des demi-mesures, mais C'EST EN CRÉANT DES LIGNES FERRÉES QUI, SOUDÉES A NOS GRANDS CHEMINS DE FER, CONDUIRONT A L'USINE, SANS MANUTENTION, LA MARCHANDISE QUI LUI EST DESTINÉE.

VIII

L'Administration proposait, dans son projet, la création de gares, c'est-à-dire de dépôts où viendraient se décharger les wagons. La marchandise, déposée sur les quais, pourrait être enlevée par les destinataires eux-mêmes. Dans ces conditions, les transports se feraient à plus petite distance.

Au premier aspect, les moyens proposés semblent tout naturels, et il n'y aurait qu'à les appliquer pour résoudre une question depuis longtemps à l'étude : nous voulons parler du DÉSENCOMBRE-MENT DES GARES.

L'encombrement, dont tout le monde se plaint, tient à différentes causes.

Le projet administratif atténue en partie l'encombrement des gares actuelles, en répartissant les marchandises sur des points nouveaux, au lieu, comme cela se fait en ce moment, de les laisser subsister dans les gares des grands chemins de fer.

Dans ce mode de répartition, ainsi que nous l'avons vu, il n'y a aucune économie pour le destinataire, les frais de camionnage étant sensiblement les mêmes.

Si ce projet ne donne pas une solution radicale, cependant il faut reconnaître qu'il désencombre, en répartissant la marchandise.

Mais le remède est fort dispendieux, car il nécessite la construction d'un grand nombre de gares.

Ces questions terre à terre ne peuvent être réellement résolues que par les intéressés; pour le prouver, nous prendrons pour exemple la délibération de la Commission de Grenelle et Javel.

Dans le Mémoire présenté au Conseil général, lors de sa dernière session, nous indiquions une station à Javel. Notre but était de donner ainsi une satisfaction à la demande adressée par quelques intéressés de cet arrondissement au Gouvernement, au Conseil général et à la Compagnie de l'Ouest.

Cette gare devait se relier au Chemin de fer de Ceinture et au Chemin de fer Circulaire.

La Commission reconnut qu'une gare à Javel n'apportait aucun secours à l'industrie locale. En effet, la marchandise, soit importée, soit exportée, en prenant Javel pour point d'arrêt, n'est pas dégrevée des frais de camionnage, qui pourraient facilement être évités par l'établissement de rails sur la berge du fleuve.

Ces rails de garage courraient parallèlement à la voie principale; arrivés devant chaque établissement, ils seraient embranchés à d'autres rails venant desservir l'usine ou la manufacture.

L'encombrement, objet des études des hommes les plus spéciaux et contre lequel la presse entière s'est levée, est dû à ce que les lignes françaises se terminent par des extrémités sans issues, dans lesquelles viennent s'engouffrer et s'entasser les marchandises et les wagons. Ces wagons, qu'ils soient vides, qu'ils soient chargés, se rangent méthodiquement autour de vastes quais, attendant soit qu'on les emplisse, soit qu'on les débarrasse.

Plus la localité où se trouve le lieu d'arrêt sera riche en fabriques, en usines, en manufactures de toutes sortes, plus le nombre de wagons s'augmentera et plus les quais s'agrandiront.

Tout est enfermé dans cet espace; c'est un mouvement incessant de voitures, de camions, venant chercher ou apporter les marchandises livrées ou reçues par des usines, par des entrepôts dont les magasins sont situés, le plus souvent, à quelques centaines de mètres de la gare.

Toute la question est de conduire ces wagons jusqu'à leur des-

tination sans faire subir à ce qu'ils contiennent des frais de chargement, de déchargement, de camion.

Comme l'indique son nom, une gare ne doit être autre chose
qu'un *garage*, c'est-à-dire un lieu destiné à un arrêt momentané,
et d'où doivent irradier, dans toutes les directions, les wagons
chargés de marchandises amenées du dehors.

Si, pour une petite localité, un service de camionnage suffit
pour empêcher l'encombrement de la gare, pour une ville comme
Paris, où la quantité de marchandises importées se chiffre par
des milliers de tonnes, le service des camions doit faire place à
des moyens plus actifs. Ici, c'est le Chemin de fer Circulaire qui,
reliant entre elles les différentes gares alimentant Paris, viendrait
se souder à toutes les usines, à tous les entrepôts, à tous les
magasins, à toutes les carrières.

Cette amélioration, que le Chemin de la banlieue doit opérer,
est un fait accompli chez nos voisins. Les embranchements qui
relient entre eux leurs chemins de fer sont nombreux, et il n'y a
que les fabriques de peu d'importance qui ne profitent pas de ce
moyen de locomotion que nous voulons établir autour de Paris, de
concert avec les municipalités et les principaux industriels et manufacturiers du département de la Seine.

Dans le département de la Seine, les usines situées, comme
dans tous les pays industriels, sur le parcours des chemins de fer,
sont obligées de transporter leurs produits à la gare voisine,
lorsque le chemin de fer passe à leurs portes, lorsqu'il serait si
facile de l'y faire arrêter.

Il convient de mettre un terme à cet état de choses désastreux,
si on veut qu'un chemin de fer reste un outil national, permettant
à l'industriel de travailler avec économie et de pouvoir rivaliser
avec les produits voisins.

Alors nous ne verrons plus ces longues files de wagons station-
nant devant une longue muraille de quais dont l'étendue menace
d'envahir jusqu'aux limites du département de la Seine.

Les quais, insuffisants aujourd'hui, satisferont à tous les besoins.
La marchandise ne séjournera plus en gare, et nous ne verrons
plus s'y emmagasiner que les marchandises en litige ou les colis
soumis aux formalités de la douane et de l'octroi; et encore, pour
ces deux dernières catégories, on pourrait fixer des points spéciaux

où elles seraient remisées, tels que, par exemple, les Docks de Saint-Ouen et les Magasins généraux de l'île Saint-Germain.

Ces embranchements seront établis, soit au milieu, soit sur les bas-côtés des rues, des chemins et des routes. Les rails sont encastrés, ne formant aucune saillie sur le sol, ne gênant en rien, par conséquent, la circulation des voitures et des piétons. Sur eux, les wagons, traînés par des chevaux lorsque la distance est minime, par des locomotives lorsque le parcours dépasse quelques kilomètres, se rendent économiquement et rapidement au lieu de destination.

Nous avons distingué les marchandises en deux catégories : la *messagerie* et la *grosse marchandise*.

Pour tout ce qui touche la première catégorie, nous avons expliqué comment il n'y avait aucune économie à faire arriver ces petits envois sur un point plus rapproché de leur destination. Cependant nous excepterons de cette règle générale tout ce qui est destiné à la banlieue parisienne.

Quant à la grosse marchandise, nous croyons avoir prouvé suffisamment l'économie à réaliser.

L'ENCOMBREMENT DES GARES EST DONC UNE PLAIE DONT LA CAUSE EST RECONNUE ET LE REMÈDE HORS DE DOUTE.

IX

Dans un travail comme celui-ci, on est obligé de renfermer les différentes questions dans une argumentation aussi écourtée que possible.

Nous venons de passer rapidement en revue quelques-unes des objections qui nous ont été faites, nous ne les avons pas cependant examinées toutes. C'est ainsi, par exemple, que si un Chemin de fer Circulaire doit être la continuation des grands Chemins de fer existants, en prolongeant leur service jusques aux fabriques, aux carrières et aux entrepôts, ces tronçons doivent être établis de telle sorte qu'ils puissent recevoir non-seulement les wagons, mais encore les locomotives des grandes Compagnies.

Si un chemin de fer traîné par des chevaux constitue un mode économique de camionnage, c'est que le véhicule qui contient les marchandises se meut plus facilement sur des rails que sur une route, et que dès lors, l'effet utile d'un cheval, de un qu'il était devient trois.

Cet effet utile, qui était un et qui est trois aujourd'hui, peut devenir neuf suivant le parcours à fournir.

Tant que le parcours n'excède pas le travail d'un cheval, c'est-à-dire une distance de 2 kilomètres environ, cet embranchement peut être desservi par des chevaux; mais si la distance est plus grande, l'emploi de la machine devient nécessaire.

La majeure de toutes les raisons nous est fournie par le temps employé. Un cheval exigera une heure pour faire parcourir à un wagon 8 kilomètres, tandis que la machine parcourra le même trajet en quelques minutes, et, comme un embranchement aussi long doit comporter un important mouvement de marchandises, il est indispensable que l'embranchement soit armé pour recevoir des locomotives.

Aussi, lorsque l'Administration espère faire servir les tramway aux usages de la marchandise, elle est dans l'erreur, à moins qu'elle n'astreigne les Compagnies concessionnaires à faire des frais considérables.

Un tramway, comme nous l'avons dit, coûte 15,000 francs à Bruxelles; il n'y a aucune raison pour qu'une différence existe entre les prix belges et les prix français.

C'est là, nous semble-t-il, ce qu'on devra exiger de ces entreprises, si on ne veut les voir s'éteindre, sans profit, accablées sous le poids de frais d'établissement inutiles.

Une entreprise a d'autant plus de chances de réussir qu'elle a pu immobiliser une moindre part de son capital pour s'établir. Il n'y a pas lieu de toucher, à propos de tramway, à cet axiome d'économie industrielle.

Si donc l'Administration veut la prospérité de ces voies de transport, elle engagera le concessionnaire à prendre modèle sur celles établies à Bruxelles, et ne pourra, par cela même, les astreindre à faire circuler sur ses rails des wagons, encore moins des locomotives.

Mais il ne faut se faire aucune illusion et être bien persuadé, comme l'a dit si bien un des hommes les plus compétents en la matière, membre du Conseil général de la Seine : *Le tramway sera à l'omnibus ce que le chemin de fer est au tramway.*

Pour nous résumer, LES EMBRANCHEMENTS DU CHEMIN DE FER CIRCULAIRE DE LA BANLIEUE SERONT ÉRIGÉS DE TELLE SORTE QU'ILS PUISSENT RECEVOIR LES WAGONS DES GRANDES COMPAGNIES DE CHEMIN DE FER ET AU BESOIN LEURS LOCOMOTIVES.

X

Dans les Annexes, nous avons établi le nombre de kilomètres et les conditions d'exécution des prolongements du Chemin de fer Circulaire. Nous donnons ici le prix de revenu de ces embranchements, suivant qu'ils seront aménagés sur des chaussées en empierrement, macadamisées ou pavées.

Prix de revient d'un mètre courant de voie ferrée pour les embranchements se reliant au Chemin de fer Circulaire de la Banlieue de Paris.

1° LA VOIE ÉTANT PLACÉE SUR UNE CHAUSSÉE EN EMPIERREMENT

Une longueur de voie de 6 mètres coûtera : 2 rails à 25 kilog. pesant 300 kilog. à 0 fr. 30............ .... 90 »
2 longrines en sapin, cubant 0 mètre 18 à 90 fr.............. 16 20
2 sabots d'about en fonte, 9 kilog. à 0 fr. 20.................... 1 80
6 tringles d'écartement en fer, 9 kil. à 0 fr. 65.............. 5 85
Clous, 0 kilog. 500 à 0 fr. 50............................ » 25

Total pour 6 mètres de longueur.............. 114 10

et pour 1 mètre courant : $\dfrac{114\ 10}{6} = 19\ 02.$

A ajouter :

Déblais pour la forme de la voie (les déblais régalés aux abords), 1 mètre 25 à 0 fr. 90.. 1 13

Pose et règlement de la voie, mise en place des bois, ajustage et clouage des rails, etc., 1 mètre à 1 fr. 50........................ 1 50

Balast, 1 mètre 25 à 6 fr................................. 7 50

10 13

Le mètre courant de voie ferrée avec balast coûte donc :
19 02 + 10 13... 29 15

1/10 en plus pour frais imprévus......................... 2 90

1/5 en plus pour construction d'aiguillage et de raccordement. 5 85

Prix de revient par mètre courant........................ 37 90

Soit en nombre rond..................................... 38 »

2° LA VOIE ÉTANT PLACÉE SUR UNE CHAUSSÉE PAVÉE

Un mètre courant de voie ferrée comme ci-dessus........... 19 02

A ajouter :

Démontage de la chaussée, 2 mètres 50 à 0 fr. 10............ » 25

Pose et règlement de la voie............................. 1 50

Remise en place du pavage, 2 mètres 50 à 1 fr. 50........... 3 75

5 50

Le mètre courant de voie sur chaussée pavée coûte donc :
19 02 + 5 50... 24 52

1/10 en plus pour frais imprévus 2 48

1/5 en plus pour constructions supplémentaires 4 90

Prix de revient par mètre courant 31 90

Soit en nombre rond..................................... 32 »

3° LA VOIE ÉTANT POSÉE SUR CHAUSSÉE NEUVE A PAVER

Un mètre courant de voie ferrée comme ci-dessus........... 19 02

A ajouter :

Déblais pour la forme du pavage (les déblais régalés aux abords), 1 mètre à 0 fr. 90... » 90

Pose et règlement de la voie............................. 1 50

Pavage neuf sur forme de sable, compris fournitures de pavés, 2 mètres 50 à 12 fr... 30 »

32 50

Le mètre courant de voie sur chaussée neuve en pavés coûte
donc : 19 02 + 32 40.. 51 42
  1/10 en plus pour frais imprévus.......................... 5 15
  1/5 en plus pour constructions supplémentaires.............. 10 28

  Prix de revient par mètre courant........................ 66 85

  Soit en nombre rond.. 67 »

Nous avons établi, dans notre premier Mémoire (p. 125), que l'établissement du Chemin de fer Circulaire reviendrait à *un million par kilomètre*.

Si chacun des embranchements, complément indispensable au point de vue industriel, ne reviendra en moyenne qu'à 40,000 *francs par kilomètre*;

Si nous en jugeons par les travaux des Commissions, travaux qui, en ce moment, ne sont pas encore entièrement terminés, nous aurions environ trente kilomètres d'embranchements à contruire.

C'est donc une dépense réelle de un million deux cent mille francs qui, ajoutée au cent millions que nous avons prévus pour l'établissement de la ligne Circulaire, ne formerait que douze pour cent en plus.

Au moyen d'une dépense que nous osons appeler insignifiante, NOUS METTONS AU SERVICE DE LA PETITE, COMME DE LA GRANDE INDUSTRIE, LES MÊMES MOYENS DE TRAVAIL, LES MÊMES MOYENS DE TRANSPORTS puisqu'ils auront également à leur disposition les mêmes conditions de prix et de célérité, pour la réception comme pour l'expédition de leurs produits.

XI

Dans notre premier Mémoire, nous avons passé en revue les caractères qui distinguent les Chemins de fer d'intérêt local des Chemins de fer d'intérêt général.

La discussion de la loi de 1865 a singulièrement facilité notre tâche.

Les grandes Compagnies ont interprété, à leur tour, cette loi de progrès, grâce à laquelle la France a pu construire, en quelques années, 1,800 kilomètres de rails, construction que des grandes Compagnies n'auraient pas osé entreprendre avant la promulgation d'un décret qui s'est traduit par l'accroissement des voies ferrées dans les dernières années de l'empire.

L'unité d'action, dans les voies de transport, est un fait qui s'est signalé dès l'abord en Belgique. On sait que, dans ce pays, les premiers chemins de fer ont été créés par l'État, puis sont venues les Compagnies particulières qui ont construit le deuxième réseau.

Ne sont-ce pas là ces chemins de fer, dits d'intérêt local, qui, chez nos voisins, se nomment tout simplement chemins de fer?

L'État belge, en bon père de famille, a non-seulement laissé ces chemins de fer se créer à côté des siens, mais encore leur a permis de faire concurrence à ses propres lignes. Et, pour que les premiers pas fussent plus faciles à ces nouveau-nés, l'État a pris leur exploitation à sa charge, disant avec raison : « Je suis outillé, je suis pourvu d'un bon personnel, je puis donc exploiter à meilleur marché que vous. »

Comme nous l'avons vu, l'exploitation par l'État n'ayant pas pour but la soif des bénéfices, le pays en a profité tout entier, acquérant ainsi d'autant plus de richesses.

Cette situation, ces éléments qui contribuèrent à créer dans ce petit pays cette ère prospère, existent également en France.

A peu d'exceptions près, en Belgique, l'exploitation des chemins de fer d'intérêt local a été reprise par l'État. Une fois la voie construite, le gouvernement a garanti à la Compagnie concessionnaire un revenu permettant le service de l'intérêt et l'amortissement du capital.

Aussi, l'étonnement est-il grand chez tous ceux à qui ces questions sont familières, lorsque l'on prétend que les grandes Compagnies ne voient pas avec plaisir l'établissement de ces chemins de fer, et s'opposeront à la création du Chemin de fer Circulaire de la banlieue de Paris.

Le 27 avril 1872, la Compagnie des chemins de fer de l'Est disait à ses actionnaires :

« On fait, selon nous, un étrange abus de ces deux mots (*intérêt local*). Les caractères particuliers et comparatifs d'après lesquels on peut établir la distinction entre les lignes d'intérêt local et celles d'intérêt général, ont été cependant parfaitement définis dans les trois documents authentiques joints à la loi du 12 juillet 1865, savoir :

« L'Exposé des motifs ;

« Le Rapport présenté au Corps législatif ;

« La Circulaire adressée aux Préfets par M. le Ministre des travaux publics, après la promulgation de la loi.

« Dans l'Exposé des motifs de M. le comte Dubois, conseiller d'Etat, les lignes d'intérêt local sont désignées comme des lignes d'embranchement, des ramifications destinées à relier aux chemins actuels des centres secondaires laissés jusque-là en dehors du grand réseau. Nulle part n'apparaît la pensée que les lignes d'intérêt local puissent, par leur juxtaposition, devenir des lignes parallèles aux grandes lignes existantes.

« Cette dernière hypothèse n'est formulée, dans le Rapport présenté au Corps législatif par l'honorable M. Lehon, que pour y être combattue. »

La Compagnie du chemin de fer de l'Est fait suivre ces remarques par la très judicieuse observation que M. Lehon présentait au Corps législatif, observation reproduite par nous dans notre précédent Mémoire.

La Compagnie du chemin de fer de l'Est ajoute :
« Enfin, le langage de l'Administration supérieure n'est pas
« moins explicite.
« Ce qui reste aujourd'hui à entreprendre, dit M. le Ministre
« des travaux publics, dans une circulaire en date du 12 août
« 1865 et concertée avec M. le Ministre de l'intérieur, c'est l'éta-
« blissement des lignes secondaires qui doivent desservir des
« relations locales et rattacher successivement aux grandes ar-
« tères les divers centres de population placés en dehors de nos
« voies magistrales.
« Dans la réponse écrite que nous adressions, en 1870, au ques-
« tionnaire de la Commission d'enquête sur les chemins de fer,
« nous rappelions les passages que nous venons de citer. Nous
« avions en outre relevé le nombre de concessions demandées aux
« Conseils généraux dans les départements que nous desservons.
« Notre liste, qui ne comprenait pas alors moins de 3,000 kilomè-
« tres, s'est encore augmentée depuis cette époque, et les sollici-
« tations sont aujourd'hui plus ardentes que jamais.
« Il est un fait digne de remarque et sur lequel nous croyons
« utile d'appeler l'attention, c'est que les demandes adressées
« aux Conseils généraux émanent presque toujours des mêmes
« personnes ou, en tout cas, de personnes appartenant à une même
« association de capitaux. Cette circonstance seule indique com-
« bien l'*intérêt local* est étranger à l'opération que l'on a en vue.
« Il ne s'agit guère, en effet, de l'intérêt local de tel ou tel arron-
« dissement; ce que l'on se propose, il est impossible d'en douter,
« c'est, à l'aide d'une série de concessions locales, de constituer
« une ligne continue placée parallèlement à une artère fructueuse,
« afin de partager les profits de cette dernière sans avoir à sup-
« porter ses charges.
« Il existe encore une autre catégorie de demandeurs en con-
« cessions : les entrepreneurs de travaux publics. Ceux-ci n'ont
« qu'un but : réaliser un bénéfice certain sur la construction, sans
« se soucier de la ruine probable d'une entreprise pour laquelle

« le capital-actions a été le plus souvent souscrit par des inconnus,
« et le capital-obligations par des naïfs ou des imprudents.

   « Les chemins dits *d'intérêt local* concédés, construits ou en
« construction dans les départements que nous traversons, pré-
« sentent déjà une étendue de. . . . .   686 kilom.

   « Les lignes concédées ou dont la concession a
« été autorisée par les mêmes départements, ainsi
« que celles pour lesquelles on a voté des subven-
« tions ou émis des vœux, offrent ensemble un déve-
« loppement de   1,713   —

   « Enfin, les prolongements projetés de ces der-
« nières lignes, en dehors de notre réseau, prolon-
« gements qui auraient pour objet le détournement
« de notre trafic, seraient d'un longueur de   1,546   —

             Ensemble. . . . .   3,945 kilom.

   « L'importance d'une pareille entreprise est de nature à nous
« rassurer. Ce n'est pas moins de 1 milliard qu'il faudrait y con-
« sacrer, et la réalisation de ce capital nous paraît bien difficile
« dans les circonstances actuelles; mais, alors même que l'on ne
« dépenserait que le dixième, il n'en serait pas moins profondé-
« ment regrettable de voir une partie de l'épargne du pays en-
« gloutie dans des travaux stériles et improductifs.

   « Nous avons signalé à l'Administration supérieure quelques-
« unes des lignes que l'on se propose de construire au travers de
« notre réseau, et démontré qu'elles ne répondent à aucun intérêt
« sérieux et sont uniquement destinées à nous enlever une por-
« tion de notre trafic.

   « Il est bien désirable que l'opinion publique, toujours si facile à
« égarer, revienne à une appréciation plus saine des questions de
« cette nature. Il est bien désirable surtout qu'une nouvelle légis-
« lation proscrive sévèrement l'émission d'obligations complétement
« dépourvues de gages, c'est-à-dire qu'il soit formellement interdit
« de créer et d'émettre des obligations de chemins de fer avant
« d'avoir dépensé, en acquisitions de terrains et en travaux incor-
« porés au sol, un capital déterminé, fixé par l'Administration supé-
« rieure.

« Ce qu'il faudrait encore, Messieurs, ce serait que les Conseils
« généraux comprissent qu'il ne leur appartient pas de porter
« atteinte à des combinaisons qui sont l'œuvre des grands pouvoirs
« publics, de compromettre, en un mot, dans des vues d'intérêt
« privé, les revenus d'un réseau de chemins de fer à l'aide duquel
« il deviendra possible, dans quatre-vingts ans, d'amortir la plus
« grande partie de notre dette nationale. »

Nous venons de dire que les grandes Compagnies de chemins
de fer français avaient suivi l'exemple donné par le gouvernement
de Belgique; pas plus que les autres Compagnies, la Société de
l'Est ne s'est soustraite à cette règle. C'est elle, en effet, qui prit
en main les chemins de fer d'intérêt local créés en Alsace, et qui
vient de prendre également la ligne d'Épernay à Romilly.

Qu'importe aux intérêts d'une nation que le demandeur en concession soit plutôt un tel que tel autre? Qui donc est venu se
plaindre que les Conseils d'administration de nos grands chemins
de fer fussent toujours composés des mêmes individualités ?

Cela ne prouve-t-il pas que nous possédons en France des
hommes d'un savoir solide, d'une grande connaissance industrielle
ou financière et qui se dévouent aux intérêts matériels de leur
pays ?

Les actionnaires, en continuant à placer leurs économies ou leur
fortune dans les entreprises françaises, ne donnent-ils pas raison
à ces choix ?

Laissons donc ses libres allures et son indépendance à l'initiative privée; ne voyons que les résultats acquis. Sans cette liberté,
les grandes Compagnies, pas plus que l'Etat belge, n'auraient vu
se créer ces lignes secondaires qui, comme le dit très bien M. le
Ministre, VIENDRONT COMPLÉTER LES VOIES MAGISTRALES.

Qu'il soit donc bien admis, partout et par tous, que les grandes
Compagnies ne feront entendre des plaintes que dans le cas où
seraient demandées des concessions ayant pour but la construction de chemins de fer faisant concurrence *aux voies magistrales.*

Dans notre premier travail, nous avons vu que, malheureusement pour son industrie, la France n'était pas encore arrivée au
point de pouvoir créer des voies concurrentielles, attendu que les
voies actuellement en exploitation n'étaient pas encore *chargées.*

Ce moment heureux, appelons-le de tous nos désirs. Qu'il soit le plus proche possible, car alors, et seulement alors, la puissance industrielle et commerciale de la France serait décuplée.

Mais nous n'en sommes pas encore là. Et si la Belgique est parvenue à ce point de prospérité, elle le doit uniquement au complément de ses voies de transport; or, le Chemin de fer Circulaire de la banlieue de Paris est, pour le département de la Seine, le COMPLÉMENT, ET NON LE CONCURRENT DES GRANDES LIGNES.

Cette vérité, nous venons de la démontrer lorsque nous avons parlé du désencombrement des gares; nous avons expliqué alors que la création de notre ligne aux mille embranchements était la cessation, l'annihilation du camionnage, cette *lèpre* du transport, dont les grandes Compagnies voudraient se débarrasser, mais qui s'attache à elles, se traduisant par une perte d'argent dans le bilan annuel de l'industrie parisienne.

Donc, plus tôt on pourra en débarrasser les grandes Compagnies, plus tôt on deviendra pour elles un auxiliaire.

XII

L'exploitation et la construction du Chemin de fer Circulaire de la banlieue de Paris ne peuvent être entreprises que par une Compagnie particulière; Paris est aujourd'hui desservi par cinq Compagnies. Si chacune d'elles voulait compléter son réseau, il leur faudrait former un syndicat entre elles, afin que le réseau vînt se souder à chacune des lignes existantes. Sans le raccord, toute l'économie du projet s'évanouit, et nous devrions recommencer ce qui a été fait pour le Chemin de fer de Ceinture, dont la construction fut, on s'en souvient, fort onéreuse pour les caisses de l'Etat, fort peu pour les Compagnies, mais qui, en revanche, ne rendit aucun service au département.

Et il en serait de même de l'exploitation du Chemin de fer Circulaire de la banlieue de Paris; AUSSI N'Y A-T-IL QU'UNE SOCIÉTÉ PAR-TICULIÈRE QUI PUISSE PRENDRE TOUT A LA FOIS LE ROLE D'EXPLOITANT ET DE CONSTRUCTEUR DE CETTE VOIE, QUI NE SERA ET NE PEUT ÊTRE QUE LE CAMIONNEUR DES GRANDES LIGNES, puisque cette voie ferrée n'aura d'autre matériel que les machines nécessaires à la remorque des wagons de ces Compagnies.

XIII

Le Conseil général a renvoyé devant M. le Préfet l'étude du Chemin de fer Circulaire de la banlieue de Paris, afin que *ce projet fût soumis à l'examen de l'Administration et devînt l'objet d'une instruction, — d'une enquête s'il y avait lieu — et d'un rapport au Conseil.*

C'est dans cet état que nous nous représentons aujourd'hui devant le Conseil général, auquel nous venons soumettre, dans ce Mémoire, les objections qui nous ont été adressées, les réponses que nous y avons faites, les nouveaux travaux des Commissions des communes et des arrondissements du département de la Seine et de la ville de Paris, traversés par notre Chemin projeté.

Pour terminer ce travail, il nous reste à relater, en peu de mots, ce qui a été fait, et ce qui est advenu entre l'Administration supérieure et notre Compagnie

Au lendemain de la décision prise par le Conseil général, et sur la demande qui lui en fut faite, M. le Ministre des travaux publics faisait connaître à M. le Préfet de la Seine qu'il estimait que, par sa nature, le Chemin de fer Circulaire de la banlieue de Paris était d'*intérêt général*.

M. le Ministre, d'après son opinion personnelle, appliquait à notre chemin, qui a plus de 20 kilomètres de longueur, la loi du 27 juillet 1870.

Nous insérons ci-après la correspondance échangée avec l'Administration supérieure. On comprendra que nous ne pouvons ni ne voulons argumenter sur le bien ou le mal fondé de l'interprétation à donner sur le caractère du Chemin de fer Circulaire de la banlieue de Paris.

Notre rôle est tout tracé, comme par le passé, nous continuerons :

A nous appuyer sur les intérêts des populations, intérêts représentés par les Commissions municipales et d'arrondissement;

A réclamer la construction de ce Chemin de fer indispensable à l'industrie parisienne ;

Enfin, à offrir *tous* les moyens pour son immédiate exécution.

Est-ce bien à nous, *demandeurs en concession*, qu'il appartient de venir soulever et discuter la loi qui délimite et réglemente les chemins de fer d'intérêt local?

Ne ferions-nous pas mieux de nous borner simplement à relater les faits, à en tirer les conséquences matérielles, en laissant aux pouvoirs de l'Etat de décider, dans leur haute sagesse, si le Chemin de fer Circulaire de la banlieue de Paris est, *in primis*, d'intérêt général ou d'intérêt local?

Mais cette question, nous avons été forcés de l'aborder, en commentant ce que venaient de dire à leurs actionnaires MM. les administrateurs du chemin de fer de l'Est. Depuis sont survenus des faits que nous tenons à mettre sous les yeux de MM. les membres du Conseil général, non, répétons-le bien, pour argumenter sur la nature du classement du Chemin de fer Circulaire, mais pour pouvoir présenter tous les éléments intéressant cette importante question.

Le lendemain du jour où le Conseil général ratifiait les conclusions de la Commission des routes et chemins, M. le Préfet donnait à l'Assemblée lecture de la lettre suivante :

« Monsieur le Préfet,

« Par la lettre que vous m'avez fait l'honneur de m'écrire, le 19 octobre courant, vous me communiquez un projet présenté par M. Brunfaut, pour l'établissement d'une voie ferrée à laquelle il donne le nom de Chemin de fer Circulaire de la banlieue de Paris. Vous me priez de vous faire connaître d'urgence mon avis sur la suite qu'il me paraîtrait y avoir lieu de donner à ce projet.

« Je vous ferai observer, Monsieur le Préfet, que l'établissement de ce Chemin touche à des intérêts administratifs, financiers et militaires si nombreux, qu'il me paraît indispensable, pour vous répondre en pleine connaissance de cause, de me concerter préalablement avec mes collègues de la guerre, des finances et de l'intérieur.

« Je vais, en conséquence, les consulter respectivement sur la question. Je puis, toutefois, vous faire remarquer, dès à présent, que la gravité des intérêts en cause et leur diversité ne semblent pas permettre de reconnaître au chemin de fer dont il s'agit le caractère d'une ligne purement locale. Dans cette hypothèse, comme cette ligne aurait plus de 20 kilomètres de longueur, ce serait, aux termes de la loi du 27 juillet 1870, à l'Assemblée nationale qu'il appartiendrait de statuer, après une instruction régulière.

« Recevez, etc.

« *Le Ministre de l'agriculture et du commerce, chargé de l'intérim du Ministère des travaux publics,*

« Signé : TEISSERENC DE BORT. »

Comme on le voit, ce n'est plus la loi du 21 juillet 1865 que vise la lettre de M. le Ministre. C'est une loi nouvelle, la dernière peut-être qui ait été votée par le Corps législatif de l'empire, loi, par conséquent, qui n'a jamais été appliquée, mais qui n'en existe pas moins.

Tous les journaux rendent compte et suivent, comme on le sait, attentivement les débats du Conseil général. Ils ont tous parlé de cette loi, mais bien peu l'ont appréciée exactement.

Avant de donner notre opinion, présentons d'abord :

1° La lettre que nous avons écrite à M. le Ministre des travaux publics, dans laquelle nous lui rappelions que, si nous poursuivions la demande en concession en nous appuyant sur les prescriptions de la loi du 21 juillet 1865, nous ne faisions que suivre les instructions émanant de son département.

Paris, le 28 octobre 1872

A Monsieur le Ministre des travaux publics.

MONSIEUR LE MINISTRE,

Nous avons connaissance par les journaux de la lettre que vous venez d'adresser à M. le préfet de la Seine à propos du Chemin de fer Circulaire de la banlieue de Paris, dont nous poursuivons la concession près du Conseil général de la Seine depuis 1868, et ce, conformément aux prescriptions de la loi de 1865 sur les chemins de fer d'intérêt local.

Dans l'intérêt de notre Société, nous croyons, Monsieur le Ministre, rappeler à votre souvenir les lettres que votre département nous faisait l'honneur de vous écrire aux dates suivantes :

Le 26 novembre 1868, pour nous autoriser à commencer nos études;

Le 23 mars 1872, nous informant que votre département n'avait pas encore été saisi du dossier par la voie de la préfecture de la Seine;

Le 2 mai 1872, dans laquelle vous vouliez bien nous informer que le ministère des travaux publics ne saurait examiner utilement nos propositions qu'alors que le Conseil général les ayant acceptées, M. le Préfet de la Seine en aurait saisi l'administration.

Enfin, par votre lettre du 1er juin 1872, vous voulez bien nous faire observer que, comme il s'agit d'un chemin de fer d'intérêt local, vous ne pouvez examiner utilement l'affaire que lorsqu'elle aura été instruite par le Conseil général de la Seine.

Telles sont les instructions que vous avez bien voulu nous transmettre, Monsieur le Ministre; instructions auxquelles nous nous sommes religieusement conformés, en poursuivant notre demande près du Conseil général de la Seine qui, aux termes de la loi de 1865, avait à statuer sur l'opportunité de la concession.

Veuillez agréer, Monsieur le Ministre, etc.

Le président du Conseil d'administration,

Signé : COMTE A. DE VAUVINEUX.

Le même jour, nous adressions à M. le Préfet, avec la lettre suivante, la copie de celle que nous venions d'écrire à M. le Ministre des travaux publics. Nous demandions à M. le Préfet qu'il voulût bien autoriser l'*enquête publique*, et mettions à la disposition de l'administration tel cautionnement qu'il lui jugerait convenable d'exiger, rappelant ainsi un des considérants de la Commission des routes et chemins.

Paris, le 28 octobre 1872.

A Monsieur le Préfet de la Seine, membre de l'Assemblée nationale.

MONSIEUR LE PRÉFET,

Nous avons l'honneur de vous remettre copie d'une lettre que nous adressons à M. le Ministre des travaux publics, en vous priant de vouloir bien la joindre à notre dossier.

Nous saisissons cette occasion, Monsieur le Préfet, pour vous demander, conformément à la loi, de nous autoriser à ouvrir l'enquête publique sur le tracé du Chemin de fer Circulaire de la banlieue de Paris.

Nous tenons à la disposition de votre administration le cautionnement que vous jugerez utile de fixer.

Veuillez agréer, Monsieur le Préfet, etc.

Le président du Conseil d'administration,

Signé : COMTE A. DE VAUVINEUX.

M. le Ministre des travaux publics, par sa dépêche du 11 novembre 1872, fait remarquer très justement que la concession du chemin de fer ayant été demandée en lui attribuant le caractère d'intérêt local, c'est bien au Conseil général de la Seine qu'il appartient d'en statuer.

M. le Ministre, n'ignorant pas que seul le pouvoir législatif peut déclarer le Chemin de fer Circulaire d'intérêt général, ne fait que donner son appréciation personnelle.

MINISTÈRE

DES TRAVAUX PUBLICS

Direction générale

DES PONTS ET CHAUSSÉES

et

DES CHEMINS DE FER

Chemin de fer

Division des Études et Travaux

1er *Bureau* (Seine)

Chemin de fer d'intérêt local

projeté de la banlieue de Paris

Versailles, 11 novembre 1872.

A Monsieur le comte de Vauvineux.

MONSIEUR LE COMTE,

Par la lettre que vous m'avez fait l'honneur de m'écrire, le 28 octobre dernier, vous rappelez la correspondance par laquelle l'administration a invité votre Compagnie à adresser à M. le Préfet de la Seine, pour y être soumises au Conseil général du département, ses propositions relatives à l'établissement, comme ligne d'intérêt local, d'un Chemin de fer Circulaire de la banlieue de Paris.

Vous me signalez la contradiction qui existerait entre cette correspondance et la lettre récente que j'ai écrite à M. le Préfet, à l'occasion de votre entreprise, et qui a été reproduite par les journaux.

Votre Compagnie, Monsieur le Comte, ainsi que cela résulte des communications auxquelles vous faites allusion, a, dès le principe, sollicité la concession de ce chemin en lui attribuant le caractère d'intérêt local. Or, toute demande de chemin à établir dans ces conditions doit, aux termes de la loi du 12 juillet 1865, être adressée au Préfet qui en saisit, s'il y a lieu, le Conseil général. C'est donc avec juste raison que vous avez été invité à faire parvenir directement à M. le Préfet de la Seine les diverses communications relatives à votre entreprise. Mais, en vous indiquant cette marche, l'administration n'a nullement préjugé la décision qu'elle aurait à prendre ultérieurement sur le caractère qui devra être définitivement attribué au chemin de fer projeté, et sur la suite que devront recevoir les propositions de votre Compagnie.

Cette décision, ainsi que je l'ai fait remarquer dans la lettre adressée à M. le Préfet de la Seine, ne pourra intervenir qu'à la suite d'un concert avec les deux départements de l'intérieur et de la guerre ; aussi me suis-je borné à faire connaître à M. le Préfet mon opinion personnelle, telle que je l'ai exprimée à mes deux collègues.

Recevez, Monsieur le Comte, etc.

Le Ministre de l'agriculture et du commerce, chargé de l'intérim du Ministère des travaux publics,

Signé : E. TEISSERENC DE BORT.

La dépêche que nous venions de recevoir de M. le Ministre des travaux publics fut par nous transmise, ainsi que la lettre suivante le constate, à M. le Préfet de la Seine, à qui nous crûmes devoir demander de nouveau un arrêté pour pouvoir soumettre le Chemin de fer Circulaire de la banlieue de Paris à l'*enquête publique.*

L'enquête publique, chacun le sait, peut être déclarée soit par le Préfet, soit par le Ministre. Que le chemin de fer pour lequel on la demande soit d'intérêt local ou d'intérêt général, elle ne préjuge rien, elle ne donne aucun droit à celui qui la sollicite. C'est une simple information, et c'était pour nous une confirmation officielle des délibérations des arrondissements et des communes du département de la Seine.

Paris, 12 novembre 1872.

A Monsieur le Préfet de la Seine.

MONSIEUR LE PRÉFET,

Nous avons l'honneur de vous confirmer notre lettre du 28 octobre dernier, par laquelle nous vous remettions copie d'une lettre que nous écrivions à M. le Ministre des travaux publics, en réponse à la communication qui vous avait été faite et qui nous était parvenue par la voie des journaux.

Nous croyons devoir vous remettre également copie de la réponse que M. le Ministre a bien voulu nous faire, et venons solliciter de nouveau auprès de vous, Monsieur le Préfet, un arrêté que seul vous pouvez prendre, pour, conformément à la loi, soumettre à l'enquête publique le projet du

Chemin de fer Circulaire de la banlieue de Paris, chemin dont nous poursuivons la concession.

Veuillez agréer, Monsieur le Préfet, etc.

Le président du Conseil d'administration,

Signé : COMTE A. DE VAUVINEUX.

M. le Préfet de la Seine attendait les instructions du gouvernement pour pouvoir accueillir |ou rejeter notre demande ; aussi, le 30 novembre, nous recevions la réponse suivante accompagnant la dépêche du Ministre :

DIRECTION
DES TRAVAUX PUBLICS

4ᵉ *Division*

1ᵉʳ Bureau

CHEMIN DE FER CIRCULAIRE
DE LA BANLIEUE DE PARIS

PRÉFECTURE DE LA SEINE

Paris, 30 novembre 1872.

A Monsieur le comte de Vauvineux,

MONSIEUR,

En réponse aux différentes lettres que vous m'avez fait l'honneur de m'écrire pour demander la mise à l'enquête du projet de Chemin de fer Circulaire, j'ai l'honneur de vous adresser copie d'une décision ministérielle, de laquelle il résulte que le chemin de fer dont il s'agit présente les caractères d'un chemin de fer d'intérêt général. Dès lors, c'est au Ministre des travaux publics qu'il appartient de statuer ; je lui transmets, à cet effet, toutes les pièces remises à ma Préfecture.

Recevez, Monsieur, etc.

Le Préfet de la Seine, membre de l'Assemblée nationale,

Signé : LÉON SAY.

DIRECTION
DES TRAVAUX PUBLICS
—
4ᵉ *Division*
—
1ᵉʳ Bureau
—
CHEMIN DE FER PROJETÉ DE
LA BANLIEUE DE PARIS

PRÉFECTURE DE LA SEINE

Versailles, le 20 novembre 1872.

MONSIEUR LE PRÉFET,

Ainsi que j'ai eu l'honneur de vous le faire savoir par ma dépêche du 25 octobre dernier, j'ai consulté mes collègues, MM. les Ministres de l'intérieur et de la guerre, au sujet du caractère à attribuer au Chemin de fer Circulaire de la banlieue de Paris, dont la concession est demandée dans les conditions de la loi du 12 juillet 1865, par une Compagnie représentée par M. le comte de Vauvineux.

Dans une lettre qu'il vient de m'adresser en réponse à cette communication, M. le Ministre de l'intérieur estime, en ce qui le concerne, que la ligne dont il s'agit, qui touche à des intérêts de premier ordre, ne saurait être considérée comme une ligne d'intérêt local. Il ajoute, conformément d'ailleurs aux observations contenues dans ma dépêche précitée, que cette ligne, qui présente tous les caractères d'un chemin général, aurait plus de vingt kilomètres de longueur et ne pourrait, dès lors, aux termes de la loi du 27 juillet 1870, être exécutée qu'avec l'assentiment de l'Assemblée nationale.

De son côté, M. le Ministre de la guerre, examinant la question au point de vue stratégique, vient de me faire connaître qu'il considère également le Chemin de fer comme une ligne d'intérêt général. A ce point de vue et attendu que ce chemin doit passer sous le feu de plusieurs forts, il demande que le projet soit soumis à l'examen de la Commission mixte des travaux publics.

En portant à votre connaissance, Monsieur le Préfet, cette double réponse faite par MM. les Ministres de l'intérieur et de la guerre à la communication du projet du nouveau Chemin de fer Circulaire de la banlieue de Paris, je ne puis que vous confirmer les conclusions de ma lettre du 25 octobre dernier.

Recevez, etc.

Le Ministre de l'agriculture et du commerce,
chargé du Ministère des travaux publics,

Signé : TEISSERENC DE BORT.

Pour copie conforme :
L'Inspecteur des ponts et chaussées,
Directeur des travaux,

Signé : (ILLISIBLE).

4

Nos lettres du 8 décembre courant, adressées à M. le Ministre des travaux publics et à M. le Préfet de la Seine, terminent cette discussion d'attributions, à laquelle, en notre qualité de demandeurs en concession, nous ne voulons pas toucher, et si maintenant nous allons commenter brièvement cette loi nouvelle du 27 juillet 1870, c'est pour faire connaître complétement tous les points intéressants de la législation sur les chemins de fer.

Paris, le 8 décembre 1872.

A Monsieur le Ministre des travaux publics.

MONSIEUR LE MINISTRE,

Nous avons l'honneur de vous confirmer la lettre que nous vous avons écrite le 13 novembre dernier.

M. le Préfet de la Seine, par sa lettre du 30 novembre, veut bien nous communiquer votre dépêche du 20. par laquelle vous informez la Préfecture de la Seine, que MM. les Ministres de la guerre et de l'intérieur estiment que le Chemin de fer Circulaire de la banlieue de Paris ne saurait être considéré comme une ligne d'intérêt local.

Nous ne nous permettrons pas, Monsieur le Ministre, de discuter une opinion émise par des autorités aussi compétentes, nous n'avons qu'à venir solliciter de votre département ce que nous avions cru du ressort du Conseil général de la Seine, c'est-à-dire l'ouverture de l'enquête publique sur notre projet, qui se présente appuyé sur les délibérations des communes et sur le vote du Conseil général.

Nous venons, en conséquence, solliciter de votre administration l'autorisation d'entrer dans cette première phase, par où doit passer notre demande en concession.

Veuillez agréer, Monsieur le Ministre, etc.

Pour le Président du Conseil d'administration,
L'Administrateur,

Signé : FEUILLANT.

Paris, le 8 décembre 1872.

A M. le Préfet de la Seine, membre de l'Assemblée nationale.

MONSIEUR LE PRÉFET,

Nous avons l'honneur de vous accuser réception de votre lettre, accompagnant une copie de la dépêche de M. le Ministre des travaux publics, en date du 20 novembre dernier.

Nous demandons à M. le Ministre de vouloir bien ouvrir l'enquête publique sur l'opportunité du Chemin de fer Circulaire de la banlieue, chemin qui est réclamé par les communes suburbaines et par les Commissions nommées dans chacun des arrondissements de Paris traversés par notre tracé.

En agissant ainsi, nous suivons vos désirs, car il ne nous appartient pas, Monsieur le Préfet, de discuter sur le plus ou moins fondé de savoir si le Chemin est d'intérêt général ou d'intérêt local.

C'est là une question toute administrative, sur laquelle nous n'avons pas à nous prononcer.

Nous regrettons, Monsieur le Préfet, que cette autorisation d'enquête publique ne nous vienne pas directement de votre administration, car nous lui aurions demandé, après que le vœu aurait été exprimé par les populations, de construire en premier lieu la ligne desservant le nord de Paris.

Nous insisterons, cependant, auprès de vous, en nous appuyant sur les résolutions adoptées par le Conseil général, pour que vouliez bien donner des ordres afin que notre projet soit au moins étudié par votre administration.

Veuillez agréer, Monsieur le Préfet, etc.

Pour le président du Conseil d'administration :
L'Administrateur,

Signé : FEUILLANT.

Le doute exprimé par M. le Ministre des travaux publics et qui tendrait à placer le Chemin de fer Métropolitain et de la banlieue sous l'empire de loi du 27 juillet 1870, ne nous paraît nullement justifié.

Que dit, en effet, la loi de 1870?

« ART. 1er. — Tous grands travaux publics (travaux de l'État)... ne pour-
« ront être autorisés que par une loi rendue après une enquête adminis-
« trative.

« ART. 2. — Il n'est rien innové, quant à présent, en ce qui touche l'au-
« torisation et la déclaration d'utilité publique des travaux publics à la
« charge des départements et des communes. »

Voici qui est clair, et nous pourrions nous borner à cette simple
citation, qui affirme si nettement le maintien, dans les attributions des Conseils généraux, des chemins de fer d'intérêt local,
aucune loi n'étant venue depuis lors apporter d'innovation à l'article 2.

Les prérogatives accordées aux Conseils généraux par la loi
de 1865 subsistent encore à l'heure qu'il est : c'est positif et
indéniable.

Mais se tromperaient ceux qui seraient tentés de supposer des
intentions ultérieures restrictives contre les Conseils départementaux de la part des législateurs de 1870. Il suffit, pour s'en
convaincre, de relire le rapport de M. le marquis de Talhouët et
les discussions auxquelles a donné lieu l'interpellation de M. Mony,
dans le Corps législatif et le Sénat.

L'Empire venait de réformer sa constitution dans le sens de la
décentralisation. Le Corps législatif et le Sénat, suivant le mouvement indiqué par le Gouvernement lui-même, étaient d'avis de
faire rentrer dans le domaine législatif tout ce qui, dans le
sénatus-consulte du 25 décembre 1852, est contradictoire à la
constitution nouvelle : d'où la proposition Mony.

La proposition de M. Mony, qui est devenue la loi du 27 juillet
1870, a été discutée et commentée successivement par les députés
et les sénateurs, qui l'ont ou soutenue ou combattue.

C'est dans les arguments développés dans ces doubles débats
que l'on peut puiser le véritable esprit de la loi. Citons quelques
extraits de cette discussion qui, bien qu'ayant eu lieu dans les derniers moments du Sénat et du Corps législatif, est remarquable
de précision et de netteté.

M. Dessaignes, combattant l'urgence du projet, disait :

« Vous n'ignorez pas, Messieurs, qu'il s'agit de restituer à la loi
« de 1841 ce que le sénatus-consulte de 1852 lui avait ôté. Eh bien!
« le projet de loi ne s'occupe que d'une chose, *c'est de restituer*

« *au domaine de la loi la connaissance des travaux publics inté-*
« *ressant l'État.* »

Il ajoute encore :
« Je sais très bien que, daạs le projet, on a fait des réserves et
« qu'on a eu soin de dire *qu'il n'est rien innové, quant à présent,*
« *en ce qui touche les départements et les cômmunes.*
« ...... Il n'y a pas urgence... Ne vaut-il pas mieux ajourner,
« afin de se donner le temps de revenir à la loi de 1841, qui est la
« vraie loi sur cette grande question de l'expropriation publique,
« *et n'y a-t-il pas un réel inconvénient à laisser en dehors les dé-*
« *partements et les communes, si intéressés au retour de la loi de*
« *mai* 1841? »

M. le marquis de Talhouët, rapporteur de la loi, répondant à
M. Dessaignes, conclut par ces mots :
« Le jour où il (le Gouvernement) nous proposera d'examiner ce
« qui doit être fait *pour les travaux publics des départements et*
« *des communes,* il nous trouvera disposés à le seconder. »

Dans les passages qu'on vient de lire, comme dans le cours de
la discussion qu'a subie la loi au Corps législatif, il n'est nullement question d'innover, de changer ou de modifier les dispositions
de la loi du 21 mai 1865 sur les chemins de fer d'intérêt local; et
si personne ne le déclare, c'est que personne ne songe à toucher à
cette loi. Tout le poids de la discussion porte sur les travaux des
villes, et surtout, c'est là l'objectif puissant des orateurs, sur les
travaux de la ville de Paris.

On ne peut donc inférer que la loi de 1865 n'a d'effet *local*
qu'autant que le chemin de fer dont la concession est demandée
ne dépasse pas 20 kilomètres. Nous opposons à cette interprétation la parole du législateur qui, lorsqu'il spécifie que « le gou-
« vernement impérial pourra, en la forme des règlements
« d'administration publique, et également précédé d'une enquête,
« autoriser l'exécution des canaux et des chemins de fer d'em-
« branchements de 20 kilomètres, » voulait laisser au pouvoir de
l'Empereur une dernière satisfaction avant de revenir aux dispositions émises dans la loi de 1841.

M. Leroy de Saint-Arnaud, rapporteur de la loi au Sénat, explique encore plus catégoriquement qu'on ne l'a fait au Corps législatif, le caractère spécial de cette loi.

C'est ainsi qu'il rappelle que : « Ce que la France a vu s'achever « de travaux utiles et d'entreprises grandes pour sa gloire, non « moins que favorables au développement de ses intérêts, justifie « pleinement l'article 4 du sénatus-consulte de 1852.

« Mais il a fait son œuvre ; c'était le moment de revenir aux « règles du droit commun. »

Il ajoute, quelques lignes après :

« Mais ce n'est point le cas pour certaines réformes, en ce qui « touche les travaux entrepris par les départements et les com- « munes. »

M. Baroche, dans une discussion fort étendue, disait : « Je ne « sais par quelle raison, je ne me charge pas de le dire, — j'es- « père que M. le Ministre des travaux publics le dira, — on ne « l'a pas copiée en entier (la loi de 1841) ; car elle s'appliquait, « non-seulement aux travaux de l'Etat, mais aux travaux entre- « pris par les départements et les communes. *On n'a pas repris* « *cette disposition.* De telle sorte que si la loi actuelle est adoptée, « *les travaux de l'Etat seront sous une législation différente de* « *celle où se trouveront les travaux des départements et des com-* « *munes.* »

Comme résumé de la discussion, nous ne saurions mieux citer que la déclaration de M. le Ministre des travaux publics, qui clôt les débats et amène le vote.

« Le Gouvernement n'a pas cru devoir, en ce moment, modifier « la législation qui régit cette matière. Il y a peu d'années, les « pouvoirs publics ont voté, sur les attributions des Conseils muni- « cipaux et des Conseils généraux, des lois qui ont étendu consi- « dérablement leurs pouvoirs. Nous n'avons pas voulu les res- « treindre ; nous n'avons pas voulu réagir, et revenir sur des « dispositions qui ont été accueillies avec faveur par le pays. Nous « n'aurions pu le faire, d'ailleurs, sans consulter, au préalable, « les Conseils généraux et les communes. »

Après avoir lu les lignes qui précèdent, ceux qui voudront y trouver qu'un chemin de fer d'intérêt local ne peut avoir plus de 20 kilomètres, auront peine à donner une sanction à leur opinion, comme le demande tout texte de loi.

Peut-on admettre qu'il réside, dans l'esprit de la loi, la pensée de protéger les intérêts des grandes Compagnies, en mettant un frein aux décisions des communes, des départements?

Nous ne le pensons pas, car si la loi de 1865 donne à ces communes, à ces départements, le droit de faire ou de concéder des lignes de chemins de fer, l'Etat a seul le droit de les autoriser.

Mais, nous le répétons encore, nous ne sommes pas venus discuter le caractère propre au Chemin de fer Métropolitain et de la banlieue de Paris; nous n'avons voulu qu'indiquer le sens précis de la loi du 25 juillet 1870, heureux si nos explications peuvent aider à amener plus rapidement la solution d'une question qui touche si profondément aux intérêts de l'industrie du département de la Seine.

XIV

Il faut conclure.

Notre conclusion se trouve tout entière dans les pages qui vont suivre, — pages renfermant les nouvelles délibérations des communes des cantons réunis et desservis par notre tracé, et les travaux des Commissions nommées par les arrondissements de Paris traversés par le Chemin de fer Métropolitain.

En effet, après les avoir lus, on verra que ce n'est que la conclusion de ce que nous venons d'exposer.

Toutes les questions que nous avons examinées s'y trouvent expliquées, affirmées, résolues par des personnalités éminentes, encore plus au courant que nous, non-seulement des besoins matériels à satisfaire, mais encore des moyens pratiques à employer pour arriver à servir tous les grands intérêts du département de la Seine.

La lecture de ces pièces réunies démontrera que c'est à juste titre que nous poursuivons l'exécution du Chemin de fer Métropolitain et de la banlieue de Paris, que les uns appellent : *Chemin industriel*, les autres : *Chemin des fabriques*, et qu'on devrait peut-être tout simplement dénommer : *Chemin camionneur*.

Car, ne cessons de le répéter, l'industrie parisienne est dans une réelle infériorité au point de vue des transports. Et c'est d'une dépense qui, quelquefois, s'élève à 4 et 5 francs de frais de chargement, de déchargement, qu'elle peut être dégrevée dans une proportion considérable, si on établit la nouvelle voie de transport qui, de toutes parts et tout entière, est réclamée par la population commerciale et industrielle.

Ce ne sera pas par des demi-mesures, par des tramway limités, par le simple établissement de gares nouvelles, qu'on viendra parer utilement à notre infériorité. On recommencerait seulement l'essai malheureux du Chemin de fer de Ceinture, qui ne rend, en effet, que de très minimes services à l'industrie parisienne, puisqu'il ne se relie pas et ne peut se relier aux fabriques, aux usines, aux carrières, à tous ces centres de travail qui doivent, à pied d'œuvre, ou recevoir la marchandise qu'ils vont manufacturer, ou expédier le produit terminé qu'ils vont disperser dans tous les points du monde.

Aussi, le jour ou existera le Chemin de fer Métropolitain et de la banlieue de Paris, éclatera une nouvelle et plus grande prospérité, et pour les usines de Grenelle, et pour les fabriques du nord de Paris, et pour les plâtres de l'est, et pour les magasins du sud.

Et ces résultats immenses ne se traduiront pas seulement par une importante économie réalisée sur les transports, par un perfectionnement de l'outillage national, par une augmentation de bénéfices et de travaux, mais encore par une réelle amélioration dans le sort des ouvriers qui donnent le mouvement et la vie aux nombreuses fabriques qui environnent la grande ville de Paris.

L'ingénieur,

JULES BRUNFAUT.

Paris, le   décembre 1872.

CHEMIN DE FER MÉTROPOLITAIN

ET DE LA

BANLIEUE DE PARIS

DEUXIÈME PARTIE

ANNEXES AU MÉMOIRE

PARIS

SIÉGE DE LA SOCIÉTÉ

45, rue Joubert, 45

—

1872

ANNEXES

Délibérations des Commissions cantonales et d'arrondissement
du département de la Seine.

Les Annexes insérées dans notre premier Mémoire renfermaient
les délibérations de toutes les communes du département de la
Seine, délibérations reconnaissant à l'unanimité le besoin d'un
Chemin de fer Circulaire reliant toutes ces communes entre elles,
avec les grandes lignes de chemin de fer et avec Paris.

L'unanimité, disons-nous, a été complète, tant le besoin était
réel; mais, comme il ne nous était pas possible de relier *toutes les
communes* entre elles, les Commissions, après examen, nous ont
indiqué quelles étaient les localités qui devaient être les premières
desservies.

Comme, à Paris, on est habitué à concevoir et à exécuter les
choses d'intérêt général, les membres de ces Commissions ont tracé
cette ligne rouge qui est représentée sur la carte indiquant le parcours du Chemin de fer Métropolitain et de la banlieue de Paris.

Un jour viendra où les communes que cette ligne ne touche pas
seront à leur tour reliées par des tronçons ferrés, de telle sorte que
toutes les soixante et onze communes aient, sans exception, leurs
embranchements, leurs stations, leurs gares.

Les délibérations qui suivent ne s'occuperont donc plus du tracé
proprement dit du Chemin de fer; c'est une chose arrêtée, qui ne
sera modifiée que si l'enquête publique, ce juge suprême, le
trouve opportun.

Mais ces délibérations renfermeront les décisions prises au sujet des embranchements à exécuter pour le service du camionnage des marchandises, et les rectifications de nos projets en ce qui touche le parcours dans Paris.

Pour faciliter l'étude de ce travail, après chacune de ces délibérations, nous ferons connaître, en quelques mots, la réponse de l'administration que nous avons l'honneur de représenter, de telle sorte que les Conseillers généraux, que l'autorité supérieure, que les ingénieurs qui étudieront ce travail, puissent lire et juger en connaissance de cause.

Nous résumerons enfin toutes les observations faites, et nous donnerons succinctement les changements apportés, soit dans les tracés anciens, soit par les tracés nouveaux, tant au point de vue technique qu'au point de vue du coût présumé.

DÉLIBÉRATIONS DES COMMUNES

DU

DÉPARTEMENT DE LA SEINE

CANTON DE COURBEVOIE

Procès-verbal de la réunion du 31 octobre 1872, tenue dans une des salles de la mairie de Courbevoie, sous la présidence de M. LESAGE, conseiller général de la Seine.

PRÉSENTS :

MM. Dehesmin, Courbevoie.
  Lefebvre, Courbevoie.
  Ledoux, Courbevoie.
  Delahaye, 84, boulevard des Batignolles, conseiller municipal.
  Tissot, Asnières, conseiller municipal.
  Goupil, Asnières.
  Francillon, Puteaux.
  Rispal, Asnières, conseiller municipal.
  Soyer, Suresnes, fabricant.
  Chardin et Massillon, Asnières.
  Helitas, Courbevoie.
  Meunier et Pontaux, Suresnes.
  Leroux, Courbevoie, architecte.
  Lacroix, Gennevilliers, maire.
  Lesage, Asnières, conseiller général.
  Baut, Suresnes, adjoint.
  Godefroy, Courbevoie.
  Pauly, Courbevoie.

Blanche, Puteaux, maire.
Fermé, Suresnes, notaire.
Crépin, Gennevilliers, adjoint.
Andrillot, Courbevoie, agent-voyer.
Durand, Asnières, maire, conseiller d'arrondissement.
F. Durand, Colombes.
Leseine, Colombes.
Bourdonnay, Colombes.
Hulot, Puteaux, conseiller municipal.
Duresme, Courbevoie, maire.
Huché, Suresnes, maire.
Charbonnel, Courbevoie.
Saintoux, Saint-Cloud.
Barbier, Suresnes.
Dejouy, Gennevilliers, conseiller municipal.
Retrou, Gennevilliers, conseiller municipal.

M. Lesage, conseiller général de la Seine, prend place au fauteuil de la présidence et ouvre la séance.

Messieurs, dit le président, vous n'ignorez pas que le Conseil général avait tracé un programme ayant pour but de doter le département de la Seine d'une voie ferrée, destinée tant au transport des voyageurs qu'au transit des marchandises.

Sur les 46 projets qui, dès l'ouverture de la session, répondirent à l'appel du Conseil général, 45 furent écartés ; un seul sembla répondre aux exigences du programme, et son examen attentif fut remis à la session qui vient de se clore. Ce projet, Messieurs, est celui que nous connaissons tous sous le nom de *Chemin de fer Circulaire de la banlieue de Paris*.

Jusqu'au dernier moment, l'Administration a cru devoir se montrer hostile à ce projet, et ce n'est qu'en dernier lieu, c'est-à-dire alors qu'il est devenu évident pour elle qu'elle ne pouvait résister plus longtemps à votre volonté, qu'elle a proposé elle-même de relier la commune de Neuilly à la commune de Pantin.

Sur mon initiative, la proposition de l'Administration et le projet du Chemin de fer Circulaire furent renvoyés devant une Commission spéciale qui, à l'unanimité, repoussa le nouveau projet et renvoya le Chemin de fer Circulaire de la banlieue de Paris devant l'Administration pour y être étudié au point de vue technique.

A l'unanimité, le Conseil général vient d'approuver les conclusions formulées par la Commission.

Nous devons trouver, dans l'unanimité de ce vote, la récompense de nos efforts et un encouragement à persévérer dans des études si heureusement commencées.

C'est précisément dans le but de reprendre ces études, que vous êtes convoqués aujourd'hui par le président de la Société du Chemin de fer Circulaire.

Vous savez, Messieurs, que les 71 communes du département de la Seine sont d'accord entre elles sur l'utilité d'une œuvre que M. l'ingénieur Bassompierre jugeait déjà indispensable, alors que se construisait à peine le chemin de fer de Ceinture.

Cette utilité, tous les jours plus impérieuse, est devenue à présent une nécessité absolue qui est tellement démontrée, qui se manifeste si généralement, si spontanément dans toute l'étendue du département, que l'Administration, arrêtée par une expression aussi unanime, n'oppose plus qu'une seule objection : elle argue qu'il ne faut entreprendre aucun travail d'utilité publique tant que l'emprunt ne sera pas totalement classé.

Cet argument n'aura pas plus de valeur à vos yeux qu'il n'en a eu devant le Conseil général, qui a passé outre, ainsi que vous le démontre le remarquable rapport de mon honorable collègue, M. Sueur.

Mais si nous avons pour nous l'unanimité du Conseil général, si l'opposition administrative est prête à céder, ne croyez pas cependant que le champ soit librement ouvert devant vous ; bien des obstacles nous attendent encore, obstacles en tête desquels nous trouvons tout d'abord la lutte qu'il nous faudra soutenir contre les grandes Compagnies.

Donc, tout n'est pas fini, mais l'issue de la lutte ne saurait être douteuse si vous persévérez dans vos efforts et si vous voulez fermement.

M. l'ingénieur de la Compagnie vous expliquera ce qu'il y a à faire pour atteindre ce résultat.

M. Brunfaut, ingénieur de la Compagnie, dit que les travaux d'étude minutieusement élaborés d'un commun accord entre les Commissions communales et lui, ont arrêté le tracé dans les meilleures conditions possibles pour le service général de la banlieue parisienne ; mais le Chemin de fer, tel qu'il est conçu et arrêté, ne rendrait que des services restreints s'il ne se préoccupait pas d'une manière spéciale des besoins des nombreuses usines et fabriques rencontrées sur sa route, s'il ne se reliait pas plus directement avec les entrepôts, les magasins et les usines peuplant aujourd'hui les environs de Paris.

Il nous faut donc, continue l'ingénieur, reprendre nos études et établir le meilleur mode pour, au moyen d'aiguillages, venir nous relier intimement avec toutes les fabriques, sources de la fortune publique, auxquelles notre chemin de fer apportera un puissant élément de vitalité.

L'usage veut que les grands fabricants songent eux-mêmes à se relier à leurs frais avec le chemin de fer; tous ces foyers de travail trouvent dans leurs propres ressources les moyens de faire face à une dépense qui n'est en réalité qu'une avance faite pour augmenter leur développement et leur succès.

Mais l'industrie parisienne ne se compose pas seulement de grandes usines ; à côté des grands établissements occupant des centaines d'ouvriers, s'ouvre la modeste fabrique qui ne saurait prélever sur ses propres ressources les dépenses qu'entraînerait l'établissement d'une voie ferrée.

Or, les intérêts de ces petites fabriques sont aussi pressants que les besoins des grandes usines ; il faut donc aviser à leur venir également en aide.

Pour atteindre ce but, il serait opportun qu'une Commission cantonale, choisie parmi vous, Messieurs, voulût bien étudier le tracé d'embranchements divers qui, sur des points déterminés, viendraient desservir les centres industriels.

Cette Commission pourrait être composée de sept membres par chaque canton.

Vous n'ignorez pas, Messieurs, poursuit M. Brunfaut, que, pour Paris seulement, les frais de camionnage absorbent annuellement l'énorme somme de 60 millions ; à l'aide de ces aiguillages courant dans toutes les directions et desservant la fabrique suburbaine, combien pourra-t-on économiser sur ce capital ?

Peut-être le 1/4 ; peut-être le 1/3.

Dans tous les cas, quelle que soit l'importance de la somme économisée, elle n'en tournera pas moins au profit de l'industrie locale, rendue par le fait même de cette économie plus à même de lutter contre la concurrence étrangère.

Un membre demande quel est, dans le canton de Courbevoie, le nombre des communes traversées par le Chemin de fer.

M. le Président répond qu'il y en a six, et qu'en conséquence il n'y aurait pas lieu de nommer plus de six membres ; mais, pour se conformer au désir des autres réunions, Courbevoie, en sa qualité de chef de canton, nommerait deux membres.

M. le maire de Courbevoie croit qu'il serait utile que la commune de Nanterre fût également représentée ; car cette localité est peut-être celle qui fournira, grâce à ses carrières, le plus fort contingent au transport. Il lui semble que chaque commune doit être représentée, comme cela a été fait pour les précédentes Commissions.

M. Lesage se rend à cet avis : voilà qui est entendu, dit-il, vous nommerez un commissaire par commune, et la Commission nommée s'entendra avec M. l'ingénieur de la Compagnie, pour fixer les embranchements et les conditions d'exécution.

J'ai étudié le trafic de notre canton, continue M. le Président, ce trafic s'élève annuellement à 100,000 tonnes environ ; or, Messieurs, en 1869, le chemin de fer de l'Ouest, qui le traverse, n'a transporté que 838 tonnes.

Vous voyez par ce seul chiffre quels immenses services est appelé à nous rendre le Chemin de fer Circulaire de la banlieue, et combien il est nécessaire que nous nous en occupions activement.

Hâtez-vous donc le plus possible, afin que ce travail soit terminé au mois de décembre prochain, c'est-à-dire au moment où s'ouvrira la prochaine session du Conseil général.

M. le maire de Courbevoie est d'avis de nommer deux membres par cha-que commune.

M. Brunfaut répond qu'il est absolument à la disposition de la Commission qui sera nommée; il fera exécuter les plans par les ingénieurs placés sous ses ordres; tout procédera rapidement, mais, en réponse à la proposition de M. le maire de Courbevoie, il fait observer qu'il y aura douze Commissions cantonales, huit pour la banlieue et quatre pour les arrondissements de Paris traversés par le Chemin de fer; chaque Commission étant de sept membres, le nombre des commissaires sera donc de quatre-vingt-quatre. Si la proposition de M. le maire de Courbevoie est adoptée, ce nombre devra être porté à cent-soixante-huit.

M. Tissot ne comprend pas, dit-il, le but de ces Commissions ; si les industriels ont besoin de se relier au Chemin, ils le feront à leurs frais.

M. le maire de Puteaux explique l'importance qu'auront ces Commissions ; il y aura à passer sur le pavé des rues, puis à s'établir sur le quai ; pour bien des communes, il y a là un ensemble à étudier ; il appuie fortement l'opinion émise par le président.

Un membre ajoute : Mais ne faut-il pas qu'il y ait une Commission ? Sans cette Commission, à qui devrait s'adresser l'industriel ?

Après une discussion à laquelle prennent part MM. Tissot, les maires de Courbevoie et de Puteaux, M. Lesage résume la question et la met aux voix. Elle est à l'unanimité approuvée et il est décidé qu'une Commission d'un membre par commune, soit sept membres, sera nommée pour étudier la question.

Chaque Commission pourra, si elle le juge bon, s'adjoindre dans sa commune une Sous-Commission dont elle sera le rapporteur naturel.

La Commission cantonale fera connaître à M. Brunfaut l'heure et le lieu de ses séances.

La séance est levée à midi.

Réunion des délégués des communes du canton de Courbevoie, tenue le 26 novembre 1872, à la mairie du chef-lieu
de canton.

Étaient présents MM. les délégués des diverses communes, les ingénieurs et administrateurs de la Compagnie du Chemin de fer Circulaire de
la banlieue de Paris.

Il est donné lecture d'une lettre de M. Lesage, conseiller général, s'excu-
sant de ne pouvoir présider la réunion.

« C'est aux usiniers des communes à desservir, qu'il appartient d'appré-
« cier ce qui convient à leurs intérêts. Lorsqu'on aura arrêté, avec les
« communes, les aiguillages nécessaires et possibles, et que le projet re-
« viendra devant le Conseil général, je rentrerai dans mon véritable rôle,
« auquel je n'entends point faillir. »

M. le maire de Suresnes dit que cette réponse a été provoquée par la
lettre qui lui a été écrite par la Commission de Suresnes, lettre dont il fait
connaître le contenu et qui dit :

« Les membres de la Commission de Suresnes, soussignés, émettent
« l'avis suivant :

PREMIÈRE PARTIE

« Conformément au projet primitif, la ligne devra se continuer jusqu'au
« moins à la rue du Ratelet.

« En insistant sur ce point, c'est que, dans l'avenir, un embranchement
« pourrait emprunter la rue de Penthièvre jusqu'au quai, et ensuite se di-
« riger en amont et en aval du fleuve, pour desservir les nombreuses
« usines qui se trouvent sur le quai.

DEUXIÈME PARTIE

« Il y aurait lieu d'opérer les deux raccordements suivants :
« Avec la ligne du Nord par le chemin d'Argenteuil,
« Et avec la ligne du Havre et de Cherbourg, dans la garenne de Co-
« lombes.

TROISIÈME PARTIE

« Le tonnage général de la commune de Suresnes est évalué à 3,000 ton-
« nes annuellement.

QUATRIÈME PARTIE

I

« Jusqu'à présent, il n'est demandé aucun embranchement direct pour
« les industriels.

« Mais une clause du cahier des charges de concession devra obligatoi-
« rement imposer à la Compagnie concessionnaire d'accorder des embran-
« chements directs, particuliers ou collectifs, lorsque la demande lui en
« serait faite.

II

« Les travaux d'embranchement étant exécutés par la Compagnie con-
« cessionnaire, le prix du transport pourrait être fixé à 16 centimes par
« tonne et par kilomètre, par fractions d'hectomètre.

III

« Les travaux étant exécutés par les industriels, il n'y aurait qu'à déter-
« miner le prix de la manutention pour la manœuvre des aiguillages.

IV

« Le prix de 16 centimes, ci-dessus déterminé, pourrait subir une modi-
« fication en moins, si l'importance des transports annuels, sur l'embran-
« chement, dépassait 4,000 tonnes.

« Les industriels demandant des embranchements, directs ou collectifs,
« devraient prendre des engagements pour une durée telle, que la Compa-
« gnie puisse rentrer dans ses déboursés d'établissement, augmentés des
« intérêts.

V

« Les embranchements prévus auraient le caractère de tramway.

« M. Fermé, l'un des membres soussignés, est nommé délégué à l'as-
« semblée cantonale et générale.

« A Suresnes, le 20 novembre 1872.

« LES MEMBRES DE LA COMMISSION,

(Suivent les signatures.)

« Pour copie conforme :

Le Maire, président de la Commission,

Signé : HUCHÉ. »

Après cette lecture, des explications sont échangées entre divers membres et l'ingénieur de la Compagnie. Il semble qu'il serait facile d'établir sur le quai un railway à une seule voie, desservant toutes les usines riveraines, ce qui serait utile également aux embarquements et débarquements des transports par la Seine.

M. le maire de Courbevoie explique qu'il a refusé au tramway de Neuilly l'autorisation de passer le pont, attendu que l'écartement des rails n'est que de 1 mètre 40 cent. au lieu de 1 mètre 51 cent. — Il faut, dit-il, que cette voie soit armée de telle sorte que les wagons des grandes Compagnies puissent y circuler.

M. le Préfet a donné raison à M. le maire, et la Compagnie paraît persister dans ses prétentions ; or, avant de détruire un service aussi parfait que celui des omnibus, il faut y regarder à deux fois.

Un membre approuve les idées de M. le maire et croit qu'on peut non-seulement faire une voie sur le quai, mais raccorder la gare proposée avec le bas de Courbevoie, en passant dans des terrains sans valeur aucune et qui ne sont que d'anciennes carrières.

M. le maire propose d'étudier ce projet. Ce qui est adopté.

Un membre insiste pour que le chemin de fer se raccorde avec la ligne d'Argenteuil ; il explique que les marchandises en destination du Nord, ou celles du Nord, pour Puteaux, Suresnes, Courbevoie, pour la ligne du Havre, n'ont pas besoin de passer par la gare de Saint-Denis ; d'Ermont, elles se dirigeront sur la gare mixte de la Garenne.

L'ingénieur de la Compagnie reconnaît le bien fondé de la réclamation ; la question est si juste, qu'il va se mettre, dit-il, à faire étudier cette proposition.

M. le maire de Courbevoie dépose le rapport de la commune de Gennevilliers, qui sera annexé aux travaux de la Commission.

La réunion, ayant épuisé les questions à l'ordre du jour, se sépare. MM. les rapporteurs remettront leurs rapports à M. le Conseiller général.

MAIRIE DE GENNEVILLIERS

Gennevilliers, le 19 décembre 1872.

MONSIEUR LE PRÉSIDENT,

La Commission déléguée par le Conseil municipal de Gennevilliers, près· de la Compagnie du Chemin de fer Circulaire de la banlieue de Paris, me charge de vous faire connaître son opinion, basée sur celle de la population, sur l'ouverture d'une voie ferrée traversant et desservant la commune.

Ainsi que cette Commission a déjà eu l'honneur de le déclarer, soit par écrit, soit dans les réunions qui ont eu lieu, elle verra avec satisfaction une voie ferrée s'établir sur son territoire, laquelle lui ouvrira les communications avec le centre de Paris ; elle se montrera toujours prête à faciliter et aider la Compagnie dans les transactions que cette dernière devra entamer avec les propriétaires des terrains que la voie devra traverser ; elle verra également avec satisfaction la Compagnie s'occuper d'un acheminement vers la vallée de Montmorency ; elle sera secondée par les projets à l'étude, déjà depuis plusieurs années, du chemin qui doit relier la commune de Gennevilliers avec celle d'Épinay.

Elle compte également utiliser cette voie pour le transport des matières employées dans les usines, ainsi que leurs produits, qui peuvent s'évaluer à 6 ou 8 millions de kilogrammes ; en outre, cette voie peut être d'une grandre utilité pour le transport des produits maraîchers sur les divers marchés de Paris.

Elle espère que le vœu exprimé par elle, ainsi que par les communes du centre, qui, comme elle, sont privées de rapports directs avec la capitale, sera pris en considération par le double avantage que cette voie offrira aux communes qu'elle desservira, puisqu'elle se relie avec toutes les grandes voies.

Veuillez agréer, etc.

Le Maire,

Signé : LACROIX.

COMMUNE D'ASNIÈRES

Rapport de la Commission

L'an mil huit cent soixante-douze, le neuf décembre, à dix heures du matin, la Commission nommée par le Conseil municipal, dans sa séance du vingt et un juin dernier, pour examiner et suivre un projet de Chemin de fer Circulaire ayant pour but de mettre en communication certaines communes de l'arrondissement de Saint-Denis et plus spécialement celles du canton de Courbevoie, dont Asnières fait partie ;

Après avoir consulté les principaux industriels de la commune d'Asnières, la Commission est d'avis de s'en référer à son premier Rapport fait en date du seize août dernier, et accepté à l'unanimité par le Conseil municipal, lequel consistait à demander une station de voyageurs et une gare de marchandises sur le territoire d'Asnières, à la jonction des routes 14, 33 et le chemin des Bourguignons.

Signé : JORET.

MAIRIE DE COURBEVOIE

Avis de la Commission

Les membres de la Commission soussignés, après avoir entendu l'exposé qui est fait par l'un d'eux et vu le plan ci-annexé ;

Emettent l'avis :

1° Que le tracé devrait se séparer de celui proposé par l'administration pour éviter de suivre le côté de la route Nationale n° 192, qui ferait perdre aux terrains en bordure la plus-value que ceux-ci doivent un jour acquérir ;

2° Qu'il y a lieu de faire le raccordement avec la ligne de Versailles, reliant ainsi cette dernière directement avec la gare de marchandises projetée ;

3° De placer une gare de marchandises sur le point dit Les Douces ; cette position ayant l'avantage, tout en étant au centre des diverses communes de Courbevoie, Puteaux, Asnières, de se trouver au niveau convenable par rapport à la voie ;

4° Qu'une clause du cahier des charges du concessionnaire devra obligatoirement imposer l'établissement d'embranchements, dits tramway, se reliant à la ligne principale et desservant, soit collectivement ou individuellement, tout industriel qui en ferait la demande ;

5° Que le tracé le plus utile serait celui qui, partant de cette gare de marchandises, passerait en tunnel, en traversant l'avenue de la Caserne, pour sortir à niveau sur les terrains situés en arrière des propriétés riveraines de l'avenue Saint-Germain ; puis, se continuant par l'une des rues en construction, passerait par le carrefour Penet, où un dépôt de wagons pourrait être établi, continuant par la rue Saint-Germain et contournant la place Napoléon pour prendre les quais avec raccordement par la rue de l'Abreuvoir. De la place Napoléon, un raccordement pourrait avoir lieu par le chemin de halage avec la ligne de Puteaux et de Suresnes ;

6° Que l'importance du tonnage que la commune peut avoir à expédier annuellement peut être évaluée à 13,380 tonnes, tant pour l'importation que pour l'exportation ;

7° Que les travaux d'embranchement seraient exécutés par la Compagnie concessionnaire, qui aurait à fixer le prix du transport à .... par tonne et par kilomètre, en raison du tonnage précité ci-dessus, tant pour la traction que pour location de voie ;

Que, si la somme de transport dans une année dépassait le chiffre de .... le prix devrait subir une réduction proportionnée ;

8° Qu'il ne resterait à la charge des industriels que l'aiguillage ou le raccordement direct de la ligne du tramway avec leur établissement ;

9° Qu'il y a lieu de demander à la Compagnie le raccordement avec la ligne d'Argenteuil pour le Nord, et avec celle de Colombes pour les lignes de l'Ouest, pour la Normandie, la Bretagne, le Havre et Dieppe.

La commune désigne M. Alexandre Chapon comme délégué près la Commission cantonale et générale.

Signé : DURENNE; — F. BOURGIN; — REGNAULT; — LEROUX; — WEIBEL; — CHARBONEL; — CH. GRANDJEAN.

RENSEIGNEMENTS SUR LES USINES DE COURBEVOIE

POUR L'ÉTUDE DE VOIES FERRÉES DESTINÉES A RELIER LES CENTRES INDUSTRIELS AUX LIGNES DE CHEMINS DE FER

NOMS des propriétaires DE L'ÉTABLISSEMENT	INDICATION de l'endroit où est située L'USINE	GENRES D'INDUSTRIE	TONNAGE des matières importées A L'USINE		TONNAGE des matières exportées DE L'USINE	NOMBRE MOYEN d'ouvriers occupés	IMPORTANCE COMMERCIALE
			Charbon	Matières premières			
			Tonnes.	Tonnes.	Tonnes.		Francs.
Adrian.	R. Ficatier, 2.	Produits chimiques et pharmaceutiques.	280	100	100	9	100.000
F. Bourgin, Juhelle et Cᵉ.	Rue Dupuytren, 6.	Blanchissement de tissus de laine.	1.400	300 / 60	Livraison à domicile	150	750.000
Dutenne.	Quai Napoléon, 37.	Usine métallurgique.	700	3.000	3.000	300	1.200.000
Chapon frères.	Quai Napoléon, 9.	Tissage mécanique.	400	250	200	100	1.500.000 / 800.000
Colas.	R. de l'Abreuvoir, 10.	Charronage.	150 { Bois 820 / Fer 170 }		Voitures 800	70	500.000
Marion fils et Geris.	Avenue Saint-Germain, 78.	Papier-lettre.	200	1.000	250	125	500.000
A. Dehesdin.	Rue Haute de Bezons.	Chocolaterie.	50	80	70	10	200.000
Totaux................			3.180	5.780	4.420	764	4.050.000

MAIRIE DE PUTEAUX

Le 9 décembre 1872.

A Monsieur le Président du Conseil d'administration du Chemin de fer Circulaire.

MONSIEUR LE PRÉSIDENT,

Tous les manufacturiers et les propriétaires de chantiers de la commune ont été convoqués à la mairie pour discuter et étudier un projet d'embranchement qui les mettrait en communication directe avec la ligne projetée. Voici le projet qui a été adopté à l'unanimité, et que je suis chargé de vous soumettre.

Dans le tracé de votre Compagnie, vous avez indiqué une gare rue de Paris, entre les deux communes de Puteaux et de Suresnes. Le tramway devrait partir de ce point, traverser la rue de Paris, et gagner directement le quai par la rue de Penthièvre, pour faire sa jonction au tramway projeté, qui doit aller du pont de Neuilly au pont de Suresnes.

En bas de la rampe du pont de Neuilly, un aiguillage permettrait de revenir rue de Paris, de la suivre dans toute sa longueur pour rentrer à la gare.

Cette disposition peu coûteuse donnerait satisfaction à presque toutes les usines qui, en général, sont situées sur ces deux voies, et les wagons pourraient arriver directement dans les établissements, à l'aide d'une plaque tournante établie par chaque intéressé. Le tramway du quai devant servir également pour les voyageurs, le transport des marchandises aurait lieu de grand matin et les rails seraient de la force et placés à l'écartement nécessaire pour le passage des wagons. Comme le quai a peu de largeur et que le service des voitures est très actif, le tramway serait placé au niveau du quai, mais entre la ligne d'arbres et le chemin de halage ; un mur aplomb, remplaçant le talus, ferait gagner toute la projection horizontale de ce dernier ; le service des plaques tournantes n'entraverait donc pas la circulation ordinaire.

Les frais d'établissement seraient supportés, à la fois, par les recettes des voyageurs et par celle des marchandises, pour la partie commune aux deux services.

Veuillez agréer, Monsieur le Président, etc.

Le Maire,
Signé : A. BLANCHE.

OBSERVATIONS DES INGÉNIEURS

EN RÉPONSE AUX RAPPORTS DES COMMISSIONS DES COMMUNES
DU CANTON DE COURBEVOIE

Le tracé du Chemin de fer Circulaire n'a pas été remis en discussion. Les communes, du reste, l'avaient indiqué elles-mêmes, et l'administration du Chemin de fer s'y était conformée en tous points.

Une des observations les plus importantes qui a été faite dans les dernières réunions, c'est la nécessité de relier le Chemin de fer Circulaire avec la ligne d'Argenteuil ou du Nord-Ouest.

En effet, il paraît inutile de faire passer par Saint-Denis les marchandises provenant du Nord à destination de Gennevilliers, de Boulogne, de Grenelle, de Javel, de Vaugirard, d'Issy, de Montrouge, etc.

La question est de savoir si un embranchement suffira, ou s'il n'y aurait pas besoin de rétablir l'ancienne station d'Argenteuil, appartenant à la Compagnie des chemins de fer de l'Ouest. Ni à Argenteuil ni à Colombes, nous n'avons pu recueillir des données certaines nous affirmant que cette réédification serait nécessaire. C'est ce que l'enquête publique établira.

Ce raccordement appellera forcément le raccord de la ligne de Saint-Ouen à Suresnes avec celle de Saint-Ouen à Issy, en opérant le prolongement par un pont traversant la Seine dans l'axe des îles de Puteaux et de la Folie.

Les embranchements réclamés par les diverses communes sont les suivants :

Courbevoie....................	2275 mètres.
Gennevilliers.................	Néant.
Puteaux	1525 mètres.
Asnières....................	Néant.
Colombes	Néant
Suresnes....................	Néant.
Total.....	3800 mètres.

CANTON DE NEUILLY

Procès-verbal de la réunion tenue le 21 novembre 1872, à la mairie de Neuilly, sous la présidence de M. CODUR, conseiller général du département de la Seine.

Étaient présents :

MM. les maires ou adjoints des communes de Clichy, Levallois-Perret, Neuilly et Boulogne, ainsi qu'un certain nombre de conseillers municipaux desdites communes, auxquels s'étaient joints les notables industriels de ces divers cantons.

A cette réunion, assistaient :

M. Cantagrel, conseiller général,

Un des administrateurs,

L'un des ingénieurs du Chemin de fer Métropolitain de la banlieue de Paris.

M. le Président ouvre la séance à deux heures et demie. Après avoir exposé longuement et avec des détails très circonstanciés les phases diverses traversées par le projet de chemin de fer : Je n'ai pas toujours été, dit-il, partisan de ce projet, je l'ai combattu tant qu'il ne satisfaisait pas les intérêts de la commune de Levallois. Au point de vue général, je reconnaissais son utilité, mais je voulais en outre qu'il desservît plus efficacement nos intérêts particuliers.

Neuilly a suivi l'exemple de Levallois; mais Clichy et Boulogne se plaignent et voudraient quelques rectifications. Or, si ces réclamations doivent se produire, il faut nous en occuper et marcher vite.

Vous n'ignorez pas, Messieurs, que le Conseil général est très favorable à l'établissement de ce chemin, et il pourrait bien se faire, si nous ne nous occupons pas de nos intérêts, qu'il arrivât un moment où il serait trop tard pour le faire utilement.

Je vous demanderais donc de rassembler à nouveau vos Commissions, et que celles-ci se remettent à l'œuvre.

Dans quelques jours, je vous convoquerai de nouveau pour que vous déposiez vos rapports, que je soutiendrai, s'il y a lieu, près de mes collègues du Conseil.

Ce chemin de fer se fera-t-il, ne se fera-t-il pas? Je ne sais, continue l'honorable Président, mais ce que je sais, c'est que l'unanimité est complète lorsqu'il s'agit de reconnaître son utilité. Cela est tellement vrai que l'Etat semble vouloir le revendiquer comme présentant le caractère d'intérêt général.

Le point qui me préoccupe est son prix de revient, que l'ingénieur, ici présent, fixe à 1 million par kilomètre.

Rapportera-t-il assez pour justifier une aussi grosse dépense?

M. le Préfet manifeste les mêmes craintes.

Tout en reconnaissant que notre industrie doit s'affranchir de l'énorme tribut qu'elle paye au camionnage, il veut, et à juste raison, que le capital soit trouvé à l'étranger, de telle sorte que le classement de l'emprunt de 3 milliards ne soit en rien troublé par cette affaire.

La Compagnie, paraît-il, a tous les capitaux; elle a aujourd'hui à sa tête, comme ingénieur en chef, un inspecteur général des ponts et chaussées que nous connaissons tous, M. Çoumes.

Je donne la parole à M. Brunfaut, celui qui a fait tous les projets et qui, à ce titre, est le mieux à même de les développer devant vous.

M. Brunfaut explique que la Compagnie continue ses études dans le but de relier la ligne qui a été arrêtée par les Commissions antérieures avec les fabriques, les usines, les carrières.

Le canton de Neuilly, dit-il, sauf Clichy, n'a pas de grandes usines, mais il s'en créera certainement un jour; ce travail n'est donc pas aussi urgent à faire ici que dans le canton de Saint-Denis, par exemple; mais, d ans une question d'intérét public, il faut que tous donnent leur avis.

Un membre dit : la grave question, c'est celle de nous affranchir de l'obligation dans laquelle nous sommes d'aller prendre nos marchandises au chemin de fer de Ceinture. Je suis, dit-il, fabricant; eh bien! tous les jours je suis obligé de débourser quatre francs pour faire convoyer mes voitures.

Un autre membre fait observer que les embranchements pourront toujours être faits lorsque l'on en aura besoin.

M. Codur fait remarquer, avec beaucoup de lucidité, que les communes qui y sont intéressées jouiraient du droit d'expropriation; il engage l'assemblée à nommer les Commissions, et, ultérieurement, il les rassemblera à nouveau pour prendre connaissance de leur rapport.

Un membre de la Commission de Neuilly fait remarquer que le Chemin de fer passe à niveau au boulevard Bineau, ce qui n'est pas admissible.

M. l'ingénieur répond qu'il faut, avant tout, empêcher que le Chemin de fer ne soit noyé. Or, la côte, au boulevard Bineau, est à 30, on ne peut passer dessous; on pourrait relever la chaussée, la mettre au niveau du pont, et alors passer dessous.

M. Levallois fait remarquer que l'administration des ponts et chaussées obligerait de porter le quai Bourbon à 1 mètre 50 centimètres plus haut.

M. l'adjoint de la mairie de Clichy fait les mêmes remarques relativement au passage à niveau du boulevard Saint-Vincent-de-Paule.

M. l'ingénieur réplique que si l'on veut avoir un boulevard — la continuation de celui de la Saussaye — jusqu'au bois de Boulogne, il est nécessaire de subir quelques inconvénients.

Les représentants de Boulogne regrettent qu'une Commission n'ait pas été nommée par leur ville pour discuter le projet.

Après quelques instants de discussion, M. le Président lève la séance en disant que tous les documents, cartes, profils, etc., resteront déposés à la mairie de Neuilly pour être mis à la disposition des Commissions, et que, dans quelques jours, il les convoquera à nouveau.

D'ici là, il les engage à se mettre au travail sans perte de temps.

MAIRIE DE LEVALLOIS-PERRET

Levallois-Perret, le 13 décembre 1872.

MONSIEUR,

Je m'empresse de vous faire parvenir les lettres que M. Codur vient de recevoir de ses collègues de Clichy, Boulogne et Neuilly, en réponse à sa lettre du 3 de ce mois, relative à l'établissement de votre projet du Chemin de fer Circulaire.

M. Codur me charge de vous faire connaître, en même temps, que, présentement, il n'y a pas d'aiguillage à demander dans la commune.

Agréez, Monsieur, etc.

Le Secrétaire, Chef de bureau de la Mairie,

Signé : DOUMERGUE.

MAIRIE DE NEUILLY

Neuilly, le 7 décembre 1872.

A Monsieur le Maire de Levallois-Perret.

MONSIEUR ET CHER COLLÈGUE,

J'ai l'honneur de vous informer, en réponse à votre lettre du 3 de ce mois, que la Société qui s'occupe de l'établissement du Chemin de fer Circulaire de la banlieue de Paris, ayant soumis à la dernière réunion un projet de construction sur le territoire de Neuilly différant en tous points de celui adopté par le Conseil municipal, je n'ai pas nommé la Commission dont vous me parlez.

Je vous serai très obligé de faire connaître à la Société du Chemin de fer que l'administration municipale de Neuilly, du moment qu'il n'est tenu aucun compte de ses observations, restera, à l'avenir, complétement étrangère aux réunions préparatoires, se réservant de faire valoir les droits de la commune en temps opportun.

Agréez, Monsieur et cher Collègue, etc.

Le Maire,

Signé : MANIER.

MAIRIE DE BOULOGNE

Boulogne, le 10 décembre 1872.

MON CHER COLLÈGUE,

Je ne puis encore vous adresser le rapport que vous me demandez, par votre lettre du 3 courant, relativement au Chemin de fer Circulaire.

Le tracé qui existe sur le plan dressé par la Compagnie, en ce qui concerne Boulogne, ne peut, en aucun cas, être admis par nous; d'une part, en ce qui touche le tracé se dirigeant du pont de Saint-Cloud sur Auteuil, ce tracé ne répond nullement aux besoins de la population, parce qu'il n'est pas direct, qu'il exigera un transbordement, enfin, parce qu'il est à l'extrémité de Boulogne et ne pourra pas desservir le centre de la ville; d'un autre côté, le tracé qui part du pont de Saint-Cloud pour se diriger à Billancourt, n'est pas convenable, parce qu'il coupe à niveau les rues de Sèvres et de Bellevue d'une manière fâcheuse pour la circulation.

La Compagnie, à qui j'ai fourni mes observations, en a reconnu la justesse; aussi elle fait étudier, dans ce moment, un nouveau tracé conforme à mes indications. Aussitôt que ce nouveau tracé sera fait, je le soumettrai au Conseil municipal, et j'aurai l'honneur de vous transmettre l'avis exprimé par cette assemblée.

Au surplus, quel que soit le tracé qui sera suivi ultérieurement, ce tracé ne rencontrera que peu ou pas d'établissements industriels qui aient besoin d'embranchement pour les relier à la ligne du chemin de fer.

Veuillez agréer, etc.

Le Maire,

Signé : NAUDOT.

MAIRIE DE CLICHY

Clichy, le 11 décembre 1872.

MONSIEUR LE PRÉSIDENT,

La Commission nommée par le Conseil municipal de Clichy, pour examiner le projet de Chemin de fer Circulaire, s'est réunie le 11 décembre 1872.

Elle a approuvé le tracé qui lui a été présenté pour la commune de Clichy, tracé partant des Docks de Saint-Ouen, aboutissant au boulevard Saint-Vincent-de-Paule, au point dit le Parc des Pères, et où se trouverait la gare des voyageurs, pour aller rejoindre ensuite le chemin des Chasses.

Une seule difficulté se posait : la ligne serait-elle en cuvette, en remblais ou à niveau?

La Commission approuvée par le Conseil municipal a préféré le passage à niveau, à cause des avantages qu'on pouvait en tirer pour des aiguillages d'usines existantes ou à venir.

La Commission fait des réserves pour l'établissement de certaines barrières au compte de la Compagnie, dans le cas où des rues se formeraient perpendiculairement au tracé, dans l'espace aujourd'hui décrit entre les Docks et la ligne de l'Ouest.

La question des embranchements à établir par certaines industries ne lui a pas paru de sa compétence. C'est affaire de tarif et d'entente entre les parties directement intéressées.

Agréez, Monsieur le Président, etc.

Signé : AIMÉ MONOD ;—LACOMBE ;—LECONTE ;
— DELILE ;—WILLMANT ;—DUPUIS ;
— BOUIN ; — BARDIN.

OBSERVATIONS DES INGÉNIEURS·

La commune de Clichy approuve le tracé du Chemin de fer Circulaire, qui avait soulevé, de la part de sa Commission, quelques observations dans les réunions antérieures, observations consignées dans le premier volume, parce que ce tracé passait à niveau sur le boulevard Saint-Vincent-de-Paule.

Après les explications qui ont été fournies par nos ingénieurs, les membres de la Commission de Clichy ont reconnu que si on voulait desservir effectivement les intérêts matériels de la commune, intérêts représentés par les fabriques qui y existent en grand nombre, il n'était pas possible de songer à établir un chemin de fer dont le profil serait en contre-haut ou en contre-bas du seuil des fabriques.

La question des embranchements a été, comme nous le voyons, réservée, la Commission croit que la majeure partie des fabriques de la localité se trouverait suffisamment desservies par l'immense gare de Saint-Ouen. Si la commune de Clichy-la-Garenne, essentiellement industrielle, s'accommode très bien des passages à niveau, les communes de Levallois-Perret, Neuilly et Boulogne, qui n'ont que quelques fabriques, et encore des fabriques qui ne produisent que des objets de valeur, par conséquent de peu de volume et de poids, se contentent des gares et des stations prévues au projet.

Il serait du reste bien incommode, pour ces pays de luxe et de villégiature, de placer des rails dans leurs rues, sur leurs boulevards, d'y faire circuler des wagons. Ce serait incontestablement détruire tout le charme qui fait leur fortune.

Aussi, les études de nos ingénieurs ont été laborieuses. Levallois-Perret est satisfait, cela, disons-le, grâce aux travaux de sa Commission locale, présidée par l'honorable M. Codur.

Neuilly se plaint que le chemin de fer doive passer *à niveau* sur le boulevard Bineau; c'est, nous en convenons, quelque peu désagréable, mais ne faut-il pas tenir compte des intérêts de tous, et sacrifier quelquefois des intérêts par trop particuliers? C'est ici le cas. Partout, sur le territoire, sauf le passage de ce boulevard, le chemin est en contre-bas; et nous n'avons pu faire autrement, parce qu'il fallait tenir compte de l'étiage des eaux.

Il est possible, comme l'a fait remarquer un des membres présents aux réunions, que le boulevard latéral à la Seine soit dans quelques-unes de ses parties relevé; alors le passage du chemin de fer au boulevard Bineau, aujourd'hui proposé à niveau, pourrait être établi en contre-bas; ainsi il serait satisfait aux réclamations de M. le maire de Neuilly.

Boulogne, qui, en 1852, réclamait sa jonction avec le chemin de fer d'Auteuil, ne s'en soucie plus aujourd'hui; là encore, nos ingénieurs croient qu'on ne se préoccupe pas assez des intérêts des communes de Sèvres et de Saint-Cloud.

Boulogne est, en comparaison de bien des communes suburbaines, une ville bien desservie; elle mérite, par son importance, cela n'est pas discutable, de l'être mieux encore. Mais il n'est pas si facile qu'on se plaît à le croire, de tracer des chemins de fer; on ne peut impunément renverser maisons et édifices, et il est de règle générale, *sans exception*, en chemins de fer, qu'ils doivent toujours contourner, au plus près, les villes qu'ils peuvent desservir. C'est ce qui a été fait pour Boulogne, c'est ce dont elle réclame. Nos ingénieurs se sont remis à l'œuvre, quelques changements pourront peut-être se faire, mais des changements complets, comme ceux qui voudraient traverser en ligne directe Boulogne, nous paraissent impossibles.

CANTON DE SAINT-DENIS

Séance du 17 Novembre 1872, tenue à la Mairie de Saint-Denis, sous la présidence de M. E. LITTRÉ, membre de l'Assemblée nationale, Conseiller général de la Seine.

PROCÈS-VERBAL

M. Littré occupe le fauteuil de la présidence.

M. Arnold, représentant la Compagnie du Chemin de fer, s'assied au bureau.

Quatre-vingts membres prennent part à cette réunion, qui est composée de MM. les Maires, les Conseillers municipaux et les notables industriels, manufacturiers et négociants appartenant aux dix communes formant le canton de Saint-Denis.

La réunion, provoquée par M. Littré, a pour but de compléter l'étude du Chemin de fer Circulaire de la banlieue de Paris.

M. le Président expose, en quelques mots, ce qui a été fait antérieurement et ce qui reste à faire. Afin d'abréger la durée de la séance, il invite M. l'ingénieur Brunfaut à développer ce qu'il vient de dire succinctement et à éclairer complétement l'assemblée.

M. l'ingénieur expose que le tracé, que chacun peut étudier sur les cartes déroulées sur le bureau, a été arrêté d'un commun accord entre les Commissions nommées par les communes et les ingénieurs de la Compagnie ; mais que ce tracé, tel qu'il est, ne rendrait pas tous les services, et qu'il ne répondrait pas à tous les besoins qu'il est appelé à satisfaire. Il faut qu'il soit complété par des lignes qui le relient avec les fabriques, les usines, les manufactures, les carrières et les entrepôts.

Ces lignes seront, dans bien des cas, desservies par des chevaux, et le wagon de marchandises destiné, soit à l'usine, soit à une de nos grandes lignes, pourra être chargé et déchargé à pied-d'œuvre.

S'il n'en était pas ainsi, l'industriel, le manufacturier, auraient autant d'avantages à aller prendre ou apporter leurs produits à la gare de Saint-Denis pour Aubervilliers, par exemple, que d'aller la conduire ou la recevoir à la gare d'Aubervilliers.

Nous savons tous qu'une tonne de marchandises, transportée par le moyen de chevaux, coûte 1 fr. 70 pour le premier kilomètre franchi, et que ce prix s'augmente de 30 centimes par chaque kilomètre suivant.

Une tonne, pour être transportée par chemin de fer de Saint-Denis à Aubervilliers, coûtera (la distance étant de 2,200 mètres à 8 cent.) 20 centimes environ. Arrivant à Aubervilliers, cette tonne aura, pour se rendre à son lieu de destination, les mêmes frais à supporter qu'à Saint-Denis, soit 1 fr. 70. Toute l'économie consistera donc dans une épargne de 30 centimes ou de 60 centimes. C'est quelque chose certainement, car s'il n'y a pas de petite économie en thèse générale, c'est surtout, dans le travail que cette vérité trouve son application.

Mais, nous dira-t-on, est-il possible d'obtenir cette économie ? Oui, nous avons devant nous des exemples nombreux ; ces exemples, nous les prenons à nos voisins, car la France est bien loin de la perfection, lorsqu'il s'agit des chemins de fer et des voies de transport. Il appartenait cependant au canton de Saint-Denis de donner un exemple bon à suivre ; sur bien des points, en effet, le canal se relie aux usines à l'aide de petites voies ferrées.

On vous objectera peut-être que les usines qui auront besoin de se relier au chemin de fer le feront d'elles-mêmes, sans le secours de la Compagnie.

Cela est vrai pour quelques manufactures, pour quelques établissements dont la prospérité se soutient, même au milieu des charges énormes imposées par la cherté des transports, mais ce qui est vrai pour ceux-ci, ne l'est pas pour le plus grand nombre de nos établissements industriels, qui ne sauraient, sans un danger réel, retirer de leur caisse les débours occasionnés par cette création. Or, les usines, les manufactures appartenant à cette dernière catégorie forment précisément la majorité, et cette majorité, qui ne pourra pas, reculant forcément devant le débours, venir s'unir au Chemin de fer, souffrira d'un état de choses dont les conséquences atteindront l'intérêt général du canton.

Il faut donc, Messieurs, que nous étudiions ensemble le meilleur moyen à adopter pour unir tous les établissements indistinctement avec le Chemin de fer et les faire jouir également des bienfaits qu'il apportera.

Tel est le but que nous nous proposons, et, pour y parvenir, nous comptons sur votre utile concours. Nous n'atteindrons un tel résultat que si vous le voulez véritablement et si vous unissez votre travail, votre volonté, à notre volonté et à notre travail. Ici, en effet, l'expérience de l'ingénieur ne suffit plus ; cette expérience a pu tracer un chemin de fer dans toutes les conditions mathématiquement voulues, mais elle ne saurait deviner les besoins à desservir, besoins qui vous sont propres et que vous seuls connaissez.

Vous aurez donc, Messieurs, à nommer parmi vous une Commission qui fixera les points à embrancher avec la ligne principale. Ces points devront assurer un *minimum* de transport annuel de 1,000 tonnes. Ce travail terminé, vous aurez à désigner quelle est la route, quel est le chemin à prendre pour la pose des rails. Le rôle de nos ingénieurs commencera dès lors, et ils vous diront si votre projet est ou non praticable, et s'il ne s'élève pas, contre son exécution, des obstacles infranchissables.

Ceci fait, le Maire pourrait assembler son Conseil, qui, en dernier ressort, ferait connaître son avis.

M. le Président. — Vous venez d'entendre l'ingénieur de la Compagnie. J'invite les personnes qui auraient quelques objections à présenter à prendre la parole.

M. le maire d'Aubervilliers pense que ces embranchements ne pourraient être construits que d'un commun accord avec tous les propriétaires des terrains sur lesquels ces raccordements devront passer.

M. le Président fait observer que les embranchements sont, comme les voies principales, régis par la loi d'expropriation. — Il propose la nomination d'une Commission formée de sept membres.

Un membre propose que chaque commune nomme un commissaire.

M. le maire d'Épinay dit que sa commune n'étant pas intéressée dans le projet, il n'y a pas lieu, pour elle, de nommer une Commission.

Quelques membres appartenant aux communes situées au nord de Saint-Denis critiquent le tracé et font ressortir la nécessité de passer par leur territoire. La Briche, entre autres, n'est-il pas un centre industriel important?

M. le Président fait observer que la question du tracé général est complètement élucidée, et qu'il ne s'agit plus que de discuter le nombre et la position des aiguillages particuliers.

M. le maire d'Aubervilliers insiste pour qu'on ne ramène pas la discussion sur des points absolument résolus. Il s'agit, en ce moment, de relier les fabriques avec le Chemin de fer. Eh bien! les Commissions précédemment nommées, et qui déjà firent les premières études, sont plus à même que toutes autres pour continuer ces études.

Plusieurs membres prennent successivement la parole. Il faut, disent-ils, que l'industrie soit largement représentée au sein des Commissions. Les industriels peuvent seuls établir les points à desservir; que MM. les Maires soient, de droit, membres de la Commission, c'est très bien; mais les industriels sont, dans l'espèce, bien plus compétents que MM. les Conseillers municipaux.

M. le maire d'Aubervilliers fait observer que, dans le nombre des commissaires nommés par sa commune, on comptait deux industriels.

M. le Président met aux voix le nombre des membres de la Commission à nommer par chaque commune. Après discussion, il est décidé que ce nombre sera de deux au plus par commune ; que M. le Maire en fait partie de droit ; que lundi, 2 décembre prochain, chacune de ces Commissions remettra à la mairie de Saint-Denis, à neuf heures du matin, son rapport ; que, sur le vu de ces divers rapports, la Commission centrale, les ingénieurs entendus, prendra une détermination, et que cette décision sera remise à M. Littré, chargé de la déposer sur le bureau du Conseil général, à sa prochaine session.

M. Brunfaut dépose les cartes du canton et du tracé général du chemin.

M. Littré lève la séance en invitant MM. les rapporteurs à être rigoureusement exacts le 2 décembre prochain.

MAIRIE DE SAINT-DENIS

Réunion de MM. les délégués des Commissions nommées par les municipalités des communes composant le canton.

Le 2 décembre 1872, à dix heures du matin, sur l'invitation de M. Littré, conseiller général et député de la Seine, a eu lieu, à la mairie de Saint-Denis, la réunion de MM. les rapporteurs des diverses Commissions nommées par les communes composant le canton.

Cette réunion avait pour but de présenter les rapports ou les avis sur la question des embranchements à créer pour relier le Chemin de fer Circulaire de la banlieue de Paris avec les usines, les entrepôts et les carrières.

M. le maire de Saint-Denis accepte, la présidence de la réunion. Il fait asseoir auprès de lui l'un des administrateurs de la Société qui poursuit la demande de concession du chemin de fer.

M. l'ingénieur Brunfaut assiste à la séance.

Sont présents :

MM. les membres et délégués des diverses communes.

M. le président ouvre la séance en rappelant ce qui a été décidé à la dernière réunion présidée par M. Littré :

« Aujourd'hui, Messieurs, il n'y a qu'à déposer vos rapports. M. l'ingénieur de la Compagnie les étudiera, examinera les tracés qui sont demandés et le Conseil général statuera.

« Je donne la parole au premier rapporteur. »

M. Renard, rapporteur de la Commission nommée par la commune de Saint-Ouen, lit un rapport très circonstancié sur les besoins de cette importante commune, sur les embranchements qu'il est nécessaire de créer, sur les tracés qu'il est utile de parcourir. Il donne un exposé net et précis du tonnage que chaque groupe industriel doit apporter au chemin de fer. En un mot, il traite la question sous tous les points de vue intéressant les besoins de la commune de Saint-Ouen.

Après lecture faite du rapport, *M. le président* demande aux membres présents si l'un d'eux a quelque observation à présenter.

Sur la demande qui lui est faite, *M. l'ingénieur* déclare, sauf étude, acquiescer, au nom de la Compagnie, aux demandes formulées dans le rapport, qui est alors déposé sur le bureau pour être adressé à M. Littré.

Sur l'invitation de *M. le président*, *M. le rapporteur* de la Commission nommée par la commune d'Aubervilliers prend la parole.

Il explique que, chargé du dossier depuis huit jours seulement, il n'a pas eu le temps nécessaire pour terminer son rapport. Du reste, avant qu'il puisse le déposer, il lui semble utile que l'ingénieur de la Compagnie fasse un travail préparatoire donnant le tracé qu'il se propose de suivre pour desservir les usines de la Haie-Coq, et qu'il explique les conditions de ces embranchements.

M. l'ingénieur répond : Un ingénieur trace et propose un chemin de fer. Dans l'espèce, c'est ce qui a été fait. — Puis une Commission spéciale, après des études longues et réfléchies, a indiqué pour la commune d'Aubervilliers le tracé qui est représenté sur la carte que vous avez sous les yeux.

A cette ligne tracée, nous le reconnaissons tous, — et s'il ne le faisait, le chemin de fer suburbain ne rendrait que des services incomplets, *très incomplets*, — il faut relier des voies conduisant aux usines et aux fabriques qui font la fortune et la prospérité de la commune d'Aubervilliers.

La marchandise, comme vient si excellemment de le dire M. le rapporteur de la Commission nommée par la commune de Saint-Ouen, doit, sans transbordement, arriver jusque dans la cour de l'usine, c'est-à-dire jusqu'au lieu de consommation.

Mais l'ingénieur est-il apte à connaître vos besoins ?

Que vient-il vous demander ?

Que vous lui donniez les points où il y aura un minimum de mille tonnes par an à transporter.

Lorsque vous les aurez indiqués, les ingénieurs se rendront sur les lieux pour voir, étudier, décider les endroits où seront placés ces embranchements.

Il nous est impossible de rien terminer si nous ne recevons pas ces premières indications.

M. Rohart. — Nous n'avons pas, nous le répétons, préparé la question, n'en ayant été saisi que depuis huit jours.

Un autre membre. — D'autres offres peuvent se produire, d'autres projets peuvent être présentés, nous devons réserver notre appréciation.

M. Renard. — Nous n'avons pas à nous préoccuper de cette Compagnie plus que de toute autre. Celle-ci vient à nous, nous demande de l'aider pour un intérêt général. Cette situation n'appelle pas les objections faites par la Commission de la commune d'Aubervilliers.

M. l'ingénieur, afin de faciliter les travaux de la Commission, fera préparer un tracé et s'entendra avec M. le maire d'Aubervilliers pour fixer le jour où il sera communiqué et soumis à MM. les membres de la Commission.

M. le rapporteur de la Commission nommée par la commune de La Courneuve donne lecture de son rapport, qui est déposé sur le bureau pour être remis à M. le conseiller général Littré.

M. le rapporteur de la Commission nommée par la commune de *Stains* lit ensuite son rapport, qui constate que cette importante localité est délaissée par le tracé ; les représentants des autres communes qui se trouvent dans la même situation acquiescent aux termes du rapport présenté au nom de la Commission nommée par la commune de Stains.

M. l'ingénieur rappelle ce qui a été dit dans les réunions précédentes. La Compagnie a reconnu le bien fondé de ces réclamations, mais, pour les satisfaire, il fallait passer au nord de Saint-Denis et abandonner la ligne actuelle.

La Commission spéciale a adopté le tracé indiqué sur la carte ; c'est un fait qu'il faut respecter. Depuis lors le Gouvernement a fait étudier le *chemin de fer stratégique* et de *Seine-et-Oise*, qui doit passer à Stains et à Dugny. Ces deux communes vont donc être desservies. Ce qu'il y aurait à faire, ce serait de réunir Stains à La Briche et venir se souder à la ligne projetée de Gennevilliers.

M. le maire de Saint-Denis fait connaître que M. Claparède est chargé du rapport pour ce qui concerne les intérêts de la ville de Saint-Denis. Saint-Denis voit avec faveur l'établissement du chemin projeté.

Dans quelques jours, M. Claparède remettra son rapport directement à M. Littré.

L'ordre du jour étant épuisé, M. le maire lève la séance.

COMMUNE DE SAINT-OUEN

Rapport de la Commission.

A Messieurs le Maire, les Adjoints et Membres du Conseil municipal de la commune de Saint-Ouen.

MESSIEURS,

Dans votre séance du 28 novembre 1872, à l'occasion du chemin de fer projeté, dit Chemin de fer Circulaire de la banlieue de Paris, la Compagnie de ce chemin de fer vous faisait assurer par l'organe de son ingénieur, M. Brunfaut, que, si vous en reconnaissiez l'opportunité, elle s'engageait à construire à ses frais, sur nos routes, des branchements, ou voies de service, d'une solidité suffisante pour porter les wagons d'un chargement maximum de 10 tonnes, et cela, Messieurs, à l'effet de desservir, *pour la plus grande économie possible*, celle des usines, fabriques, ou entrepôts de notre commune qui pourront donner en transports, audit chemin de fer, un mouvement de tonnage annuel d'au moins 1,000 tonnes.

Que ces voies partiraient de la ligne principale aux points les plus rapprochés des établissements à desservir, et se dirigeraient dans les usines ou entrepôts pour, suivant leurs besoins, verser ou recevoir à pied-d'œuvre les matières premières, les produits bruts, marchandises ou produits manufacturés.

Ces branchements, Messieurs, sortes de tramway, seraient desservis par des chevaux. Telles sont, si je ne me trompe, les propositions de la Compagnie.

Le Conseil, délibérant sur l'utilité desdites propositions, m'a nommé rapporteur, afin de vous faire connaître quels seraient ceux, parmi les industriels et commerçants de notre commune, qui voudraient user des avantages offerts par la Compagnie, dans les conditions énoncées par son ingénieur.

A cet effet, pour remplir la mission que vous m'avez confiée, je me suis rendu successivement, dès le lendemain 29 courant, chez MM. les industriels et commerçants dont les noms suivent ci-après. Mais, avant de poursuivre, permettez-moi, Messieurs, de vous rappeler que, suivant l'avis de M. l'ingénieur de la Compagnie, et pour faire profiter de ses offres le plus grand nombre d'établissements existant sur les différents points de notre territoire, j'ai dû, autant que possible, les classer par groupes, puis énoncer ainsi qu'il suit, les déclarations sincères de leurs propriétaires respectifs.

1er GROUPE

MM. Farcot et ses fils, constructeurs-mécaniciens, m'ont déclaré ne pouvoir s'engager à donner la totalité de leurs transports, mais ils pensent pouvoir réserver au chemin de fer un tonnage annuel de   12,000 tonnes.

2° M. Schmid, propriétaire des usines, la savonnerie et l'huilerie, étant absent, son directeur, M. Charrier, m'a déclaré pouvoir donner au minimum, au chemin de fer, un tonnage de transports annuels de................. 50.000 —

Ces usines du 1er groupe n'étant séparées entre elles que par le tracé même du chemin de fer, leurs emplacements respectifs seraient donc mitoyens à la voie, puisqu'ils la longeraient sur une longueur chacun d'environ 150 mètres. De simples aiguillages, sur les terrains mêmes des intéressés, suffiront, dans ce cas, pour leurs raccordements.

2e GROUPE

1° M. Bréam, fabrique d'encre, étant absent, son employé m'a déclaré que les transports annuels de cette usine n'étaient pas inférieurs au chiffre exigé par la Compagnie, soit.................................... 1.000 —

2° M. Couvreux, vins en gros et spiritueux, assure un tonnage annuel de.............................. 2.400 —

Le branchement nécessaire à desservir ce 2e groupe pourrait s'ouvrir sur le raccordement des usines Schmid, et n'aurait à parcourir l'avenue de la gare et la route de la Révolte que sur une longueur d'environ 260 mètres.

3ᵉ GROUPE

1° M. Roques, fabricant de camphre et carbonate ;
2° MM. Sauvageot et Cⁱ, grande verrerie de St-Ouen ;
3° M. Barbe, concentration de la glycérine ;
4° M. G. Renard, forges et constructions ;
5° M. Patrier, produits chimiques ;
6° M. Foester, fabrique d'albumine ;
7° Compagnie anonyme, Charbonnage de France ;
8° MM. Perrier et Bert, teinturiers en soie ;
9° M. Cusimberg, stéarine et bougies ;
10° MM. Tricoche et Cᶜ, fonderie de suifs des boucheries de Paris.

Si nous résumons le mouvement des transports que pourraient fournir ces divers établissements, suivant les renseignements qui nous ont été donnés, nous trouvons qu'il s'élèverait à un tonnage probable de............ 60.000 tonnes.

Pour desservir ce groupe important d'établissements, il conviendrait, selon nous, de poursuivre le rail desservant le 2ᵉ groupe, à partir de son intersection entre l'avenue de la Gare et la route de la Révolte, pour le diriger, par l'avenue Ardouin, sur le quai de la Seine, et sur une longeur totale de 14 à 1,500 mètres.

Cette voie, ainsi établie et munie de plaques tournantes vis-à-vis de chacune de nos usines, permettrait d'amener les wagons à pied-d'œuvre.

4ᶜ GROUPE

1° M. Spicq, entrepôt, vins en gros et spiritueux, pourrait donner un tonnage annuel de...............	3.000	—
2° M. Couty, grande parfumerie....................	1.500	—
3° M. Séguin, négociant en vins, gros et détail.......	1.000	—
4° M. Dumas, grand liquoriste.....................	100	—
5° M. Guerin, entrepôt, vins en gros...............	1.100	—
6° MM. Gagin et Cᵉ, toiles imperméables...........	1.200	—
7° M. Allaire, vins en gros.......................	1.200	—
8° M. Colmant, id. et détail......................	700	—
9° M. Debain, fabrique de pianos, environ..........	4.000	—
	13.800 tonnes.	

Pour desservir ce dernier groupe, le rail à établir pourrait partir du branchement Farcot, suivrait l'avenue de la Gare jusqu'à l'avenue de Batignolles, et cette dernière jusqu'au chemin des Rosiers, et enfin, ce dernier jusqu'au boulevard d'Epinay.

La longueur totale de ce rail serait d'environ 2 kilomètres.

A l'appui des chiffres que nous indiquons ici, nous annexons les déclarations écrites que nous ont données certains des industriels que nous avons visités.

L'ensemble de ces transports s'élève donc, en total, au chiffre de 139,000 tonnes environ.

Est-il besoin de faire pressentir que ce chiffre augmenterait rapidement par les nouvelles fabriques qu'attirerait sur son parcours l'établissement de ce chemin qui, vous le savez, Messieurs, traverse notre territoire dans trois directions différentes ?

La première direction, vers Clichy ;

La deuxième direction, vers Saint-Denis ;

La troisième, vers Gennevilliers ;

Ainsi, du reste, que le tracé de ce chemin de fer a été arrêté par une Commission spéciale que vous avez nommée.

Nous n'avons donc pas à nous en occuper, si ce n'est, et nous vous en demandons l'autorisation, pour entrer dans quelques considérations générales.

Ailleurs qu'à Saint-Ouen, les grandes usines sont généralement toutes réunies par des branchements avec les chemins de fer qui passent près d'elles, et reçoivent ou expédient la marchandise à pied-d'œuvre ; de là, Messieurs, une économie considérable par la suppression des camionnages, des déchargements et des rechargements trop souvent répétés, graves inconvénients, puisque jusqu'ici, dans notre commune, ils ont rendu nuls et sans opportunité pour nous l'emploi des docks et chemin de fer de Saint-Ouen pour l'expédition ou la réception de nos marchandises.

Nous le répétons donc, grands seront les avantages que nous procureront les branchements projetés et promis, puisqu'ils nous permettront l'arrivage direct des wagons dans nos usines et entrepôts.

Pour cela, Messieurs, ne craignons pas la multiplicité, sur nos routes, de ces voies ou tramway ; plus ils seront nombreux, plus ils concourront à nous exonérer des charges écrasantes qui accablent notre industrie.

Les rails, c'est reconnu, ne gênent en rien la circulation sur la voie publique, et à ceux-là qui en douteraient, nous dirions de s'en convaincre de leurs propres yeux, par l'examen du Chemin de fer américain, allant de la place de la Concorde à Boulogne et autres lieux.

Saint-Ouen, Messieurs, renferme déjà des établissements importants, et par son admirable position topographique, notre commune est appelée à une grande prospérité manufacturière. Nul ne peut méconnaître cet avenir : d'un côté la Seine, de l'autre les Docks de Saint-Ouen qui, espérons-le, sans doute ne tarderont pas à reprendre l'activité pour laquelle ils ont été créés ;

Enfin, la chose principale, c'est-à-dire, la création de ce chemin de fer projeté, qui nous mettrait à quelques minutes de Paris et nous relierait, *extra muros*, aux grandes lignes de chemin de fer.

Mais, Messieurs, ne l'oublions pas, si ce chemin de fer doit nous apporter l'un des éléments principaux de notre future prospérité, il faut qu'il soit sérieux, complet, et je croirais manquer à mon devoir si à ce sujet je passais sous silence l'insistance très grande de presque tous les industriels et commerçants que j'ai visités.

Tous réclament comme condition non moins importante le *transport des voyageurs*, tous en déclarent l'urgence.

L'utilité des transports de voyageurs est d'autant plus évidente, que c'est au manque de moyen de locomotion que notre localité, à l'encontre des autres communes environnant Paris, est restée jusqu'ici stationnaire.

Sur cette question, vous aurez donc à appeler tout spécialement l'attention du Conseil général de la Seine, car tout l'intérêt est là : d'une part, création des raccordements promis ; d'autre part, transport des voyageurs, et enfin une tarification raisonnable, si nous voulons que le chemin de fer nous rende les services que nous sommes en droit d'en attendre.

Nous nous résumons, Messieurs, en insistant encore pour que vous ne perdiez pas de vue l'importance de la prise en considération de ces divers points, certains que nous sommes d'être les interprètes fidèles de l'opinion générale des industriels et autres citoyens du pays, et convaincus qu'à ces conditions l'établissement du Chemin de fer Circulaire de la banlieue de Paris sera sûrement l'un des éléments qui contribuera le plus et à la richesse et à la prospérité de la commune de Saint-Ouen.

Nous avons rédigé et clos ce présent Rapport, Messieurs, dans la persuasion que nous avions compris à votre entière satisfaction la mission que vous nous avez confiée, et en conséquence l'avons signé.

Signé : G. RENARD.

Ce jour, 1er décembre 1872.

COMMUNE DE LA COURNEUVE

Rapport de la Commission pour le Chemin de fer Circulaire de la banlieue de Paris

L'an mil huit cent soixante-douze, le 29 novembre,

MM. Artus et Pingard, membres de la Commission pour le Chemin de fer Circulaire de la banlieue de Paris, se sont réunis à la mairie, sous la présidence de M. Bordier, maire, à l'effet de donner leur avis sur l'aiguillage projeté près de Crèvecœur, sur la commune de La Courneuve.

Après avoir examiné le plan, la Commission reconnaît que cette combinaison pourrait être très utile à l'industrie, et que la position de cet aiguillage permettrait d'espérer une combinaison avantageuse aux communes riveraines.

Ce serait une gare de marchandises, près de l'aiguillage, et une station pour les voyageurs que le chemin de fer de Soissons aurait tout intérêt à faire à cette jonction.

L'intérêt des deux lignes ferrées est évident.

La Courneuve, d'une superficie de 823 hectares, est sillonnée de plusieurs cours d'eau importants et tout à fait propres à l'établissement de diverses industries.

Si un débouché était offert à cette commune, qui n'en a aucun aujourd'hui, on verrait en peu de temps sa surface se couvrir de fabriques de toutes sortes.

Déjà, avant 1870, l'espoir d'une station sur le chemin de fer de Soissons avait donné un certain essor aux établissements industriels; mais la guerre est venue détruire en partie notre commune et principalement les industries, de sorte que l'établissement de cette station, que la Compagnie du Nord eût certainement accordée, est retardée indéfiniment.

Une gare de marchandises et une station de voyageurs à La Courneuve rendraient un grand service à Saint-Denis; car, en ce moment, c'est à la gare du Bourget que les habitants sont obligés d'aller prendre le train pour la ligne de Soissons; et les marchandises embarquées à Saint-Denis, pour la même voie, sont obligées de passer par la gare de Paris.

Pour toutes ces causes, la Commission reconnaît l'utilité de l'aiguillage projeté, et désire qu'une gare soit établie à la jonction des deux lignes, de façon à profiter aux voyageurs et aux marchandises, soit pour la ligne de Soissons, soit pour la ligne du Chemin de fer Circulaire.

Signé : ARTUS; — PINGARD; — BORDIER.

COMMUNE DE STAINS

Rapport de la Commission.

Pour répondre à l'invitation faite aux maires du canton, à la séance du 17 novembre, par M. Littré, conseiller général, qui en était le président,

Le maire a réuni le Conseil municipal et les industriels de la commune les plus intéressés dans la question du Chemin de fer Circulaire de la banlieue.

La séance ouverte, M. le maire a exposé le motif de la réunion et a soumis à l'examen des membres la carte où se trouve tracée la ligne projetée, *mais modifiable* du chemin de fer, ainsi que le Mémoire qui avait été mis à sa disposition par le Conseil d'administration.

Plusieurs membres ont demandé que le rapporteur du précédent rapport voulût bien en faire la lecture, afin de pouvoir y joindre les observations qui seraient jugées nécessaires.

Lecture faite, tous, d'un commun accord, accédèrent à son contenu, en laissant à la Commission le soin de faire valoir, par de nouvelles explications, les avantages qui résulteraient, tant pour la Compagnie que pour les communes se trouvant dans les mêmes conditions que Stains, d'adopter le tracé indiqué par ce rapport.

En conséquence, la Commission, désirant répondre à la confiance qui lui est donnée, a parcouru le Mémoire si clair et si explicite présenté à la commune par le Conseil d'administration. Sa lecture et celle du procès-verbal de la séance cantonale du 3 juillet, ainsi que les rapports de toutes les communes intéressées qui s'y trouvent relatés, n'ont fait qu'affermir son opinion.

En effet, dans le compte rendu de la séance des Commissions nommées pour étudier le tracé de ce chemin de fer, le maire de Saint-Denis appuie énergiquement les vœux de Stains et Dugny, et propose qu'une Commission spéciale, composée des communes du nord-est, se réunisse pour, de concert avec M. l'ingénieur, faire un tracé qui donne satisfaction à cette partie de la banlieue de Paris. Cela prouve bien que Saint-Denis n'est nullement opposé à notre demande de placer sa station au nord de la ville, au lieu de la mettre au midi où déjà existe celle de la grande ligne qui, très souvent, est encombrée de marchandises; et puis, ne serait-ce pas étrange que la ville de Saint-Denis, ville considérée avec raison par M. l'ingénieur comme un faubourg de Paris, ville militaire, entourée de forts, rempart de la capitale et chef-lieu du canton, ne fût pas dans l'intérieur du Chemin de fer Circulaire? Non, ce n'est pas possible, l'autorité supérieure ne le voudra pas.

La Commission a vu aussi dans le rapport de la commune d'Aubervilliers que celle-ci émet le vœu que la station d'Aubervilliers-La-Courneuve soit placée près de la route départementale N° 21, dite de Paris à Stains, et qu'à proximité de cette station soit établie une gare de marchandises desservant les nombreuses usines et le commerce de la localité. C'est que cette route départementale, qui doit être terminée en 1873, et qui va rejoindre, après avoir traversé la grande ligne du Nord, Pierrefitte où se trouve la route nationale N° 1, de Paris à Lille, est destinée à recevoir les nombreux troupeaux de bestiaux qui viennent du Nord pour être dirigés vers l'abattoir de La Villette, ce qui lui donnera infailliblement une grande importance, et c'est une considération qui, d'après la Commission, doit être d'un certain poids dans la balance.

M. l'ingénieur dit, pour répondre à notre demande, qu'il faudrait établir sur la Seine un pont qui deviendrait très coûteux pour arriver à Gennevilliers. Mais, en adoptant son tracé au midi de Saint-Denis, n'aura-t-il pas à franchir les digues des fortifications, le chemin de Saint-Denis à Aubervilliers, la route de Saint-Denis à Paris par un viaduc de 100 mètres? à franchir sur un pont le chemin de fer du Nord, etc., etc.? La Commission pense que les dépenses seraient plus grandes qu'en passant au nord de la ville, car, plus les terrains sont éloignés de la capitale, moins le prix en est élevé.

Encore une autre raison à laquelle l'administration supérieure aura certainement égard, comme point stratégique, c'est que le tracé par Stains passerait au pied de la butte Pinson, et près d'un point culminant derrière la commune, dit les Anciennes-Carrières, où les Prussiens avaient construit une redoute pour y placer leurs canons Krupp, qui ont causé tant de dégâts dans la ville de Saint-Denis.

Toutes ces considérations nous donnent le plus grand espoir de voir faire droit à notre réclamation, relatée dans le Mémoire. (Canton de Saint-Denis, page 70.)

Pour la Commission :

Le Maire,

Signé : GRIVOT.

OBSERVATIONS DE MM. LES INGÉNIEURS

Les communes qui doivent retirer le plus grand avantage de la construction des embranchements, sont Saint-Ouen et Aubervilliers ; les deux autres communes traversées par le Chemin de fer Circulaire, Saint-Denis et La Courneuve, y ont un intérêt moindre.

Saint-Denis est déjà desservi par le chemin de fer du Nord, a une gare très importante, et est l'entrepôt des communes suburbaines du nord de Paris.

La Courneuve est un pays surtout agricole, et si le premier Rapport de la Commission ne constatait pas une grande faveur pour l'établissement du Chemin de fer Circulaire, nous voyons aujourd'hui que, revenu sur sa première impression, la commune réclame avec instance le raccordement que nous lui avions proposé, reliant notre ligne avec le chemin de fer de Soissons.

La commune d'Aubervilliers est, comme nous l'avons vu, dans les délibérations antérieures, divisée en trois sections : Le centre du pays — le nord ou les Quatre-Chemins, — le sud ou Haie-Coq.

Chacune de ces sections voudrait être traversée par la ligne principale ; aussi, avec une sagesse à laquelle nous aimons à rendre hommage, le Conseil municipal a tranché le différend en faisant passer la ligne ainsi qu'elle est marquée sur nos cartes, et a accueilli le tracé du branchement de Haie-Coq, présenté par nous.

Ce tracé, du reste, est sensiblement le même que celui proposé par l'Administration préfectorale, dans son projet du chemin industriel de Pantin à Neuilly, et réunit ainsi toutes les raisons en sa faveur.

Son parcours est de 2,659 mètres.

Il pourra plus tard s'étendre, et ce au fur et à mesure que de nouvelles fabriques viendront s'y installer.

Le service de traction, pour un parcours aussi considérable et pour un tonnage que les industriels évaluent à un chiffre très important, confirmé par le travail de nos ingénieurs et par les relevés faits par l'administration préfectorale, se fera par des locomotives.

CANTON DE PANTIN

Procès-verbal de la réunion du 25 novembre 1872

Le lundi, 25 novembre 1872, à dix heures du matin,

Dans une salle de la mairie de Pantin, sur la convocation qui leur a été faite par lettre circulaire de M. Houdart, membre du Conseil général, maire de Drancy, se sont réunies les Commissions des communes du canton de Pantin.

Étaient présents :

Les membres de la Commission de Bagnolet : MM. Vienot, maire, Hure, adjoint, Déa et Granjon ;

Les membres de la Commission de Bobigny : MM. Jolin, maire, et Mérie, adjoint ;

Les membres de la Commission de Bondy : MM. Collardeau (Philéas) et Martin (Lucien) ;

Membre de la Commission de Drancy, M. Houdart, maire et conseiller général ;

Les membres de la Commission des Lilas : MM. Ségaux et Patrelle, adjoints au maire, Philippeaux, Houdart, Coinsin-Pertat, Pinet et Godret ;

Les membres de la Commission de Noisy-le-Sec : MM. Bonnevalle, maire, et Potier ;

Les membres de la Commission de Pantin : MM. Delizy, maire, docteur Lugagne et Vaudron ;

Les membres de la Commission des Prés-Saint-Gervais : MM. Tronchet, maire, Guérin, adjoint, Gozon, Souchet et Bernard ;

Et les membres de la Commission de Romainville : MM. Dargent, adjoint au maire, Mutin jeune et Dargent (Alexis).

Seule, la Commission du Bourget n'était pas représentée.

M. Brunfaut, ingénieur, était également présent.

M. Houdart, président, fait l'exposé de la marche qu'a suivie, depuis la réunion du 16 août dernier, la question du Chemin de fer Circulaire de la banlieue de Paris. Il rend compte de l'examen de cette question par le Conseil général, et du projet proposé par M. le Préfet de la Seine d'un Chemin de fer de camionnage entre Neuilly-sur-Seine et Pantin, ainsi que d'un embranchement demandé par les usiniers de La Villette.

La réunion convient que chacune des Commissions rédigera un rapport, dans lequel elle désignera les groupes industriels nécessitant un transport d'environ 1,000 tonnes par an au moins, qui pourront être reliés par des aiguilles, avec indication de leur distance de la ligne principale, M. Brunfaut déclarant que, contrairement à ce qui y a lieu d'ordinaire, les embranchements et les aiguillages seront faits aux frais de la Compagnie.

Les dix rapporteurs nommés par les Commissions se réuniront, le lundi, 2 décembre, à dix heures du matin, à la mairie de Pantin, sans qu'il soit besoin de convocation écrite, à l'effet de rédiger un rapport collectif.

La séance est levée à onze heures et demie.

Le Président,
Signé : HOUDART.

Le Secrétaire,
Signé : COLLARDEAU.

Procès-verbal

L'an mil huit cent soixante-douze, le lundi 2 décembre, à dix heures du matin, dans une des salles de la mairie de Pantin, en conséquence de la convocation décidée dans la réunion des Commissions du canton de Pantin, du 25 novembre dernier, se sont réunis :

MM. Houdart, maire de Drancy, membre du Conseil général de la Seine;
Genevoix, maire de Romainville;
Hure, adjoint au maire de Bagnolet;
Philippeaux, des Lilas;
Pottier, notaire, membre du Conseil municipal de Noisy-le-Sec;
Et, M. Collardeau (Philéas), membre du Conseil de l'arrondissement de Saint-Denis et du Conseil municipal de Bondy.

Tous six faisant fonctions de rapporteurs des Commissions de leurs communes respectives, à l'effet de présenter chacun leur rapport, conformément à ce qui a été dit dans la réunion sus-énoncée du 25 novembre dernier, et établir un rapport collectif.

N'ont pu se trouver à la réunion : les rapporteurs des Commissions du Bourget, de Bobigny, de Pantin et des Prés-Saint-Gervais.

M. Letermelier, architecte de la Compagnie en formation du Chemin de fer Circulaire de la banlieue de Paris et un sous-ingénieur de ladite

Compagnie étaient présents à la réunion, sans avoir voix délibérative, mais seulement pour communiquer tous les renseignements nécessaires.

La réunion, après avoir désigné pour son président M. Houdart, et pour secrétaire M. Collardeau, a pris connaissance des rapports qui lui ont été adressés par les Commissions des communes composant le canton.

Elle a dressé le rapport collectif pour le canton de Pantin, et, après lecture dudit rapport, la séance a été levée à midi.

Le Président,
Signé : HOUDART.

Le Secrétaire,
Signé : PH. COLLARDEAU.

MAIRIE DE ROMAINVILLE

Romainville, le 6 décembre 1872.

MONSIEUR LE PRÉSIDENT DU CONSEIL D'ADMINISTRATION,

Le Conseil municipal de Romainville, s'en référant à sa délibération du 2 septembre 1872, et la confirmant avec la plus grande instance, a l'honneur de vous indiquer que :

1° Quatre embranchements seraient nécessaires pour (a) le fort de Noisy-le-Sec, (b) usine Gauvain, (c) carrière Brochet, (d) carrière Linet;

2° En moyenne, le tonnage pour chacun de ces embranchements serait de 20,000,000 de kilog.;

3° Les tramway seraient utiles sur le Chemin 26, par les buttes Chaumont et le Chemin stratégique, dont la prolongation jusqu'à Pantin par le Trou-Vassou est à l'étude.

Veuillez agréer, etc.

Le Maire de Romainville,
Signé : GENEVOIS.

CONSEIL MUNICIPAL DE· BONDY

Rapport présenté par la Commission du Chemin de fer
Circulaire de la banlieue de Paris

MESSIEURS,

Dans une·réunion des Commissions des diverses communes du canton
de Pantin, tenue à Pantin le 25 novembre 1872, M. Houdart, membre du
Conseil général, nous a exposé l'état de la question du Chemin de fer
Circulaire de la banlieue de Paris et un contre-projet présenté par
M. le préfet de la Seine, désigné : Chemin de fer de camionnage de
Neuilly à Pantin.

La Commission de Bondy ne peut que réitérer l'avis qu'elle a exprimé
dans le Rapport du 14 août dernier sur l'utilité incontestable d'une voie
ferrée reliant entre elles les communes de la banlieue.

Elle est disposée à se rallier au projet de l'Administration, d'un chemin de fer de camionnage entre Neuilly et Pantin, à la condition, toutefois, que ce Chemin de fer sera continué à travers le canton de Pantin,
en suivant le tracé du projet de M. Brunfaut, c'est-à-dire passant au
lieu dit le *Petit-Pantin*, contournant le *Trou-Vassou* et passant sous la
route départementale N° 23, puis sous le chemin de grande communication N° 19, aux environs du lieu dit la maison à Fontanel, où une station
serait établie pour desservir à la fois Romainville et Noisy-le-Sec, poursuivant ensuite jusqu'au chemin de fer de Vincennes auquel il se raccorderait vers la station de Fontenay, après avoir suivi le côté Est de la
route départementale N° 23 et de Bagnolet, et traversé la route départementale N° 41, à l'Ouest de Montreuil.

L'établissement de ce chemin de fer donnerait satisfaction aux besoins
stratégiques.

Il aurait l'avantage, quoique très court, de doubler de suite la longueur
du Chemin projeté par les communications qu'il ouvrirait entre Neuilly-
sur-Seine et la Varenne, Bonneuil, etc., au moyen du chemin de Vincennes.

Un chemin de fer. se trouverait ainsi établi sur plus de la moitié de la
circonférence extérieure de Paris ; il formerait la première grande section
d'un réseau entourant Paris et dont la deuxième section, quoique remise
à une autre époque, ne serait pas abandonnée pour cela.

L'objection la plus grave qui pourrait être faite contre le tracé de

M. Brunfaut à travers le canton de Pantin serait les difficultés de la montée
du plateau de Romainville ; or, d'après les profils et les études présentés
par M. Brunfaut, la pente à partir du niveau de la plaine commence à
l'endroit où le tracé traverse le Chemin de fer de l'Est, c'est-à-dire à
400 mètres environ du lieu dit le Petit-Pantin, et le tracé passant en
tunnel sous le lieu dit la maison à Fontanel, la pente se trouve très praticable. Quant aux frais de percement du tunnel, il y a lieu de remarquer
que ce percement donne lieu à l'extraction de pierres à plâtre dont la
valeur importante serait à déduire de ces frais.

En ce qui concerne le Rapport sur les groupes industriels nécessitant un
transport d'environ 1,000 tonnes par an au moins qui pourraient être
reliés au Chemin de fer Circulaire par de courts tramway faits aux frais
de la Compagnie, la Commission fait observer qu'elle a adressé à l'administration de la Compagnie en formation un tableau des industries de
la commune ; que ces industries se trouvent, ainsi que la commune, trop
éloignées des tracés en projet dont il est question. La Commission ne peut
donc que réitérer l'avis qu'elle a exprimé dans son rapport du 14 août
dernier, en faveur d'un embranchement qui relierait la voirie de Bondy
auxdits tracés en suivant la berge droite du canal.

Suivent les signatures.

Bondy, le 30 novembre 1872.

MAIRIE DES LILAS

Les Lilas, le 30 novembre 1872.

A Monsieur Houdart, conseiller général.

MONSIEUR,

La Commission de la commune des Lilas, assistée de plusieurs industriels de la commune, s'est émue du nouveau projet du Chemin de fer à
traction de chevaux proposé, et qui aurait, quant à présent, l'inconvénient
de laisser la commune des Lilas de côté. La Commission fait remarquer
que ce système aurait le désagrément très grand de déshériter une Commune qui, par suite de sa position, du magnifique plateau qu'elle possède
et du bas prix de ses terrains, est appelée à devenir, dans un temps très

court, un des grands centres industriels des environs de Paris; mais que, pour arriver à ce résultat, il lui faut ce qui lui a manqué jusqu'à ce jour, des communications avec Paris;

Que le projet d'établissement du Chemin de fer, tel qu'il avait été présenté par M. l'ingénieur Brunfaut, traversant la commune des Lilas, avec l'établissement d'une gare, remplissait ces conditions; qu'il était autant une œuvre de prospérité pour la commune que de rapport pour la Compagnie, ainsi que cela a été démontré dans le Rapport de la Commission du 2 septembre dernier.

A cet égard, la Commission fait remarquer que les chiffres qu'elle avait donnés comme trafic n'ont pas cru devoir être maintenus dans le Rapport officiel publié par les soins de l'Administration dudit Chemin de fer. Elle le regrette, et adresse de nouveau une copie de son premier Rapport, en exprimant que les chiffres y contenus, loin d'être exagérés, sont au-dessous de la vérité réelle, ainsi qu'elle peut en justifier par la signature des divers industriels de la Commune.

En conséquence, les membres de la Commission et les industriels soussignés, tout en confirmant le Rapport du 2 septembre dernier, expriment le vœu que l'établissement du Chemin de fer ait lieu tel qu'il avait été proposé alors, c'est-à-dire passant entre le poste-caserne n° 3 et la porte de Romainville, pour couper les rues des Bruyères et du Coq-Français par le milieu, longer ensuite la rue de la Nouvelle-Commune, où serait établie une gare, et de là gagner Romainville.

Ils espèrent, Monsieur, que vous accorderez une sérieuse considération à ce projet, qui aura l'avantage, pour la Compagnie, de trouver dans la commune des terrains à très bon compte, point d'ouvrages d'art à établir, et de desservir encore des quartiers très populeux, privés jusqu'alors de tout moyen de locomotion.

Ils vous prient, en outre, d'agréer l'assurance de leur parfaite considération.

Le Maire,
Signé : JACQUET.

Le 1ᵉʳ Adjoint, membre de la Commission,
Signé : SÉGAUX.

GUÉRIN-DELAROCHE, fabricant de cuirs vernis; — A. MARTIN, fabricant de noir de fumée; — PHILIPPEAU; — A. BONNEAU, grande bergerie; — GODRET, fabricant de boutons; — PINET, fabricant de caoutchouc; — PERTAT, fabricant de meubles; — ROZIÈRE, négociant; — COURVOISIER, marchand de grains; — SCHOUSEN, facteur de pianos; — CLAISSE, fabricant de vernis; — HOUDART, négociant, membre de la Commission; — PATRELLE, adjoint, manufacturier; — BOISSIN, entrepreneur de menuiserie.

COMMUNE DES LILAS

Population. . . . . 3.700 habitants.
Militaires en temps ordinaire 1.000

Usines à vapeur. 6
Fabriques de meubles. 2
   —   de pianos. 1
   —   de caoutchouc. 4
   —   de porcelaine. 2
   —   d'articles de voyage. 1
   —   de machines à vapeur. 1
   —   de verre. 1
   —   de cuirs 4
   —   de boîtes d'emballage. 5
   —   de boules d'oignons et savons. 3
   —   de noir de fumée. 1
Charpentiers. 2
Menuisiers. 4
Grande bergerie 1
Abattoirs et échaudoirs 6
Marchands de bois pour constructions. 3
Marchands de bois et de charbons. 5
Boulangers. 4
Charcutiers. 3
Bouchers. 4
Epiciers 10
Vins en gros. 22
Fourrages et graineterie. 3
Industries diverses 61

TRAFIC

IMPORTATIONS ET EXPORTATIONS

Voyageurs, aller et retour pendant le jour.   1.200
Charbons de bois. . . . .   20.000 hect.
Charbon de terre. . . . . 2.990.000 kilog.
Fer et fonte. . . . . 10.445.500 —
Plomberie et zinc. . . . .   70.000 —

Eaux-de-vie, liqueurs.	450 hect.
Viande.	10.000 kilog.
Volailles et œufs.	7.700 —
Farine.	1.160.000 —
Bois à brûler.	3.090 stères.
Bois de charpente et meubles.	45.200 —
Beurre.	20.000 kilog.
Huiles et essences diverses.	130.000 —
Sucre	34.000 —
Bougie.	20.200 —
Chocolat et café.	17.000 —
Paille et foin.	345.000 bottes.
Son et avoine.	5.425 hect.
Haricots et graines diverses.	2.435 —
Bœufs.	5.000 têtes.
Moutons.	280.000 —
Porcs	800 —
Veaux.	550 —
Goudron.	600.000 kilog.
Plâtre et ciment.	240.850 hect.
Moellons et pierres de taille.	250.000 mètres.
Meulières.	960 —
Tuiles, briques et carreaux	2.680.000
Cuirs et peaux.	600.000 kilog.
Vins et vinaigre.	13.350 hect.
Terre pour porcelaine.	295.000 kilog.
Mélasse	95.000 —
Meubles et pianos	224.500 —
Caoutchouc.	50.000 —
Petites industries non classées dans le présent Rapport.	895.000 —

Le Maire,

Signé : Jacquet.

Ségaux,

1ᵉʳ *Adjoint, membre de la Commission*

A. Martin, — A. Bonneau, — Godret, — Pinet, — Boissin, — Guérin-Delaroche, — Schonsen, — Claisse, — Houdart, — Patrelle, — Pertat, — Rozière, — Courvoisier.

MAIRIE DE BAGNOLET

Rapport de la Commission sur le trafic probable des marchandises

La Commission est appelée à établir par des chiffres approximatifs l'importance du trafic des marchandises, tant pour la consommation générale afférente aux habitants, que pour le produit des carrières à plâtre, qui sont de première importance.

La population de Bagnolet compte actuellement 2,600 habitants; les besoins journaliers sont faciles à établir sur le chiffre de cette population.

Quant au produit des carrières à plâtre, les renseignements fournis précédemment, et consignés dans un état minutieusement établi et adressé à la Compagnie, sont autant de chiffres établissant l'importance de la fabrication du plâtre et le trafic dont elle peut être l'objet. Ces chiffres peuvent s'élever à plusieurs milliers de tonnes. Ces carrières, donneraient lieu à trois embranchements ou raccordements avec le chemin de fer et faciliteraient le chargement.

Personne n'ignore que le plâtre n'est pas commun dans toutes les localités et qu'il s'expédie même en ce moment à 40 et même 50 kilomètres du lieu de fabrication; les frais d'expédition étant considérables, il devient trop coûteux et par conséquent d'un emploi difficile.

Le chemin de fer mettant en rapport les fabricants avec toutes les grandes lignes, cette difficulté disparaît : les expéditions se faisant à meilleur marché, plus promptement et à une plus grande distance, la consommation augmenterait considérablement.

Le plâtre de Bagnolet a une réputation suffisamment connue pour que cette industrie acquière une importance telle que le trafic actuel se trouverait facilement doublé en peu de temps, par la facilité que donnera le chemin de fer à l'écoulement de ce produit.

Outre les carrières, Bagnolet possède plusieurs industries, dont une très importante fabrique de colle-forte et d'apprêts pour étoffes, exploitée par M. Rouyer, dont les relations commerciales avec toute la France et avec l'étranger sont l'objet d'opérations très importantes, et qui figurent pour un chiffre considérable dans le trafic spécial à la commune de Bagnolet.

Il est donc évident que l'établissement du chemin de fer dans les conditions proposées serait de la plus grande utilité à l'industrie des carrières et à celle de M. Rouyer. Les industriels étant très éloignés de toute communication de ce genre et obligés d'expédier leurs produits par un camionnage long et coûteux, seraient certainement heureux de voir établir le chemin de fer, et la population tout entière de Bagnolet verrait avec intérêt la réalisation du projet.

La Commission ne peut qu'appuyer de ses vœux les plus ardents la réclamation de la Compagnie du Chemin de fer Circulaire, persuadée que de si grands intérêts n'échapperont pas à la Commission chargée du rapport général.

LES MEMBRES DE LA COMMISSION.

Le Rapporteur,

Signé : HURE, *adjoint.*

Bagnolet, le 1ᵉʳ décembre 1872.

COMMUNE DE NOISY-LE-SEC

Rapport de la Commission de la commune de Noisy-le-Sec, concernant le Chemin de fer Circulaire de la banlieue.

La Commission nommée par le Conseil municipal de Noisy-le-Sec, pour l'examen des questions relatives à l'établissement du Chemin de fer Circulaire de la banlieue, s'est réunie à nouveau, pour donner son avis sur le tracé définitif proposé par la Compagnie, et sur les avantages que ce Chemin doit procurer à la localité.

Le tracé définitif adopté par la Compagnie satisfait à tous les intérêts de la commune de Noisy-le-Sec, et les concilie avec les besoins des communes voisines.

L'importance de la population de la commune de Noisy-le-Sec et la situation de la station à la jonction des routes de Romainville et de Noisy-le-Sec, à près de 200 mètres du fort de Noisy-le-Sec, amèneraient au chemin de fer un nombre considérable de voyageurs.

Le service des marchandises est assuré d'un trafic important.

La Commission, dans un état annexé au compte rendu de ses travaux, en date du 1ᵉʳ août dernier, a établi que le tonnage des matières transportées s'élèverait, chaque année, à plus de 83 millions de kilogrammes.

Le développement de ce trafic serait augmenté dans des proportions qui dépassent toutes prévisions, au moyen d'un embranchement qui serait établi aux environs de la station de Noisy-le-Sec, et desservirait les carrières à plâtre de la côte, les plus riches et les plus importantes des environs de Paris. Le chargement des pierres à plâtre, de plâtre, briques, ciment et chaux, se faisant à pied-d'œuvre, et la faculté d'amener dans les carrières mêmes les bois et charbons nécessaires à la fabrication, entraîneraient pour ces marchandises une diminution du prix de revient et, par suite, assureraient à la Compagnie un tonnage considérable, dans l'état actuel des carrières. Mais il n'est pas douteux que le chemin de fer, par la facilité de transports, déterminera l'ouverture de carrières nouvelles dans les terrains qu'il traverse. La richesse des masses s'élevant, en certains endroits, pour les trois masses, à plus de 25 mètres de hauteur, ne peut laisser aucun doute à cet égard.

Un autre embranchement, partant aussi d'un point rapproché de la station, pourrait desservir le fort de Noisy, distant de 200 mètres au plus, et les redoutes situées entre ce fort et celui de Rosny, et, enfin, le fort de Rosny, distant à peine de 2,000 mètres de la station projetée.

L'utilité et l'importance d'un tel embranchement, qui pourrait emprunter une partie de la route stratégique, très large en cet endroit, n'ont pas besoin d'être démontrées.

Enfin, un troisième embranchement, partant de la route d'Allemagne, pourrait être établi sur cette route et desservir les propriétés nombreuses qui y sont installées, depuis Pantin jusqu'à Bondy, et favoriserait la construction de nouvelles fabriques sur les terrains admirablement placés le long de cette route, à proximité du canal de l'Ourcq; la largeur de cette route nationale, l'absence de tout accident de terrain, permettraient, sans entraîner de grandes dépenses, l'ouverture d'un tramway qui desservirait la commune de Bobigny, dont les frais seraient couverts par le service des voyageurs et des marchandises de cette commune, et par le trafic des usines existantes.

En signalant les avantages considérables que ces embranchements produiraient, la Commission, se référant au tableau annexé à son rapport du 1er août dernier, est d'avis unanime que les évaluations seraient bientôt dépassées, dans l'état actuel, et qu'avant peu les terrains situés le long de ces embranchements ou tramway, seraient utilisés par l'industrie et fourniraient au transport des marchandises un développement considérable.

Les membres de la Commission :

Signé : BONNEVALLE, —GAY, —FLOCART, — BROCHET.

Pour copie conforme,

Le Maire :

Signé : BONNEVALLE.

OBSERVATIONS DE MM. LES INGÉNIEURS

Les embranchements à construire dans ce canton seraient aujourd'hui peu nombreux, puisque le Chemin de fer, dans son trajet, ne touche qu'à quelques fabriques.

Cette section du Chemin de fer Métropolitain et de la banlieue de Paris sera une des plus intéressantes au point de vue de son utilité aux carrières.

En effet, le chemin de fer ouvrira de nouvelles carrières à plâtre, et desservira celles existant déjà.

Pour les desservir, il n'y aura nul embranchement à exécuter, puisque le chemin de fer passe à quelques mètres du front de taille.

Ce n'est donc que lorsque la ligne sera terminée, qu'il y aura lieu de l'armer, à droite et à gauche, des voies de garages qui recevront les wagons des grandes Compagnies, chargés directement à la mine pour l'intérieur de la France.

Cette exploitation du gypse deviendra considérable ; la puissance de la masse est de 25 mètres environ ; on conçoit donc que si le rail du chemin est porté au pied de la pierre à extraire et que cette pierre puisse être mise, sans frais de manutention, directement sur les wagons, elle arrivera dans toutes les parties de la France, qui la réclame pour l'agriculture, à des conditions de prix excellents.

Les communes de Bondy et de Noisy-le-Sec réclament divers embranchements pour le service des voyageurs, nous les avons figurés sur la carte générale du tracé du chemin de fer. Ces branchements porteraient un service de tramway partant à des heures régulières et en correspondance avec les départs de la station de Romainville.

CANTON DE CHARENTON

MAIRIE DE MAISONS-ALFORT

Maisons-Alfort, le 14 décembre 1872.

A Monsieur le Directeur du Chemin de fer Circulaire de la banlieue de Paris.

MONSIEUR,

La Commission municipale du projet d'établissement du Chemin de fer Circulaire de la banlieue de Paris s'est réunie hier, 13 décembre courant, à l'effet de s'entendre et de se prononcer sur la question des aiguillages et du raccordement qui doivent relier cette voie ferrée avec les usines et les entrepôts de la localité.

Rapport

La Commission qui, le 27 août dernier, s'est réunie à celle de la commune de Vitry (rive gauche), à l'effet de s'entendre ensemble sur l'endroit le plus convenable, dans l'intérêt des deux communes, pour la jetée du pont à construire sur la Seine, a été surprise de voir qu'il n'avait été tenu aucun compte des indications fournies par lesdites Commissions.

Il a été demandé que ce pont serait construit au moins à 100 mètres en aval des piles du barrage ; la Commission insiste pour que, autant que possible, l'endroit par elle indiqué soit maintenu.

La Commission, après avoir étudié le tracé du plan qui lui a été soumis, demande qu'un raccordement soit observé en aval de la Seine, lequel, partant du chemin des Iles, longerait le chemin de Villeneuve jusqu'au chemin du Port-à-l'Anglais, qu'il tournerait à gauche, pour reprendre la rue Véron, à droite, jusqu'à la route Nationale, N° 19, de manière à desservir :

1° L'usine de M. Mazeline ;

2° La fabrique de briques de M. Desnoyers ;

3° L'usine à gaz de la Compagnie parisienne ;

4° L'entrepôt de vin de MM. Simon et Prétif ;

5° L'entrepôt de bois, de briques et tuiles de M. Prin.

En amont de la Seine viendrait s'aiguiller l'usine de M. Marc Springer et celle des forges de la Seine.

La Commission émet le vœu que, si c'est chose possible, la gare des voyageurs soit construite aux abords du chemin des Iles, le plus près possible de celle du chemin de fer de Lyon, afin que les deux gares soient à portée l'une de l'autre pour la plus grande commodité des voyageurs.

Tels sont les renseignements fournis par la Commission, dont l'exécution sera le plus en rapport avec les besoins présents et futurs de la population.

Les membres de la Commission,

Signé : BOURGUIGNON, *Maire,*

PHILIPPOT ; — GUÉNOT ; — DEBRYE.

OBSERVATIONS DES INGÉNIEURS

Le canton de Charenton est desservi, dans sa plus grande longueur, par le chemin de fer de Vincennes, avec lequel le Chemin de fer Métropolitain et de la banlieue vient se relier, d'une part à Fontenay-sous-bois, de l'autre à Bonneuil.

Dans ce trajet, nous n'avions pas à nous préoccuper des embranchements. S'il y en a à créer, ils ne peuvent et ne doivent l'être que par la Compagnie du chemin de fer de l'Est.

Le Chemin de fer Métropolitain n'existant de sa vie propre qu'à partir de Bonneuil, ne parcourt que trois communes du canton de Charenton : Bonneuil, Créteil et Maisons-Alfort.

Ni Bonneuil ni Créteil ne sont des pays manufacturiers. Ils sont appelés à le devenir le jour où des voies de communication leur seront fournies. Le Chemin de fer Métropolitain les leur apportera ; mais, présentement, il n'y a pas lieu de prévoir pour elles d'embranchements industriels.

Maisons-Alfort, au contraire, a pris une importance industrielle considérable qui tend à s'augmenter chaque jour.

Par la délibération de la Commission, reproduite ci-avant, elle réclame pour ses besoins actuels 2,335 mètres de raccordements ferrés, qui ont été acceptés, sans opposition, par MM. les ingénieurs de la Compagnie.

CANTON DE VILLEJUIF .

MAIRIE DE VILLEJUIF

L'an mil huit cent soixante-douze, le 7 novembre, à deux heures du soir, les maires, adjoints et principaux industriels des communes d'Arcueil, de Gentilly, d'Ivry, de Villejuif et de Vitry, se sont réunis à la marie de Villejuif, sous la présidence de M. Pompée, conseiller général du canton, à l'effet de nommer une Commission chargée d'arrêter, de concert avec la Compagnie :

1º Les raccordements indispensables pour pouvoir relier, par des aiguillages particuliers, le Chemin de fer Circulaire avec les fabriques, les entrepôts, les carrières ;

2º Les conditions d'exécution de ces mêmes travaux.

La séance ouverte, *M. Pompée* expose à la réunion que pour atteindre au but qui fait l'objet de tous les vœux, l'établissement d'un Chemin de fer Circulaire, il n'a pas craint de réunir une troisième fois les principaux intéressés et de leur demander un nouveau travail d'études.

Dans la première réunion, toutes les communes avaient été appelées à émettre leurs vœux, il y avait à cette convocation générale un grand intérêt : il s'agissait de connaître les besoins des différentes localités du canton, et d'agir auprès de la Compagnie pour qu'il y fût donné satisfaction dans la plus large mesure possible.

Dans la deuxième réunion, on entendit le rapport de chaque commune ou de chaque groupe présentant les mêmes intérêts. La Compagnie, tout en reconnaissant les besoins si légitimement exprimés par les représentants des communes agricoles, déclara, que, pour le moment, il ne lui était pas possible de s'occuper d'une deuxième ligne circulaire ; qu'il fallait tout d'abord, non-seulement satisfaire les intérêts les plus considérables et les plus pressants, mais qu'il fallait aussi assurer à la Compagnie concession-

8

naire un trafic assez considérable pour qu'elle pût servir à ses actionnaires une rémunération équitable.

Dans cette situation, elle écarta le tracé qui lui était présenté par les communes de Choisy, Thiais, Orly, Rungis, Fresnes, Chevilly et L'Hay. Aujourd'hui que la résolution de la Compagnie est prise, il n'y avait donc plus à convoquer les représentants des sept communes dont les vœux n'ont pu être accueillis; c'est ce qui indique que les convocations n'ont été adressées qu'aux cinq communes sur le territoire desquelles passe le tracé choisi par la Compagnie.

M. Pompée rappelle que l'enquête faite dans le canton de Villejuif a eu lieu dans les mêmes conditions dans les sept autres cantons du département, et qu'il en résulte qu'on peut apprécier d'une façon aussi complète que possible les immenses avantages qui résulteraient pour l'industrie parisienne, dont les principales usines sont situées au-delà des fortifications, de l'établissement d'un Chemin de fer Circulaire qui transporterait les matières premières à l'endroit même où elles sont transformées.

Le Conseil général de la Seine, appréciant toute l'importance de l'établissement d'un chemin de fer destiné à relier toutes les grandes lignes entre elles, et à camionner les produits bruts à *pied-d'œuvre*, a, sur l'invitation de M. Lesage, conseiller général du canton de Courbevoie, renvoyé à sa Commission des travaux publics le projet soumis par le Conseil d'administration du Chemin de fer Circulaire de la banlieue de Paris. Cette Commission a présenté un Rapport concluant à ce que ce projet fût étudié d'une manière plus complète.

La Compagnie a donc pensé qu'il était inutile de convoquer les communes situées en dehors du tracé adopté par elle, ce qui explique que cinq communes seulement ont été convoquées à l'effet de s'occuper du raccordement des usines, des branchements avec la ligne principale.

Pour arriver à un rapport complet, M. le Président pense qu'il y a lieu de nommer dans chaque commune deux membres qui, réunis aux membres des autres communes, formeront la Commission chargée de s'entendre avec la Compagnie et de lui transmettre les désirs qui se manifesteront.

M. Pompée termine cet exposé en rappelant que ce projet de chemin de fer a rallié toutes les sympathies, même au Conseil général; qu'on se trouve en face d'un projet qui a toutes les conditions de viabilité possibles, et qu'il est de la plus grande importance de prendre les résolutions nécessaires à cet égard.

M. l'ingénieur Brunfaut, prié d'exposer ce qui reste à faire, dit que, sous les auspices de M. Coumes, ingénieur des ponts et chaussées, il a été chargé de compléter l'étude du projet, quant à l'arrivage des wagons dans les usines, les grands établissements ayant un tonnage suffisant pour permettre à la Compagnie d'établir un aiguillage particulier à ces établissements; qu'il s'agit donc actuellement de prendre les points de la gare et de jeter des lignes dans la direction de ces usines. Lorsque ce travail d'ensemble sera fini, l'ingénieur s'occupera des voies et moyens pour arriver à l'exécution. Mais le but de ce chemin de fer est celui de rapprocher la marchandise de l'usine, de jeter en quelque sorte les wagons à la porte de chaque établissement. Passant à la situation financière de la Compagnie, qui offrait, suivant quelques-uns, des doutes, des craintes, M. Brunfaut répond que les banquiers anglais qui sont avec la Compagnie ont pris l'engagement de souscrire le capital de 100 millions, en actions.

M. Pompée répond qu'en effet le Conseil général avait craint de jeter des actions sur le marché public au moment où le patriotisme appelait les capitaux à la libération du sol, et que la Compagnie anglaise avait été appelée à donner des explications. Cette Compagnie ayant paru devant la Commission, a fait des déclarations suffisantes pour éloigner tous les doutes. Il en résulte donc que les dangers que notre patriotisme avait fait entrevoir étant éloignés, que le projet ayant été étudié, on se trouve en présence d'une Compagnie sérieuse.

M. Sainte-Marie, d'Arcueil, fait observer à M. l'ingénieur que sur les deux cartes exposées dans la salle et indiquant le parcours du Chemin de fer Circulaire, il existe une différence de tracé sur le territoire de la commune d'Arcueil, l'un de ces tracés étant régulier, l'autre décrivant une courbe.

M. l'ingénieur répond qu'il peut se trouver quelque différence, attendu que ces cartes ne sont pas les cartes officielles du tracé; que ces dernières se trouvent au siége de la Compagnie ; elles pourront être mises à la disposition de M. Sainte-Marie. Du reste, le tracé définitif ne peut être indiqué aujourd'hui, attendu que c'est à la Commission du Conseil général qu'il appartiendra de le fixer définitivement.

M. Camus, d'Ivry, demande la parole, et expose que, suivant lui, toutes les usines dépendant de l'industrie parisienne sont très rapprochées des fortifications, et que le tracé semble s'écarter beaucoup des intérêts que l'on pense satisfaire. Le but que l'on se propose sera manqué si l'on s'éloigne trop.

M. Pompée répond qu'il est impossible de passer plus près des fortifications si l'on ne veut pas se trouver dans la zône; que le tracé a été, en quelque sorte, jalonné par les cheminées des usines, des fabriques, et qu'il faut, d'ailleurs, considérer qu'un des points dont il importait de ne pas s'écarter, était de relier les principales communes entre elles. Les craintes de M. Camus disparaîtront, du reste, puisque la Compagnie se charge d'établir les raccordements avec les usines importantes.

M. Bonnefond, d'Ivry, demande de préciser le mandat de la Commission qui va être nommée; aura-t-elle à examiner l'établissement des branchements seulement? devra-t-elle examiner le tracé de la Compagnie?

M. l'ingénieur répond que la Commission doit avoir le mandat le plus large possible, qu'elle doit pouvoir donner tous les renseignements nécessaires pour compléter l'étude du projet. Quant à la question du tracé, il rappelle que l'enquête légale qui doit avoir lieu sera seule autorisée à changer la direction proposée par la Compagnie.

La question devant être plus spécialement examinée au sein de la Commission, *M. le Président* pense qu'il y a lieu pour le moment de suspendre la séance et de procéder au choix des membres qui devront faire partie de la Commission.

M. Capy, maire de Villejuif, demande la parole et expose qu'il ne paraît pas raisonnable d'exclure de cette Commission les autres communes du canton qui peuvent avoir des intérêts à l'établissement des branchements que la Compagnie promet de faire exécuter.

M. Bonnefond appuie la proposition de M. Capy, qui consiste à admettre de droit dans la Commission les maires des autres communes.
Cette proposition mise aux voix est adoptée.

La Commission est ensuite nommée et se compose de :
MM. Bonnefond et Lemoine pour la commune d'Ivry
    Boncorps et Ferrand — de Vitry
    Capy et Mornard — de Villejuif
    Levy et Chéraud — de Gentilly
    Sainte-Marie — d'Arcueil
    Carron et Lavenant — —
Et de MM. les maires des communes de Choisy, de Thiais, d'Orly, de Rungis, de Fresnes, de Chevilly et de L'Hay, qui tous seront convoqués à huitaine.

La séance est levée à 4 heures.

Le Secrétaire,
Signé : LEJEUNE.

MAIRIE DE VILLEJUIF

Au nom de la Commission de Villejuif, M. Mornard a l'honneur d'exposer que, tout en approuvant l'établissement d'une voie de fer sur le parcours de l'avenue d'Italie, se prolongeant, sur la route nationale n° 7, jusqu'à la station projetée en face de l'Ane-Vert, il résulterait pour Villejuif un désavantage considérable, car l'Administration des omnibus retirerait certainement la communication qu'elle y a établie pour les voyageurs. Cette ligne de fer une fois en exploitation, plus d'autres communications avec le chef-lieu de canton, à moins que l'administration de la ligne Circulaire ne s'engage à desservir Villejuif par une voie ferrée que je demande avec instance, en m'autorisant des considérations suivantes :

Dans le principe, j'avais demandé le passage de la ligne derrière le fort de Bicêtre, de manière à faire que Villejuif fût desservi vers le milieu de la côte. En me rendant aux observations faites, que le passage de cette ligne entre le fort de Bicêtre serait davantage au milieu des industries, j'ai compris que l'administration ne pourrait moins faire que de nous donner une certaine satisfaction ; en effet, est-il possible de laisser le chef-lieu de canton dans l'isolement ? J'accorde que la Compagnie doit viser à faire produire le plus possible, mais s'ensuit-il que l'élan donné par l'établissement de cette ligne annexe, demandée dans la partie comprise entre la station de Bicêtre-Villejuif et le centre de Villejuif, ne puisse pas donner des résultats supérieurs aux prévisions, dans un temps rapproché ?

Villejuif en arrivera à étendre son commerce en raison précisément de cette communication plus prompte et plus directe avec Paris ; déjà, à part la question des voyageurs qu'attire le chef-lieu de canton, il s'y fait un très grand commerce de lait, les arrivages dans cette seule branche d'industrie pour Villejuif ne sont pas moindres de deux wagons par jour et quelquefois trois et quatre. Il faut ajouter les transports pour l'agriculture de la localité et des environs : les communes de L'Hay, Chevilly, Rungis, Fresnes, viendraient à la gare des marchandises de Villejuif.

Le commerce de fourrages, paille, foin, avoine, etc., s'y fait également sur une très grande échelle, et les arrivages peuvent se mesurer par 13 millions 300,000 kilogr. annuellement. Les graissiers sont très nombreux et donneront directement des transports que l'on peut évaluer annuellement à 6 millions de kilogr. Je ne parle pas des arrivages des objets de consommation, tels que vins, bois de chauffage et de construction, épiceries, rouenneries, etc. Je suis certain qu'il y a intérêt pour la Compagnie à l'établissement de ce branchement, et j'ajoute que la traction peut se faire par machine, en raison de l'importance des transports plus considérables qu'on ne les a prévus.

La distance à parcourir entre la station de Bicêtre-Villejuif et le haut de la côte est de 900 mètres, la hauteur à franchir, 35 mètres ; par conséquent la pente réelle est donc de 40 millimètres par mètre; cette demande de traction par machine s'appuie de précédents : il y a des chemins de fer en exploitation qui gravissent des pentes plus rapides, témoin la ligne d'Enghien à Montmorency, qui a, sur une très grande longueur, une rampe de 45 millimètres par mètre, dès lors à Villejuif, on arrive à un plateau immense qui offrira la possibilité de constructions, d'apport de matériaux, la création, je ne dirai pas de toutes industries, mais de certaines industries, l'exploitation de nouvelles carrières, etc., etc.

La station de marchandises demandée pourrait se faire à l'angle du chemin de grande communication n° 41, allant de Villejuif à Montrouge, et obliger, sur ce parcours ferré, jusqu'à la voie des plâtrières, le développement de l'industrie locale.

Sur la voie des Malassis, un branchement au moyen d'un aiguillage serait utile jusqu'au sentier rural. Si, absolument, par machine, la traction était trop onéreuse, la Commission demande qu'elle soit au moins faite par chevaux, mais qu'elle soit faite, parce qu'il y aurait, au cas contraire, 1,500 mètres à parcourir de la station la plus rapprochée au point centre de la commune, et que cette commune, je le répète, serait privée de toute communication avec Paris, ce qui, au lieu d'être son développement, serait la cause de sa perte dans la partie haute.

Quant à la partie basse, je demande, dans l'intérêt même de la Compagnie et des industries futures, à ce qu'il soit établi des embranchements pour être desservis par traction de chevaux sur les lignes ci-après :

Entre la voie de Montsivry (partant du sentier rural de Montsivry), traversant la route nationale n° 7, puis la rue de la Pompe jusqu'à la route départementale n° 51 de Paris à Choisy, et se dirigeant sur Ivry; dans toute cette ligne, il y aura à desservir d'importantes fabriques : graissiers, brasseries, briquetteries, engrais, nourrisseurs, plâtrières dont le chiffre de transports dans l'ensemble peut s'élever à 17,000,000 de kilogrammes. Deux branchements sont indispensables dans la partie comprise entre la rue de la Pompe et le sentier rural de l'Ane-Vert, l'un sur le chemin rural des Coutures et l'autre sur le sentier rural, de même un branchement transversal sur l'ancienne voie des Verbeuses.

Deux branchements sont encore utiles dans la partie comprise entre la voie de Montsivry et la rue des Sorrières : l'un sur le sentier rural et l'autre sur le sentier rural des Guipons, le tout au moyen d'aiguillages ou de plaques tournantes à volonté.

De ces considérations, la Commission demande une juste appréciation, afin de ne pas laisser une localité comme celle de Villejuif, chef-lieu de canton, qui possède une population de 3,758 habitants, dans l'impossibilité de donner le cours régulier à son développement.

Je demande que la Compagnie fasse la part des avantages qu'elle peut retirer sur tels ou tels points, en faveur des endroits où il y a crainte pour elle de ne pas pour le présent faire ses frais.

Ces clauses sont formelles pour les administrations demandant un monopole, et dès lors j'insiste pour que Villejuif ne soit pas isolé et privé de communications, dût-on ne nous donner qu'un seul branchement sur la principale voie, qui desservira dans son parcours des industries telles que : tanneries, corroieries, fabriques de dégras et huiles, de benzine, de noir animal, graissiers et autres, dont le chiffre de transports dans l'ensemble peut s'élever annuellement à 10 millions de kilogrammes.

(Déposé le 5 décembre 1872.)

RELEVÉ DES TRANSPORTS SUSCEPTIBLES D'ÊTRE FAITS PAR LES INDUSTRIELS ÉTABLIS SUR LA COMMUNE DE VILLEJUIF.

Paille...	9.000.000 kilog.
Fourrages verts...............................	2.000.000
Avoine..	1.300.000
Son...	1.000.000
Lait..	5.000.000
Os, graisses et engrais.......................	5.000.000
Benzine, essence et pétrole...................	300.000
Teinturerie	50.000
Noir léger....................................	75.000
Tanneries, corroieries........................	1.000.000
Charbons de terre pour l'industrie............	3.400.000
La Plâtrière, plâtre..... 4.320.000 kilog. ⎫	
— charbon... 80.000 ⎬	6.200.000
— bois...... 1.800.000 ⎭	
L'usine de l'Ane-Vert :	
Huile et degras........ 1.000.000 ⎫	1.120.000
Charbon .... 120.000 ⎭	
Total............................	35.445.000

COMMUNE D'ARCUEIL

Rapport de la Commission

La Commission demande le raccordement partant de la station d'Arcueil (chemin de fer de Sceaux) au chemin de grande communication, de la route d'Orléans, en face l'établissement de M. Houette.

Au croisement de ces deux chemins, une plaque tournante allant à droite et à gauche de cette voie à la rencontre du chemin de Cachan, et au moyen d'une plaque tournante, on descendrait cette voie jusqu'à la rencontre du chemin d'Arcueil à Bourg-la-Reine, en face la grille de madame Besson. A ce point se trouverait encore une plaque tournante, qui permettrait de desservir une partie d'Arcueil et toute la Grande-Rue de Cachan, suivant la direction de la route de L'Hay.

En partant de la station projetée près de la route des Chasses, à la limite des deux communes, nous descendrions la voie longeant le chemin de fer de Sceaux (route d'Arcueil à la Glacière), et qui aboutit au croisement des routes de grande communication de Villejuif et du chemin d'Arcueil à Gentilly. A la jonction de ces routes, une plaque tournante permettrait de prolonger les voies dans les quatre directions.

De cette plaque on irait jusqu'à Arcueil, en suivant la rue Cauchy jusqu'à la porte de l'usine de M. Janet; et, lors de l'élargissement de la Grande-Rue d'Arcueil, cette voie pourrait être prolongée jusqu'à la rencontre du chemin qui va d'Arcueil à Bourg-la-Reine et d'Arcueil à Cachan.

Au croisement des routes de grande communication de Villejuif et d'Arcueil à Gentilly, la voie serait prolongée dans la direction de la route allant d'Arcueil à Gentilly. A la rencontre de la rue Saint-Jean, une plaque tournante permettrait de descendre dans la vallée, traverserait la route des Chasses, se prolongerait dans toute la longueur de la vallée jusqu'à la rencontre du pont du chemin de Villejuif, passant sur la Bièvre, et se prolongerait jusqu'à la rue Cauchy. Au moyen de ce chemin, on desservirait toute la vallée longeant la Bièvre.

Au coude que forme la route des Chasses, une plaque tournante nous amènerait, en continuant la route des Chasses, à traverser la Bièvre, et à aboutir à la rue du Bout Durand.

A la rencontre de ces deux voies, une plaque tournante desservirait la rue du Bout Durand, la rue des Noyers, et se prolongerait dans toute la longueur du nouveau chemin qui est en cours d'exécution dans la propriété Guiblin.

Dans la partie du chemin partant de la station de Gentilly à Montrouge, nous demandons une plaque tournante au croisement de ce chemin avec la rue des Prêtres; on desservirait, d'un côté, toute la partie comprise entre le chemin de fer et les fortifications, et, de l'autre, cette voie se prolongerait, dans toute la longueur de la route des Prêtres, jusqu'au point situé à l'extrémité de la rue Berthollet. A la jonction de cette voie et de la route Laplace, une plaque tournante desservirait le haut de la route Laplace.

A la rencontre de cette route avec la route d'Orléans, une autre plaque tournante permettrait d'établir une voie se dirigeant sur Paris.

COMMUNE DE GENTILLY

Rapport

La Commission, d'accord avec celle de Villejuif, considère la demande de cette dernière commune comme fondée, au point de vue d'une ligne annexe partant de la station Bicêtre-Villejuif, en se dirigeant sur le centre de Villejuif par la route nationale N° 7, afin que cette commune ne soit pas déshéritée ni entravée dans son développement industriel et commercial.

En ce qui concerne la ligne Circulaire, les deux Commissions en approuvent le tracé, en demandant la rectification des courbes de raccordement. Elles ont, pour raison, une exécution plus facile, plus pratique, en même temps qu'elles éviteront les dangers qui peuvent en résulter.

Quant à la ligne partant de la station de Bicêtre pour rejoindre le quai Montebello, en empruntant la route de Fontainebleau (extra muros) et l'avenue d'Italie dans le XIIIe arrondissement, en raison des oppositions de toute nature qu'elle rencontre et en raison des dangers qu'elle présente, les Commissions la considèrent comme impossible. Les Commissions proposent de remplacer cette ligne par l'un des trois tracés figurés au plan joint au présent rapport.

1° TRACÉ ROUGE

Ce tracé, en empruntant le prolongement du boulevard de l'Hôpital, admis en principe par MM. les ingénieurs du service municipal, a pour principal avantage de s'éloigner le moins possible de l'avenue d'Italie, et de comporter en lui-même la possibilité d'avoir une gare de marchandises au centre de l'avenue d'Italie, gare desservie par le boulevard du Transit ou rue de Tolbiac, qu'il traverse à niveau.

2° TRACÉ BLEU

Ce tracé n'est qu'une variante du tracé rouge, puisqu'il emprunte les deux points extrêmes; mais il a, sur ce tracé, plusieurs avantages importants, qui sont :

1° Suppression de deux courbes ;

2° Economie d'exécution, par suite de l'abandon des voies construites ;

3° Possibilité de raccordement avec la gare des marchandises du Chemin de fer de Ceinture (*intra muros*) ;

4° Etablissement d'une gare de marchandises, soit en bordure du boulevard du Transit, rue de Tolbiac et de la rue du Chemin de Fer, soit à l'angle du boulevard d'Italie, vis-à-vis la rue Corvisart, point dudit boulevard qui ne nécessiterait aucun déblai, et qui permettrait de desservir les intérêts des XIII° et XIV° arrondissements.

3° TRACÉ VERT

Ce tracé, dont les principaux avantages sont dans le domaine de l'économie, en ce sens qu'il ne comporte en lui-même qu'une seule courbe de raccordement de 500 mètres de rayon, et qu'un tunnel de 250 mètres de longueur, aurait pour principal inconvénient le passage à niveau sur le boulevard d'Italie, le plus large que possède Paris (60 mètres), ainsi que celui à l'intersection des rues de Tolbiac et du Chemin de Fer.

BRANCHEMENTS

Les branchements suivants sont indispensables, à partir de la station de Bicêtre-Villejuif, à savoir, pour le côté gauche :

1° Sur le sentier de l'Ane-Vert jusqu'au chemin de Bicêtre à Ivry ;

2° Sur le chemin de Bicêtre à Ivry, jusqu'à la route de Choisy-le-Roi, avec plaque tournante à ce point, pour se diriger au chemin de la Chevreu jusqu'à la route stratégique ;

3° Sur le chemin vicinal de grande communication N° 29 bis, jusqu'à la route du vieux chemin de Paris à Ivry, avec plaque tournante ou aiguillages aux points de jonction de la route de Paris à Choisy-le-Roi, la rue de la Belle-Croix jusqu'à la rue du vieux chemin de Paris au Petit-Ivry.

Côté droit : à partir de la station de Gentilly-Bicêtre :

1° Sur l'avenue de Bicêtre, avec plaque tournante devant l'établissement, pour se diriger ensuite, par la rue du Kremlin, jusqu'au chemin des Périchets ;

2° De la route de Fontainebleau par le chemin des Périchets, point central du village du Kremlin, sur lequel il est indispensable d'établir un lieu de garage pour les besoins de cette contrée. Ce village, par sa situation, est appelé à grouper des industries de toutes natures, puis de là aller jusqu'à la rue des Barons, et, à son extrémité, emprunter la rue de l'Annexion pour desservir la rue de L'Hay.

Au point de vue des voyageurs et de la gare à établir sur l'avenue de Bicêtre, les Commissions croient devoir faire remarquer qu'indépendamment du chiffre de la population de cette contrée de la commune, 3,000 environ, chaque jour d'entrée à Bicêtre, les jeudis et les dimanches de chaque semaine, le nombre des visiteurs est de 1,300 à 1,500.

Le cimetière parisien de Gentilly et d'Ivry, dit Champ-de-Navets, auquel, par suite de son agrandissement, une porte doit être créée à proximité de l'avenue de Bicêtre, donnerait à cette gare un nombre considérable de voyageurs, qui sera encore augmenté par le nombre des visiteurs allant au fort de Bicêtre, transformé en pénitencier.

Besoins des industriels établis aux environs de la route de Fontainebleau à Gentilly, au 30 novembre 1872 :

Hospice de Bicêtre..................................	4.718.792 k.
Industrie des vins..................................	1.160.000
— spiritueux.................................	5.000.000
— de la corroierie...........................	370.000
— de la serrurerie...........................	100.000
— de charronage et forge....................	60.000
— de bougie et chandelle....................	21.000.000
Abattoir à porcs, 16,000 par chaque 120 kil......	1.920.000
— de boucherie, 360 bœufs par chaque 250 kil.	150.000
— — 1,200 veaux à 55 kil............	66.000
— — 120,000 moutons à 15 kil........	1.800.000
— chevaux, 1,000 chaque 1,000 kil..........	1.000.000
Industrie, bois de menuiserie......................	100.000
— briqueterie Duval, charbon seulement......	500.000
— épicerie, deux maisons sur un chiffre de....	700.000
— de vernis	150.000
Administration militaire de Bicêtre.................	Mémoire.
Total pour la partie sud-est.........	38.794.792 k.

Les besoins de la partie de Gentilly se raccordant avec la commune d'Arcueil sont de, savoir :

Industrie des tanneurs............................	4.000.000
— des cotons............................	400.000
— de caoutchouc.........................	400.000
— de vinaigrerie.........................	250.000
— d'abattoir pour la criée......	1.900.000
— de produits chimiques...................	1.900.000
Total général pour l'industrie......	47.644.792 k.

Signé : MORNARD, pour la commune de Villejuif ; — CHÉRÉPUT, pour la commune de Gentilly ; — P. BRISSET, maire de Gentilly.

COMMUNE D'IVRY

Rapport de la Commission

Le 5 novembre courant, M. le Conseiller général du canton de Villejuif a convoqué les membre des Conseils municipaux et les industriels des communes de Villejuif, lvry, Gentilly, Arcueil et Vitry, à l'effet d'examiner les branchements qui pourraient être établis entre la ligne principale du Chemin de fer Circulaire de la banlieue de Paris et les centres des établissements industriels de ces communes.

Des Commissions nommées dans cette réunion, pour chacune des communes ci-dessus, ont été chargées d'étudier la question.

Les soussignés, représentant la commune d'Ivry, expriment leurs *desiderata* de la manière suivante :

Les branchements à établir sur la ligne du Chemin de fer de la banlieue de Paris doivent être à traction de chevaux.

La situation topographique de la commune d'Ivry semble ne comporter qu'un seul branchement raisonnable, partant de la gare d'Ivry, suivant la route départementale N° 59 jusqu'au rond-point de la Bosse-de-Marne, et ensuite la route nationale N° 19 jusqu'aux fortifications de Paris au besoin, et desservant ainsi le grand centre industriel de cette commune.

A partir du rond-point de la Bosse-de-Marne, un embranchement secondaire, suivant la route nationale N° 19, dans la direction de Charenton et ensuite la rue de la Marne jusqu'au chemin de halage, semble devoir être prévu pour desservir les établissements nᵒˢ 10, 11, 12, 13 et 14 du plan ci-joint.

Si, dans quelques temps, ce premier réseau d'essai donne de bons résultats, deux embranchements complémentaires pourraient être établis :

1° L'un sur le chemin de halage, entre le pont d'Ivry et le pont Napoléon ;

2° L'autre dans la rue Verte jusqu'au chemin vicinal de grande communication N° 29, afin de desservir les établissements de MM. Camus, Nicolle, Dumas, Valsi, Casedanne et la manufacture de pianos d'Alexandre.

D'une conférence que nous avons eue avec les membres de la Commission de Gentilly, il résulte que cette commune demande un branchement partant de la ligne qui doit être établie sur la route nationale de Fontainebleau et qui suivrait le chemin vicinal de grande communication N° 29 *bis*, pour aboutir sur la route N° 52, au lieu dit l'entrée des murs d'Ivry. Ce branchement, auquel nous donnons notre entière adhésion, desservirait les établissements de MM. Venèque, Collonge, Bonneville, Masoyer, Wegmann et le Petit-Ivry.

Ivry, le 30 novembre 1872

Le Rapporteur de la Commission.

Signé : ROBINE.

Les membres de la Commission,
Signé : BONNEFOND ; — POMPÉE, maire.

COMMUNE DE VITRY

Projet du Chemin de fer Circulaire

PARTIE TRAVERSANT LE TERRITOIRE DE VITRY

Demande par la commune de Vitry de divers réseaux devant desservir les usines et les établissements industriels de Vitry, s'embranchant à la gare d'Orléans, station de Vitry.

1° Un réseau partant de la gare de Vitry en suivant la route départementale N° 59, jusqu'au chemin du Port-à-l'Anglais, le chemin du Port-à-l'Anglais, en tournant sur le quai le bord de la Seine en amont jusqu'à la voie d'Amour, et la voie d'Amour jusqu'à l'entrée de l'usine des cuivres français ;

2° Un réseau de la gare de Vitry, en suivant la route départementale 59 jusqu'à la place de l'Eglise ;

3° Un autre réseau s'embranchant au rond-point de la voie Chevaleret, suivant ladite voie Chevaleret jusqu'à la rue d'Oncy, la rue d'Oncy jusqu'à la rue de la Barre, et la rue de la Barre, ou route départementale N° 51, jusqu'à la plâtrière Michel Fusch.

OBSERVATIONS DES INGÉNIEURS

Parmi les embranchements réclamés, il y a lieu, d'après les ingénieurs, de construire :

Pour Vitry. — Celui partant de la gare de Vitry et se dirigeant sur l'Église ;

Pour Ivry. — Accorder tout le réseau réclamé, qui procurerait satisfaction à des intérêts des plus sérieux ;

Pour Arcueil. — Il y a lieu d'accorder les branchements réclamés, du moment que chacun d'eux procurera un trafic de 1,000 tonnes. Ces branchements se feront donc au fur et à mesure que les besoins industriels se manifesteront ;

Pour Gentilly. — Cette Commission nous demande, d'accord en cela avec la Commission du XIIIe arrondissement, que le tracé proposé par nous, et qui devait s'établir dans le milieu de la chaussée d'Antibes, soit reporté à droite de cette voie, de telle sorte que le Chemin de fer vienne desservir l'hospice de Bicêtre et les fabriques qui y existent. Nous accueillons ce vœu jusqu'à décision de la Commission du XIIIe arrondissement ;

Pour Villejuif. — Nous souscrivons à la construction des branchements réclamés au bas de la commune.

A peu de choses près, comme on le voit, les vœux des Commissions ont été pris en sérieuse considération, et si quelques-uns des embranchements réclamés n'ont pu l'être aujourd'hui, ils ne sont que retardés, car ils seront exécutés plus tard, lorsque leur importance se sera plus dessinée.

Nous ne croyons pas possible d'accueillir la demande de Villejuif ; la pente est trop considérable pour pouvoir assurer un service utile, et son importance n'est pas assez grande pour y établir un service de traction similaire à celui du chemin de fer d'Enghien à Montmorency, mais ce qui peut être fait, c'est d'établir, pour le cas où la petite voiture de Bicêtre à Villejuif serait supprimée, un service régulier d'omnibus.

CANTON DE SCEAUX

Réunion des communes de Montrouge, Vanves et Issy.

Le 15 décembre 1872, à la mairie de Vanves, à dix heures du matin, se sont réunies les Commissions du Chemin de fer Métropolitain et de la banlieue de Paris, pour se concerter entre elles sur le Rapport qui leur a été demandé par M. le Président du Conseil d'administration de cette Compagnie.

En l'absence de M. le Maire de Vanves, l'un des adjoints prend le fauteuil de la présidence, donne lecture de la lettre de convocation et prie M. l'ingénieur, présent à la séance, d'expliquer à la réunion ce que désire la Compagnie du Chemin de fer Métropolitain, des Commissions nommées, pour étudier les tracés proposés par ladite Compagnie.

M. l'ingénieur, dans un exposé très développé, met les Commissions au courant de ce qui a été fait depuis qu'il a eu l'honneur d'être reçu par elles.

Il rappelle la décision du Conseil général, les travaux en cours d'exécution de toutes les Commissions des communes traversées par le chemin de fer projeté, l'étude qui en est faite, en ce moment, par les Commissions des arrondissements de la Ville de Paris, le bon acueil que reçoit partout le projet.

Et cet accueil, dit-il, n'est dû qu'aux travaux que nous avons faits avec le concours des communes elles-mêmes. Aujourd'hui, tout le monde reconnaît que le chemin de fer est indispensable, et m'a-t-on demandé de toutes parts, comme auteur du projet, de le revoir et de le compléter.

C'est ici, Messieurs, que je vais me permettre de réclamer de nouveau le secours de vos lumières, de votre travail, de votre appui, et vous me le donnerez tous, j'en suis certain, si je vous démontre que le Chemin de fer Métropolitain répond à un besoin d'intérêt public.

Dans nos conférences d'ingénieurs, Messieurs, nous avons tous déclaré qu'un département tel que celui de la Seine ne pouvait être desservi par un chemin de fer d'une manière complétement utile, que si le chemin de fer venait prendre et apporter les marchandises dans les fabriques et les entrepôts, quelle que fût leur importance.

Vous savez tous, en effet, que le fléau qui frappe le plus lourdement l'industrie parisienne, c'est le camionnage qui, comme le disait si bien M. le Préfet de la Seine, aujourd'hui Ministre des finances, fait qu'une marchandise double quelquefois le prix qu'elle coûte, au moment où on la charge sur le wagon.

Les études du Chemin de fer Métropolitain, faites jusqu'à ce jour, ne viennent atténuer qu'en partie ce fléau.

En effet, sur son réseau, la marchandise arrivera plus près de la fabrique qu'auparavant; il y aura donc déjà une économie sur les 60 millions de camionnage que le département de la Seine paye annuellement; mais la marchandise ne sera pas encore portée jusqu'à destination.

Et ici nous voulons parler, Messieurs, de la grosse marchandise. Le problème serait impossible à résoudre si on voulait rechercher le moyen de faire arriver à domicile le petit colis : la messagerie.

La grosse marchandise, celle qui alimente l'usine, arrive par chargement complet dans un wagon qui lui appartient. Eh bien! il faut que ce wagon, qui l'a portée peut-être à travers toute la France, la porte encore du Chemin de fer Métropolitain au seuil de la fabrique.

Est-ce possible?

Si, Messieurs, nous regardons ce qui se passe à l'étranger, nous verrons que cela est possible, que cela se pratique. En France, nous trouvons déjà la question résolue en quelques endroits; mais, dans notre pays d'égalité par excellence, elle ne l'a été que pour les riches commerçants; grave erreur au point de vue industriel, car la fortune de l'industriel, c'est son travail, et il travaille d'autant mieux qu'il est mieux outillé.

Bien outillée est déjà notre industrie : nul pays ne peut rivaliser avec elle, et le monde entier rend hommage à la force, à l'élégance, à la solidité de ses produits.

Et cette supériorité est tellement reconnue, qu'il semble qu'elle peut ne tenir aucun compte des facilités de travail qu'ont les autres peuples.

Car, si ces peuples n'ont pas notre intelligence, notre goût, notre *savoir-faire*, en un mot, ils sont mieux agencés que nous. Depuis longtemps ils ont créé les services des transports, — l'*outil national* — et ils ont fait arriver la marchandise, et ils font partir leurs produits manufacturés sans camionnage.

C'est ce que nous devons, c'est ce que nous voulons faire; voilà l'œuvre pour laquelle nous venons demander le concours de vos Commissions.

Vous nous avez toujours aidé jusqu'ici, vous avez fait que personne, maintenant, ne conteste notre Chemin de fer — car il est *nôtre;* — vous continuerez encore, vous voudrez que ce Chemin fasse ce qui se fait chez nos voisins; et alors, grâce à notre supériorité de fabrication, grâce aux économies que nous pourrons réaliser sur les transports, nous élèverons au plus haut degré l'industrie parisienne, et, par là, nous aurons bien mérité d'elle.

La commune dont nous nous occuperons d'abord aujourd'hui est celle d'*Issy*.

Grâce au chemin de fer, son importance va s'accroître, car elle a les carrières de blanc de Meudon et les entrepôts de Saint-Germain.

Vous examinerez, Messieurs, quels sont les embranchements qu'il y a lieu de créer.

Ces embranchements, ce sont des *tramway*, dont l'écartement des rails comporte le passage des plus lourds wagons, et qui seront encastrés dans les routes, dans les chemins.

Les wagons, en général, seront traînés par des chevaux.

La commune de *Vanves* n'a pas encore d'usines. La ligne principale lui suffira pour le moment.

La commune de *Montrouge* réclame à juste titre des embranchements. Là, nous devrons, ce qui a, du reste, été déjà décidé, relier Malakoff à Arcueil; puis vous déciderez ensuite s'il y a lieu de faire davantage.

M. le maire de Montrouge avait cru un instant que la Compagnie abandonnait les intérêts de sa localité; mais, en présence des explications de M. l'ingénieur, il lui assure tout son appui.

M. le maire de Vanves convient qu'en effet le chemin de fer ne sera utile, pour le moment, à sa commune qu'au point de vue du transport des voyageurs; mais comme peut-être, un jour, des embranchements seront aussi nécessaires à sa localité, la Commission est prête à donner son aide à celles de Montrouge et d'Issy.

M. le maire d'Issy appuie le projet. Les Chambres syndicales, dit-il, s'en occupent; nous en sommes tous partisans, et M. l'ingénieur est certain d'avoir notre appui.

Pour nous, il est d'un grand intérêt : reliés à Grenelle, reliés à Boulogne, reliés à vos deux communes, Messieurs, nous pouvons envoyer le produit de nos industries sur toutes les lignes ferrées de la France.

Nous aurons à faire sur son tracé des observations à M. l'ingénieur, et nous sommes convaincus qu'il se rendra à nos observations, dictées entièrement par l'intérêt général.

Je propose que le travail demandé par M. l'ingénieur soit confié aux mêmes Commissions qui se sont déjà occupées du Chemin de fer, de sorte que, déjà au courant de la question, elles puissent opérer plus rapidement. Le temps est précieux, car il importe d'en saisir le plus tôt possible le Conseil général.

M. Chantrain. — Pour que notre travail soit utile, il faut que chaque commune prépare un travail spécial dont nous pourrons plus tard faire un

9

tout au point de vue de l'intérêt général, mais il faut d'abord établir les points où les embranchements sont nécessaires et les causes qui militent en faveur de leur exécution.

M. Claret de Latouche. — C'est incontestable; nous devons procéder comme nous l'avons déjà fait.

M. le Président. — C'est entendu. Fixons maintenant, Messieurs, le jour où MM. les rapporteurs pourront se réunir ici et déposer leur travail; dimanche prochain vous conviendrait-il?

M. le maire d'Issy. — Je demanderais que la réunion eût lieu dans l'après-midi ou le soir.

M. Chantrain. — Je propose vendredi, à sept heures et demie du soir.

M. Brunfaut. — J'ai omis, Messieurs, de vous dire que la Compagnie que je représente s'engage à faire exécuter elle-même ces lignes d'embranchement sur tous les points où il y aura un trafic probable de mille tonnes.

M. le maire d'Issy donne des explications détaillées sur ce que, d'après lui, auront à faire les Commissions.

A l'unanimité, il est décidé que la nouvelle réunion des rapporteurs aura lieu, à la mairie de Vanves, vendredi prochain, à sept heures et demie du soir.

M. le Président prie M. l'ingénieur de vouloir bien y assister, et lève la séance.

Procès-verbal des réunions de la délégation du Conseil municipal d'Issy, pour l'examen de la question des branchements particuliers.

Sur l'invitation de M. le Président du Conseil d'administration du Chemin de fer Circulaire de la banlieue de Paris, MM. les délégués du Conseil municipal d'Issy se sont réunis, à trois reprises différentes, les 17, 20 et 22 décembre 1872, pour l'étude de la question de branchements à établir entre la voie ferrée projetée et les usines qui s'en trouveront plus ou moins rapprochées, en vue d'éviter la nécessité du transbordement des marchandises, tant à la réception qu'à l'expédition.

Les deux premières réunions ont eu pour objet d'entendre les explications de M. l'ingénieur de la Compagnie sur l'utilité et les moyens d'exécution de ces branchements. A ces deux séances, qui ont eu lieu à la mairie de Vanves, assistaient, indépendamment de M. l'ingénieur, MM. les délégués des Conseils municipaux de Vanves et de Montrouge. M. Brunfaut y a parfaitement exposé la question et répondu à toutes les observations qui lui ont été faites. Puis, d'un commun accord, les délégations des diverses communes ont décidé que chacune d'elles se réunirait isolément pour exprimer son avis.

Dans sa réunion du 22 octobre 1872, la délégation d'Issy a formulé son avis comme suit :

La pensée de doter le Chemin de fer Circulaire de nombreux branchements, établissant des communications en wagon entre les usines et la voie ferrée, *nous paraît être une innovation des plus heureuses et a été pour nous une sorte de révélation. Nous sommes surpris que les grands chemins de fer n'aient jusqu'ici rien tenté dans ce sens.*

Indépendamment des avantages immédiats que présentent ces branchements, avantages évidents, et sur lesquels il n'y a dès lors pas à insister, ce système, appliqué dans certaines conditions, nous paraît être un moyen simple et peu dispendieux de remédier à l'insuffisance générale des gares, qui préoccupe les esprits depuis plusieurs années.

Nous approuvons donc complétement le système des branchements particuliers, et demandons avec instance qu'il en soit fait application au Chemin de fer Circulaire.

Quant aux points sur lesquels les branchements pourraient être établis dans la traversée de la commune d'Issy, nos indications ne peuvent être basées que sur l'état actuel des choses, et les changements qui surviendront feront certainement naître de nouveaux besoins. Or, il est évident que, située en bordure de la Seine et de la ville de Paris, la commune d'Issy est appelée à des progrès commerciaux et industriels dont l'exemple de l'ancienne commune de Grenelle peut seule donner la mesure, progrès que le projet dont il s'agit ne peut que précipiter. De sorte que les besoins actuels doivent être considérés comme infiniment inférieurs à ceux qui ne manqueront pas de se faire sentir, dans un avenir plus ou moins prochain.

Dans l'état actuel des choses, les branchements particuliers qui nous sembleraient à la fois utiles et rémunérateurs, sont les suivants, à partir du point où le chemin de fer traverse la Seine en arrivant de Boulogne :

1° A droite, un branchement rejoignant la route Nationale N° 189, et suivant cette route de manière à desservir les diverses usines des Moulineaux, qui, quant à présent, produisent un mouvement annuel de marchandises s'élevant approximativement à............... 20.000 tonnes.

Savoir :

MM. Gevelot (capsules et cartouches) .... 2,000 .

Prudent
Salagnac
Deschamps } Craie et blanc de Meudon........ 18,000
Demarne
Robb

Brasserie...................... » Mémoire.

Chiffre égal..... 20,000

2° A gauche, un branchement sur l'entrepôt de l'île Saint-Germain, dont le mouvement, assez restreint présentement, s'élevait avant la guerre à plus de.......... 30,000

3° Un branchement sur l'usine à gaz............... 1,000

Total.... 51,000 tonnes.

Deux établissements existants exigent, en outre, des transports importants, savoir : le chantier de bois de M. Augustin et la fabrique de briques de MM. Etienne et Cᵉ; mais, en raison de leur situation, ces deux établissements semblent ne pouvoir être desservis directement par le Chemin de fer de la banlieue.

> Signé : CLARET DE LATOUCHE, *Président de la délégation; —* HUGON, FONTAINE, PESTAIL ET GUILBERT, *membres de la délégation.*

Pour copie conforme :

Le Président.

Signé : CLARET DE LATOUCHE.

MAIRIE DE VANVES

Rapport de la Commission de Vanves, sur les branchements à établir sur son territoire

Vanves, le 22 décembre 1872

Les soussignés, composant la Commission de la commune de Vanves, chargée de donner son avis sur les points de son territoire où des branchements, partant de la ligne principale du Chemin de fer Circulaire, pourraient être utilement établis à l'effet de transporter les marchandises le plus près possible des entrepôts, usines ou fabriques,

Après renseignements précis, recueillis chez les négociants sur l'importance des marchandises qu'ils reçoivent par chemin de fer;

Déclarent que deux branchements seraient nécessaires dans la commune et rempliraient parfaitement les conditions du programme, en ce qu'ils supprimeraient entièrement le camionnage.

Le premier branchement, en partant de la ligne principale, descendrait la route N° 54, dite de Châtillon, en se rapprochant de Paris, et, dans un parcours d'un kilomètre, passerait devant la porte d'importants entrepositaires de vins et autres négociants, et livrerait des marchandises d'un poids de plus de 6,000 tonnes par an.

Le côté droit de cette route, qui appartient à la commune de Vanves, donnerait au minimum............................ 3.000 tonnes.

Le côté gauche, appartenant à Montrouge, donnerait une quantité à peu près égale, soit........................ 3.000

Ensemble................. 6.000 tonnes.

Le second branchement se détacherait du premier pour se rendre au milieu de la section de Malakoff, en y entrant par la route N° 74, et longerait la rue Beauvais, large de 12 mètres. Il trouverait, sur un parcours d'un kilomètre, d'autres entrepositaires en vins et une importante fabrique de produits chimiques, recevant ensemble des marchandises d'un poids de 3,270 tonnes.

En résumé, ces deux kilomètres de branchements trouveraient un poids de 9,372 tonnes, et ne rencontreraient que des négociants qui recevraient directement du wagon leurs marchandises, sans aucun camionnage.

Signé : RIOTTE; — COIGNET; — GUIRON-
NET; — E. DUPONT.

Département de la Seine

ARRONDISSEMENT
ET CANTON DE SCEAUX

Commune de Montrouge

MAIRIE DE MONTROUGE

(EXTRA-MUROS)

Les membres de la Commission du Chemin de fer de la banlieue pour la commune de Montrouge ont l'honneur de vous confirmer les désirs exprimés dans leur rapport présenté à Sceaux, le 13 septembre dernier; ils vous rappellent la promesse formelle faite au nom du Conseil d'administration par M. Brunfaut, d'exécuter le tracé direct entre la commune de Montrouge et celle de Gentilly, et d'établir une gare à marchandises devant le fort de Montrouge, dans le terrain circonscrit par la route de Bagneux, la route stratégique et la route Nationale N° 20, dite route d'Orléans.

Ils désirent savoir quelle valeur on peut attacher aux évaluations de M. l'ingénieur qui, le 13 septembre dernier, à la réunion du canton de Sceaux, s'engageait à faire cette gare à marchandises si la commune fournissait un terrain de trois mille mètres de superficie et qui, le 20 décembre courant, a déclaré ne pouvoir l'établir dans un espace moindre de quinze mille mètres ; il y a bien des gares qui n'ont pas trois mille mètres de superficie. Si l'évaluation primitive de M. Brunfaut a été modifiée en vue de l'importance probable que prendrait cette gare, c'est une preuve de plus de son utilité.

Les membres de la Commission, dans l'hypothèse que le tracé susmentionné soit exécuté, demandent deux embranchements pour desservir les usines et entrepôts de Montrouge :

1° Sur la route de Châtillon, où les réceptions de marchandises pour les établissements situés sur le terrain de la commune s'élèvent à 2,830 tonnes par an ;

2° Sur la route d'Orléans, où le chiffre annuel de transports est de 8,140 tonnes ; dans ce chiffre ne sont pas comprises les marchandises à destination des Entrepôts, situés dans la Grande-Rue, entre la route d'Orléans et la rue de Bagneux, et qui représentent 2,475 tonnes ; ces établissements pourraient être desservis par un embranchement qui se raccorderait à celui de la route d'Orléans au moyen d'aiguilles.

Les chiffres ci-dessus, formant ensemble 13,445 tonnes, représentent les réceptions par wagons complets ; la différence entre ce total et celui produit dans le rapport du 13 septembre est applicable aux marchandises reçues par petites expéditions, qui devront être déchargées dans la gare.

Les membres de la Commission :

COUPRIE ; — J. AGUETTANT ; — E. HENOC fils ; — CHANTRAIN.

Vu et approuvé :

Le Maire,

Signé : L. ROLLAND.

OBSERVATIONS DES INGÉNIEURS

La commune d'Issy se réserve de nous faire quelques propositions, quant à la direction du Chemin de fer Métropolitain à travers la commune. Nous les accueillerons avec d'autant plus de raison, que la Commission qui représente ses intérêts renferme dans son sein des personnalités très au courant de la question.

Nous acceptons les branchements réclamés.

La commune de Vanves avait déclaré tout d'abord l'inutilité pour ses besoins actuels de demander des raccordements, mais, après une étude plus profondie, elle nous en réclame, et nous les accueillons.

Enfin, la commune de Montrouge, tout en nous traçant les embranchements dont elle aurait besoin, nous réclame une gare près du fort.

Nous avons fait observer que nous ne croyions pas cette gare nécessaire, notre projet en comportant une à Arcueil, mais que nous pensions que Montrouge devrait être desservi comme va l'être Javel et Grenelle, c'est-à-dire par une voie de garage, logée dans la chaussée de la route d'Orléans, comme à Grenelle, elle est logée sur le quai.

VILLE DE PARIS

CHEMIN DE FER MÉTROPOLITAIN ET DE LA BANLIEUE DE PARIS

REUNION DES HABITANTS DES IX⁰ ET XVIII⁰ ARRONDISSEMENTS

Procès-verbal de la réunion.

Le jeudi 21 novembre 1872, à huit heures du soir, un certain nombre d'habitants des IX⁰ et XVIII⁰ arrondissements, convoqués par lettre émanée de M. Arrault, membre du Conseil municipal de Paris, se sont réunis dans la salle de la Reine-Blanche, boulevard de Clichy, n° 88, pour y être consultés au sujet d'un Chemin de fer Circulaire *extra-muros* et dont l'une des entrées dans Paris offre un intérêt particulier pour leurs quartiers respectifs.

Deux grandes cartes de Paris, sur lesquelles sont tracés les plans de ce projet, sont au milieu de la salle à la disposition de la réunion.

Sur une proposition faite par M. Arrault, le bureau de la réunion a été composé de la manière suivante :

MM. Cantagrel, conseiller général de la Seine, président ;

Arrault, conseiller général de la Seine, assesseur ;

Drouot, sécrétaire.

La séance a été ouverte à 8 h. 1/2.

M. Cantagrel a pris la parole pour faire connaître le but de la réunion.

Il a exposé que le Conseil général de la Seine a été saisi par M. Brunfaut, ingénieur, d'un projet de Chemin de fer Circulaire autour de Paris, destiné à desservir et relier entre elles les communes suburbaines du département de la Seine, et à les relier à la capitale au moyen de plusieurs entrées au sein de la ville. Il a ajouté que le Conseil, tout en approuvant ce projet en principe, a décidé qu'il était utile que M. Brunfaut consultât les habitants des différents quartiers traversés par le chemin de fer et desservis par les gares, afin d'avoir leur approbation unanime ou de recevoir leurs observations pour savoir s'il n'y aurait pas un intérêt général plus grand à modifier ce tracé et à placer les gares dans d'autres endroits que ceux indiqués dans le projet.

L'une des entrées de cette nouvelle voie de communication, dit M. Cantagrel, traverse entièrement le XVIII° arrondissement et le dessert au moyen de trois gares, tel qu'on en voit le tracé sur la carte placée sous nos yeux, et vient aboutir dans le IX° arrondissement, au bas de la rue des Martyrs.

La réunion a donc pour but de faire connaître son opinion sur le tracé de la ligne et l'emplacement des gares.

M. Cantagrel invite les membres de la réunion à présenter leurs réflexions.

Un membre demande que des explications soient données sur l'ensemble du projet.

M. Brunfaut, ingénieur de la Compagnie, demande, après les explications si complètes de M. Cantagrel, à ne développer que succinctement ce qui a rapport au passage du chemin de fer dans le XVIII° et le IX° arrondissements.

Nous n'avions pas, dit-il, à chercher une entrée dans Paris, elle se trouvait créée depuis 1856, c'est-à-dire depuis l'ouverture du chemin de fer de Saint-Ouen ; il n'était nécessaire que de prolonger ce chemin jusque dans l'enceinte de la ville.

J'ai cherché, dit l'ingénieur, à le faire aboutir le plus près possible du centre, j'ai essayé de le faire arriver sur le boulevard des Italiens, en logeant la gare sur les terrains du vieil Opéra, terrains qui seront bientôt disponibles. J'ai reculé devant l'énormité des frais. Mais j'ai pensé qu'il pouvait aboutir derrière Notre-Dame-de-Lorette, à la place des Martyrs, occupée aujourd'hui par un marché provisoire.

Cet emplacement est moins central que le boulevard des Italiens, mais il n'en répond pas moins aux besoins de la population de la banlieue de Paris. En effet, une gare de départ et d'arrivée située dans le haut de la rue du faubourg Montmartre, met les communes de Saint-Ouen, Saint-Denis, Aubervilliers, la presqu'île de Gennevilliers, le bois de Boulogne, etc., à quelques minutes de distance du centre de la ville. Ce projet ne s'arrête pas là, le marché provisoire qui se trouve à cet endroit doit être remplacé par une halle-marché, c'est-à-dire par un marché mis exclusivement à la disposition des communes suburbaines pour être alimenté par elles, et qui contribuera, pour sa part, au désencombrement des Halles centrales.

N'oublions pas qu'avant les grandes lignes de chemins de fer, Paris était approvisionné par la banlieue, et que, s'il n'en est plus de même aujourd'hui, cela tient à ce fait étrange, qu'il en coûte plus pour amener les produits maraîchers de la banlieue de Paris, qu'il n'en coûte pour les faire venir de Bordeaux ou de Marseille.

Pour ramener les choses à leur état normal, la place des Martyrs aura donc une halle qui sera reliée avec toutes les communes de la Seine.

L'ingénieur explique ensuite, pas à pas, le tracé du chemin de fer et décrit rapidement tout le parcours extérieur.

Il prie l'assemblée de l'éclairer dans ces travaux, comme l'ont fait les Commissions nommées par les soixante et onze communes suburbaines, et comme le font en ce moment celles des autres arrondissements traversés par le projet.

Un membre dit qu'à son avis le tracé présenté fait des sinuosités ; — n'aurait-il pas mieux valu traverser la butte ?

M. l'ingénieur répond que les premiers projets qu'il avait étudiés étaient le percement, par un tunnel, de la butte Montmartre, mais, sur les représentations qui lui ont été faites que, *passant sous la butte, il ne desservirait pas la superficie et par conséquent les habitants,* il a étudié le parcours qui est soumis en ce moment à la réunion. Ce parcours, qui est pour sa majeure partie à ciel ouvert, coûte peu relativement, puisqu'il se trouve dans la zone du cimetière Montmartre, dans l'axe d'une partie du boulevard, et enfin sous les maisons de la plus grande valeur qui sont situées entre la rue Condorcet et la place Pigalle.

Un autre membre se plaint qu'en présence d'un tel projet, dont il ne conteste pas l'utilité, la réunion ne soit pas plus considérable ; il croit que beaucoup de personnes l'ignorent absolument. Il faudrait qu'une Commission fût nommée, et franchement, ce ne peut être par les 180 personnes seulement qui composent cette réunion qu'elle peut l'être. Il faut faire des affiches, adresser de nombreuses lettres et prévenir le plus de personnes intéressées possible. Il faudrait aussi que les plans fussent déposés quelque part pour que tous les intéressés pussent les étudier et fonder leurs observations.

Mais, demande une autre personne, où placera-t-on ces plans ?

A la mairie, répond une voix.

M. Cantagrel explique que, s'il est vrai que cela a eu lieu jusqu'ici dans toutes les mairies, une exception a été faite pour celle-ci.

Le Maire, sur la demande qui lui en été faite par M. Arrault, a refusé. Il n'a pas cru devoir suivre l'exemple donné par ses collègues, et force a été de convoquer la réunion au domicile où nous sommes.

M. *Arrault* propose de tenir chez lui, à la disposition de tous, les plans et mémoires, de telle sorte que chacun pourra en prendre connaissance, les étudier, s'éclairer et apporter ses réflexions.

Un membre croit que la gare d'arrivée dans Paris devrait s'arrêter au boulevard extérieur.

M. *l'ingénieur* fait observer que c'est précisément pour faire fixer ces points que la Compagnie sollicite la nomination d'une Commission.

Après ces explications, la réunion décide qu'il y aurait lieu de nommer une Commission qui serait chargée d'examiner le projet, de consulter les habitants et de faire un rapport. Elle décide, en outre, qu'il est nécessaire de provoquer une nouvelle réunion beaucoup plus nombreuse pour nommer cette Commission.

En conséquence, elle s'est ajournée à huitaine, en mettant à l'ordre du jour cette nomination.

La séance a été levée à 9 h. 1/2.

<table>
<tr><td>*Le Secrétaire,*</td><td>*Le Président,*</td></tr>
<tr><td>DROUOT.</td><td>ARRAULT.</td></tr>
</table>

IXᵉ ET XVIIIᵉ ARRONDISSEMENTS

Procès-verbal de la réunion tenue à Montmartre, le 29 novembre 1872, pour la nomination d'une Commission d'études du Chemin de fer Métropolitain de la banlieue de Paris.

M. *Arrault*, membre du Conseil général du département de la Seine, président de la réunion, ouvre la séance.

M. *Drouot*, secrétaire, donne lecture du procès-verbal de la précédente réunion.

M. *Arrault*. — Pour les personnes qui n'ont pas assisté à la dernière séance, j'invite M. l'ingénieur à résumer l'état de la question.

M. *Brunfaut* rappelle que le projet du Chemin de fer Métropolitain a mérité tout spécialement l'attention du Conseil général. A l'un des points du tracé desservant les sept communes du département de la Seine, une entrée dans Paris se trouvait déjà existante, par le fait du Chemin de fer de Saint-Ouen qui vient s'arrêter au Chemin de fer de Ceinture. Nous avons pensé qu'il fallait prolonger cette ligne le plus possible et jusqu'au centre de Paris. Aussi avons-nous présenté un tracé qui, longeant d'abord le cimetière Montmartre, aboutit, après un parcours peu étendu, à une gare que nous nommons : Gare des Carrières. Le tracé suit ensuite les boulevards extérieurs, — nous avons dû le choisir afin de ne pas entraver la circulation, — puis passant sous diverses rues avec une station à la place Pigalle, arrive à la place des Martyrs ou se trouvera notre tête de ligne et notre gare principale, sous laquelle nous plaçons un marché qui offrira un immense débouché aux produits des cultivateurs des communes traversées par notre chemin de fer.

Devions-nous nous arrêter plus avant, nous relier davantage à La Villette par les boulevards extérieurs, ainsi qu'on nous l'a conseillé ? Afin de sauvegarder autant que possible tous les intérêts, nous avons fait un tracé d'un commun accord avec toutes les communes du département de la Seine.

Nous venons aujourd'hui vous demander de nommer une Commission qui, après avoir étudié le parcours et présenté toutes ses observations à nos ingénieurs, déciderait au mieux de l'intérêt et de l'utilité publique, dans un Rapport qui serait déposé sur le bureau du Conseil général, à sa prochaine session.

M. *Arrault* propose de choisir de suite cette Commission et d'en fixer le nombre à dix membres.

M. *Drouot* pense qu'avant de nommer cette Commission, il est utile de prendre tous les renseignements nécessaires, et qu'une discussion préalable serait urgente.

Quant à moi, dit-il, je pense, en effet, que le Chemin de fer sera avantageux au quartier de Montmartre; mais, d'après le tracé, je vois qu'on fait une tranchée à partir de l'avenue du Cimetière; ainsi, l'on viendra détruire nos promenades. Les produits maraîchers vont arriver dans le neuvième arrondissement, et nous, habitants de Montmartre, nous serons par là obligés de descendre à vide et de remonter à charge. Le lieu où la gare serait le mieux placée serait près de la place des Martyrs sur les boulevards extérieurs, afin d'éviter le détour aux habitants de Montmartre. C'est la Commission qui approfondira tous les points en discussion.

Un membre persiste à croire qu'il faut définir quel sera le mandat de la Commission avant de la nommer. Il n'est présenté qu'une carte figurant un tracé; je demande qu'il soit remis à chacun de nous un projet accompagné de pièces justificatives.

M. *Brunfaut* dit que la Commission recevra tous les documents nécessaires, et ajoute : Notre projet a été longuement, minutieusement étudié. Nos profils n'ont été décidés qu'après une étude sérieuse et approfondie. Si notre Compagnie vient vous présenter une voie de préférence à toute autre, c'est qu'elle a d'équitables raisons pour la croire bonne et utile.

M. Drouot nous accuse de vouloir couper les boulevards, mais il n'a pas étudié la question. Nous ne touchons qu'à une minime partie, et, sur ce petit parcours, nous sommes en contre-bas et nous sommes couverts à chaque passage de rue.

Du reste, nous le répétons encore, nous sommes à la disposition de la Commission que vous nommerez pour modifier, remanier le projet suivant ses avis, suivant ses décisions.

Après une longue discussion, qui s'égare au milieu du bruit et du tumulte, les dix membres suivants sont choisis pour faire partie de la Commission :

MM. Didier, Gridaine, Fanost, Lechêne, Haret, Larible, Crouslé, Coquet, Berruer, Waaser.

Rapport de la Commission des IXᵉ et XVIIIᵉ arrondissements

Le jeudi vingt et un novembre mil huit cent soixante-douze,

Sur la demande de la Compagnie du Chemin de fer Circulaire de la banlieue de Paris,

Et par les soins de M. Arrault, conseiller général du département de la Seine,

A eu lieu une première convocation, boulevard de Clichy, n° 88, lieu dit *la Reine Blanche*, des propriétaires et intéressés des neuvième et dix-huitième arrondissements traversés par la ligne de chemin de fer proposée pour relier Paris au Chemin de fer Circulaire de la banlieue.

Dans une seconde réunion dans le susdit local, et de même à huit heures du soir, le vingt-huit novembre, ont été nommés, pour résumer les opinions et objections sur le projet de la Compagnie, dix commissaires, savoir :

Cinq pour le neuvième arrondissement :

MM. Gridaine, architecte, 3, rue Laval;
 Fanost, architecte, 14, rue Neuve-des-Martyrs;
 Lechêne, sculpteur et propriétaire, 10, rue Say;
 Haret, propriétaire, 16, rue de Bruxelles;
 Didier, ingénieur, 5, rue de Châteaudun.

Cinq pour le dix-huitième arrondissement :

MM. Larible, architecte et propriétaire, 95, rue Blanche ;
    Crouslé, architecte, 5, rue d'Hauteville, représentant divers pro-
        priétaires du dix-huitième arrondissement ;
    Coquet, propriétaire, 112, boulevard Voltaire ;
    Berruer, boulanger, 44, boulevard de Clichy ;
    Waaser, entrepreneur et propriétaire, 70, avenue de Saint-Ouen.

Les commissaires ainsi nommés se sont réunis, à huit heures du soir, le 2 décembre, au domicile de M. Arrault, et, après avoir nommé M. Larible président, et M. Crouslé secrétaire, ont entendu à nouveau les explications déjà fournies aux deux réunions précédentes par M. Brunfaut, ingénieur et représentant de la Compagnie, qui s'est retiré ensuite.

Après quoi les commissaires, suivant l'avis de la majorité et celui exprimé par les personnes présentes aux deux premières réunions, savoir : qu'un chemin de fer établi au milieu du boulevard, séparant les deux arrondissements, soit en tunnel, soit en tranchée, causerait un préjudice très grave aux riverains des deux arrondissements, sans autre avantage qu'une gare avec marché, rue de Maubeuge, et des gares sur le XVIII⁰ arrondissement, mais au *profit réel du XVIII⁰ arrondissement.*

Lesdits commissaires ont formé une sous-Commission, composée des architectes et ingénieurs pour étudier un tracé de ligne de façon à donner satisfaction aux intérêts des deux arrondissements, en leur nuisant le moins possible.

Cette sous-Commission a fixé sa réunion au mercredi 4 décembre, à trois heures, rue Lepic, 11, pour étudier et ensuite présenter son travail à la Commission dont la réunion générale a été aussi fixée au 7 décembre, huit heures du soir, rue Lepic, 11, chez M. Arrault.

Le mercredi 4 décembre, la sous-Commission a étudié et arrêté le contre-projet avec plan et coupe, qui ont été soumis, le 7 décembre, d'abord à la Commission qui l'a accepté à la majorité, et l'a soumis ensuite, pendant la même séance, à l'examen de M. Brunfaut, qui a demandé une nouvelle séance pour le jeudi 12 décembre, pour rendre compte de son examen du projet.

Et dans cette séance du jeudi 12 décembre, la majorité de la Commission n'ayant pu se mettre d'accord avec M. Brunfaut, s'est ajournée au mardi 17 décembre, à huit heures du soir, chez M. Arrault, la sous-Commission devant, le samedi 14 décembre, à huit heures, chez M. Larible, président, compléter et arrêter le procès-verbal de cette enquête officieuse provoquée par la Compagnie du Chemin de fer Circulaire de la banlieue de Paris.

Ce qu'elle a fait comme il suit, pour la majorité de huit membres :

Les riverains du boulevard de Clichy se sont émus du passage d'un chemin de fer dans l'axe de ce boulevard, soit en tranchée, soit en tunnel.

Le passage en tranchée séparerait les deux côtés du boulevard entre chaque rue de traverse, il produirait trépidation pour les deux côtés et dégagement incessant de fumée.

Le passage en tunnel produirait encore la trépidation et la fumée.

L'exécution de l'un ou l'autre système suspendrait les affaires pendant le temps de la construction sur cette voie si importante.

Les riverains du boulevard de Rochechouart, à la suite du boulevard de Clichy, ne sont pas moins inquiets, car le projet indique le prolongement du chemin de fer dans les mêmes conditions jusqu'à La Villette, et l'exécution de ce projet intéresse tous les riverains des boulevards entourant l'ancien Paris.

Car l'exécution du tronçon du boulevard de Clichy par la Compagnie du Chemin de fer de banlieue, dans une portion où les constructions sont déjà en rapport avec l'importance assurée à cette voie entourant l'ancien Paris, trancherait la question entre les projets de chemins de fer sur cette voie e les projets de tramway qui peuvent y rendre les mêmes services, sans présenter les incommodités et les dangers des chemins de fer.

Cette partie du projet doit donc en faire repousser le tracé, non-seulement par les arrondissements consultés, mais par les arrondissements de l'ancienne banlieue limitrophe de l'ancien Paris.

Un autre intérêt moins important, mais cependant respectable, doit être pris en considération.

Un marché a été construit sur la place Saint-Pierre, dans le XVIIIᵉ arrondissement.

La Compagie du Chemin de fer voulant faire de l'emplacement rue Choron, rue de Maubeuge et rue Hippolyte-Lebas, l'embarcadère et un grand marché, *ce marché ruinerait incontestablement celui de la place Saint-Pierre*, qui ne serait pas dans les mêmes conditions d'approvisionnement et ne se trouverait éloigné de l'autre que par une distance d'environ neuf cents mètres.

La majorité n'admet pas l'avantage signalé pour l'exécution du projet de la Compagnie, au point de vue de l'assainissement des localités voisines du cimetière, et pense que cet assainissement devra être cherché par des moyens plus sûrs.

En conséquence, la majorité de la Commission nommée par les IXᵉ et XVIIIᵉ arrondissements, certaine de représenter les intérêts de la grande majorité des propriétaires et intéressés dans ces deux arrondissements, et même de tous les riverains des boulevards annexés, anciens chemins de ronde intérieurs et extérieurs, repousse le projet de la Compagnie et présente le contre-projet ci-annexé en une feuille de plan et une feuille de profil.

Projet qui donnerait satisfaction aux intéressés de même que tout autre qui ne suivrait pas la ligne des susdits boulevards et qui, secondairement, pourrait faciliter l'approvisionnement du marché de la place Saint-Pierre.

Un premier tracé passerait place Saint-Pierre et devant l'église de Notre-Dame de Clignancourt ;

Le second tracé passerait place Saint-Pierre et derrière ladite église.

Le premier aurait environ 367 mètres 50 centimètres de parcours de plus que celui de la Compagnie;

Le second aurait environ 735 mètres de parcours de plus que celui de la Compagnie.

L'un ou l'autre serait évidemment plus coûteux que celui de la Compagnie, mais, dans un avenir prochain, il lui assurerait une recette correspondant au supplément de dépense, puisqu'il reculerait d'environ 1,500 mètres la zone desservie par les stations proposées par la Compagnie. Il servirait ainsi aux voyageurs de la banlieue qui ne pourraient se rendre à la gare de l'Ouest, rue Saint-Lazare, ou aux Batignolles, à la gare du Pont de la rue Cardinet; il aurait chance aussi de desservir des intérêts industriels à créer au nord du XVIII⁰ arrondissement, tandis que le projet de la Compagnie ne servirait qu'aux voyageurs auxquels il offre des gares à 700 mètres de distance de l'une à l'autre, ce qui ne paraît guère praticable.

Les objections au projet de la Commission, faites par M. Brunfaut, ne sont pas absolues, car, de la rue de Maubeuge à la place Saint-Pierre, en montant 11 mètres à la place Maubeuge, au lieu de 8 mètres 66 centimètres, en descendant 9 mètres à la place Saint-Pierre, et avec une pente de 20 millimètres par mètre, on arrive d'un point à l'autre.

On peut même monter moins rue de Maubeuge et descendre moins place Saint-Pierre, en mettant plus de 20 millimètres par mètre sur une longueur de sept cents mètres.

Or, les projets de M. Brunfaut, qui n'admet pour le contre-projet que des pentes de 12 millimètres par mètre, comportent déjà des pentes de 17 millimètres par mètre, avec contre-pente de 15 millimètres par mètre, après un palier de 100 mètres, notamment à la gare de Pantin.

La minorité de deux membres formule son avis comme il suit pour accepter le projet de la Compagnie :

Le tracé proposé par la Compagnie est préférable au contre-projet proposé par la majorité de la Commission.

1° Il utilise une partie des terrains compris dans la zone des cimetières et qui ont peu de valeur.

Les travaux n'offrent pas de grandes difficultés d'exécution.

2° En passant en tranchée et longeant le cimetière du Nord, côté ouest, il activera le renouvellement de l'air et évitera les miasmes délétères qui s'en échappent ;

3° Il desservira un plus grand nombre d'intérêts, la population riveraine des IX⁰, XVII⁰ et XVIII⁰ arrondissements étant très nombreuse sur ce parcours ;

4° Le parcours est moins long que dans le contre-projet ;

5° Les gares projetées sont d'une utilité réelle pour les IX⁰, XVII⁰ et XVIII⁰ arrondissements ;

6° L'objection faite de la perturbation que cela apportera sur les boulevards serait, en effet, très réelle si le chemin passait en tranchée, mais elle n'existe plus si, comme le propose la Compagnie, on passe en tunnel, condition expresse et indispensable pour l'adoption de ce projet.

Clos en la séance du dix-neuf décembre mil huit cent soixante-douze, rue Lepic, n° 11, à midi.

> Signé : LARIBLE ; — G. GRIDAINE ; — COQUET ; — DIDIER ; — HARET ; — Pour M. WAASER absent et par autorisation jointe à l'appui, HARET ; — CROUSLÉ ; — FANOST ; — LECHÈNE ; — BERRUER.

OBSERVATIONS DES INGÉNIEURS

Les ingénieurs de la Compagnie regrettent que l'avis de la minorité de la Commission n'ait pas été entendu.

Deux projets ont été présentés par la Compagnie.

Le premier traversait la butte Montmartre par un souterrain de 1,188 mètres ; mais, sur les représentations des habitants, les ingénieurs reconnurent que le parcours *sous Montmartre* intéressait peu les intérêts du XVIII° arrondissement.

Il est vrai que la station de Clignancourt serait venue, dans l'avenir, apporter la vie à cette partie de Paris ; mais, pour le présent, on ne pouvait sérieusement admettre que, pour prendre le Chemin de fer, les 100,000 habitants de Montmartre seraient contraints de gravir leur haute montagne, de la redescendre et de tourner le dos à Paris.

S'il s'agissait, pour eux, d'aller vers la banlieue, à coup sûr ils ne suivraient pas cette voie, mais ils se dirigeraient soit vers la gare des Martyrs, proposée par la Compagnie, soit vers les anciens Chemins de fer, en prenant les gares des Batignolles ou du Nord.

Ce projet se bornait donc à desservir Clignancourt.

Le second projet présenté est celui qui contourne le cimetière et rejoint la gare des Martyrs au Chemin de fer existant des Docks de Saint-Ouen.

Le trajet est facile, peu coûteux ; il s'établit dans la zone du cimetière, emprunte l'axe des boulevards extérieurs, passe sous des constructions

10

qui ont une grande valeur, de telle sorte que, partout sur son parcours, il évite des difficultés présentées par un coût trop élevé.

La discussion a surtout porté sur le trajet par le boulevard extérieur ; les arguments présentés n'ont eu de valeur réelle que sur la proposition de la Compagnie établissant ses chemins de fer à ciel ouvert, au lieu de les faire passer en souterrains.

Les ingénieurs pensent cependant que la proposition de la Compagnie était la meilleure, en ce sens qu'elle évite au voyageur un trajet souterrain qui n'a rien de bien séduisant; cependant ils n'en ont jamais fait une question *sine qua non*; rien n'est aussi facile, en effet, que de faire passer des trains sous la terre.

La majorité de la Commission prétend qu'il y aurait trépidation, fumée, etc. Ces craintes sont plus chimériques que réelles, et la Commission aurait dû se renfermer dans une discussion portée à un point de vue plus général que celui qui ne touche que le plus ou moins de commodité de quelques habitants.

Une autre objection est présentée. Le passage sur le périmètre du cimetière n'étant pas utile aux habitants du XVIIIᵉ arrondissement, mais pouvant l'être aux populations du XVIIᵉ, ne doit pas être accueilli.

C'est l'éternelle lutte de clocher à clocher qui, cependant ici, n'a pas sa raison d'être, puisque le Chemin de fer, non-seulement animerait cette partie de Montmartre, mais encore ouvrirait une voie de communication qui desservirait toutes les fabriques, tous les entrepôts qui ne tarderont pas à venir se placer sur son parcours.

La majorité de la Commission est revenue à notre premier tracé. — Nous ne pourrions pas la critiquer si elle s'était contentée d'amender le projet, mais, loin de là, elle propose un profil d'une exécution impossible.

Nous en demandons bien pardon aux membres de la Commission, mais comme, parmi eux, ne se trouvait aucune personne familière à ces sortes de travaux, ils ont commis des erreurs telles qu'il serait impossible à un Chemin de fer d'asseoir une station à la place Saint-Pierre.

En conséquence, les ingénieurs de la Compagnie persévèrent dans leurs premières conclusions.

CHAMBRES SYNDICALES

DU

DÉPARTEMENT DE LA SEINE

SÉANCE DU 4 DÉCEMBRE 1872

L'ordre du jour appelant la discussion sur le projet d'un Chemin de fer Circulaire de la banlieue de Paris, M. Brunfaut, ingénieur, a la parole, et il expose :

Que le Conseil général, ayant mis à l'étude plusieurs projets, celui dont les études sont aujourd'hui les plus complètes appartient à l'administration qu'il représente, et qui vient demander pour son travail le concours et les avis du Syndicat général, que le travail contenant les études de profil, après un examen de réunions cantonales, provoquées à cet effet par le Conseil de la Seine, était soumis en ce moment à une Commission préfectorale ;

Que M. Coumes, à la vérité, avait fait cette objection, que le projet ne répondait pas à toutes les exigences du commerce de Paris et des industries de la banlieue, mais que les études étaient aujourd'hui dirigées dans le sens de réaliser la condition capitale d'un branchement où il y aurait 1,000 tonnes à prendre. Car si les très grandes industries prenaient volontiers à leur charge les frais du branchement, pour les groupes d'industries moyennes le branchement devait entrer dans le devis de l'administration.

M. Brunfaut fait observer combien, outre l'intérêt des localités à desservir, le projet sollicite l'attention du commerce parisien, qu'il déchargerait dans une très large mesure des 60 millions de camionnage dont il est grevé aujourd'hui. Le Syndicat des marchands de vins en gros a déjà fait un rapport à ce point de vue. Il suffit d'indiquer, pour en faire comprendre toute l'importance, l'avantage qu'offrirait au commerce de Paris la douane reliée avec toutes les lignes de chemins de fer.

L'intérêt du commerce de Paris prime donc celui de la banlieue elle-même, dit M. Brunfaut, et c'est avec confiance qu'il demande au Syndicat général de nommer dans son sein une Commission pour examiner le projet et lui apporter son concours, après en avoir constaté l'utilité.

M. Duménil, qui préside une des Commissions cantonales, craint des retards apportés par le projet des tramway, qui vient à l'étude parallèlement avec celui de l'administration.

M. Brunfaut croit qu'on se rallie de plus en plus à l'opinion que les railway remplaceront les tramway avec avantage, et que la Commission du Syndicat général aurait surtout l'utilité d'accentuer cette préférence.

M. Mallet voit le plus redoutable obstacle au projet dans l'opposition des Compagnies de chemin de fer; c'est toujours leur intérêt qui domine l'intérêt général. Leur tactique sera probablement de faire revendiquer par l'Etat le Chemin de fer Circulaire, qui alors retomberait entre leurs mains.

M. le directeur croit que, dans l'état de la question, une adhésion au projet est tout ce qu'on peut demander à l'Union nationale.

M. Bresson fait remarquer qu'en effet la Commission à nommer ne pourrait entrer dans les études techniques.

M. Nottelle croit qu'on peut donner à M. Brunfaut une adhésion motivée sur les intérêts du commerce et de l'industrie; et que le rôle de la Commission à nommer est nettement tracé par la recherche des motifs qui, au point de vue de ces intérêts, font donner la préférence au projet soumis au Syndicat général.

L'Assemblée décide la nomination d'une Commission de neuf membres et la compose de MM. Jumelle (Alfred), Ollivier (Louis), Cézard, Schmidt, Duménil, Fontane, Menier, Rault, Nottelle.

Elle se réunira lundi 9 décembre, à 2 heures.

SYNDICAT GÉNÉRAL

DES

CHAMBRES SYNDICALES

SÉANCE DU 18 DÉCEMBRE 1872.

Rapport de la Commission sur le projet d'un Chemin de fer Métropolitain et Circulaire dans la banlieue de Paris.

MESSIEURS,

Dans la séance du 4 décembre dernier, le Syndicat général de l'*Union nationale*, sur une proposition appuyée par plusieurs de ses membres, a nommé une Commission (1) chargée d'étudier le projet d'un Chemin de fer Circulaire dans la banlieue de Paris, et de donner, s'il y avait lieu, une adhésion motivée à ce projet.

Votre Commission, s'inspirant des paroles prononcées à la séance par M. le directeur de l'*Union* et plusieurs membres du Syndicat général, s'est renfermée dans l'examen des intérêts généraux du commerce et de l'industrie parisienne, relatifs à la création d'une voie nouvelle de transport, et vous propose d'approuver les conclusions du rapport qu'elle m'a fait l'honneur de me charger de vous présenter en son nom.

---

(1) Cette Commission, composée de MM. Césard, de la chambre syndicale des loueurs de voitures ; Duménil, chambre des brasseurs ; Fontane, chambre des transports ; A. Jumelle, chambre de la passementerie, mercerie ; Monier, chambre de la chocolaterie, confiserie ; Nottelle, chambre des articles-Paris ; L. Ollivier, chambre des charbons ; Rault, chambre des cotons filés, et Schmidt, chambre des brasseurs, a nommé MM. Duménil, président, et Alfred Jumelle, secrétaire rapporteur.

Tout a été dit, Messieurs, sur les ressources fécondes que donnent à l'industrie les nouvelles voies de transport; sur la nécessité de diminuer l'encombrement de nos gares de marchandises; sur l'opportunité de créer dans Paris des gares nouvelles se reliant à celles des grandes lignes; enfin, sur l'urgence où nous nous trouvons de diminuer nos frais de transport et de camionnage, de perfectionner nos machines et nos outils pour obvier à l'augmentation nécessaire de la main-d'œuvre, en présence de la hausse constante des denrées alimentaires et des autres nécessités de la vie.

Il n'est pas inutile, cependant, de représenter les plus marquantes de ces idées sous les yeux de ceux qui ont intérêt à les connaître; c'est ce que je vais essayer de faire le plus clairement qu'il me sera possible.

Puisqu'il s'agit ici d'un chemin d'intérêt local, je laisserai de côté les premiers établissements de nos chemins de fer, les concessions, subventions, prérogatives de délai accordées à nos grandes Compagnies.

Je n'examinerai pas les bénéfices beaucoup trop élevés, puisqu'ils pèsent sur le commerce en général, que font certaines de nos grandes lignes; l'avantage qu'il y aurait à établir des lignes concurrentielles, de même que les Anglais, qui ont quatre lignes de railway entre Liverpool et Londres, et toutes dans un état prospère.

Je laisserai ces considérations dans l'ombre; il conviendra peut-être un jour de les remettre en lumière; mais, pour le moment, elles s'écarteraient trop du sujet et j'arriverai, par une transition toute naturelle, à la loi de 1865.

Cette loi des chemins de fer d'intérêt local était vivement réclamée et depuis longtemps; ce n'est cependant que sur la pression des vœux de soixante-deux Conseils généraux des départements, qu'elle fut arrachée, pour ainsi dire, au gouvernement impérial. Ne fallait-il pas ménager les intérêts des grandes lignes?

Et pourtant, Messieurs, le Rapport présenté à l'Assemblée législative, au mois de mai 1865, s'exprime d'une façon bien explicite sur notre infériorité manifeste en matière de chemin de fer, ce grand outil national, comme on l'a si justement appelé.

« Si l'on compare, disait le rapporteur, la situation de la France avec « celle des autres états de l'Europe, en prenant pour point de comparaison « la superficie du territoire et la population, on voit que le réseau français, « quant aux lignes concédées, occupe le sixième rang, eu égard à la su- « perficie, et le quatrième, eu égard à la population. Pour les lignes « en exploitation, dans le premier cas, elles n'atteignent que la septième « place et, dans le second, la huitième. »

Un commentateur de ce Rapport ajoute, avec juste raison, selon moi, les lignes suivantes, qu'il est essentiel de faire repasser sous vos yeux, Messieurs, car elles sont une appréciation exacte d'un fait qui se produit chaque jour devant nous :

« En présence de la constatation officielle d'une situation aussi infé-
« rieure, on se demande comment la France, la huitième sur les rangs, a
« pu garder la position qu'elle occupe à la tête des puissances indus-
« trielles.

« C'est, dit le savant commentateur que je cite, que la France a racheté
« cette infériorité de l'outillage national par son génie naturel, par son
« travail manuel, par la modicité des salaires ; et comme une société ne
« dérange jamais impunément l'équilibre des moyens par lesquels elle vit,
« nous sommes conduits à reconnaître dans ce fait une des causes qui con-
« tribuent le plus à augmenter le mécontentement des classes ouvrières,
« qui demandaient et demandent encore, à juste titre, une plus large
« rémunération de leur travail. »

La multiplicité des chemins de fer d'intérêt local, Messieurs, sera,
soyez-en certains, la ressource la plus précieuse de l'outil national des
transports.

Les grandes Compagnies semblent redouter la concurrence que les railway
pourraient faire aux grandes lignes. Erreur profonde ! Semblables à ces cours
d'eau qui alimentent les grands fleuves, ces petites lignes relieront les
communes, les usines, les fabriques, les mines, les carrières, aux grandes
lignes, avec lesquelles elles se souderont. Ainsi, les forces productives,
éparses et disséminées, seront multipliées par la concentration et la facilité
des transports ; ainsi nous cesserons, sur ce point, d'être dans un état manifeste d'infériorité aux pays voisins : à l'Angleterre, à la Belgique, à l'Allemagne.

Il est utile d'examiner, Messieurs, l'origine de ces chemins de fer, dont
les constructions sont intimement liées à l'avenir industriel et commercial
de notre pays. Je le ferai en quelques lignes, afin de ne pas fatiguer votre
attention.

Si l'on avait dû construire, comme autrefois, avec les pentes et les
courbes exigées par la loi de 1842, nul doute qu'il n'eût pas été possible de
faire les petites lignes de railway ; la dépense eût été trop forte en
raison du rendement. Mais ces chemins, construits d'une manière très
économique, existaient déjà depuis longtemps en Écosse, quand le gouvernement se décida, vers la fin de 1860, à envoyer trois ingénieurs français
pour étudier sur place le système suivi dans la construction et l'exploitation de ces railway.

Ces messieurs constatèrent l'absence presque complète de travaux d'art ;
des courbes d'un rayon moins étendu, des pentes et des sinuosités rendant
le trajet plus long, mais infiniment moins dispendieux ; enfin, un ensemble
d'exploitation d'une ingénieuse économie.

Le rapport des ingénieurs français fut concluant, si concluant même
que, lorsque, cinq ans plus tard, le gouvernement promulgait la loi
du 21 mai 1865, sur les chemins de fer d'intérêt local, l'initiative des
particuliers et des Sociétés, n'ayant pas été entravée par l'administration,
avait construit cinq à six petites lignes de chemins de fer dans les bas-

sins houillers du Nord et du Pas-de-Calais, et la ligne de Chauny à Saint-Gobain, dans le département de l'Aisne.

Dans la question spéciale qui nous occupe, Messieurs, votre Commission s'est uniquement arrêtée à trois points principaux qui forment, ainsi que l'a dit un de ses membres les plus autorisés, comme un court questionnaire auquel elle s'est empressée de répondre.

Premier point. — La création d'une voie nouvelle de transport, tramway ou railway, dans la banlieue de Paris, serait-elle utile, indispensable même à l'industrie parisienne ?

Cette question était à peine posée, Messieurs, qu'elle était résolue dans le sens de la plus énergique affirmative.

Qui de nous, en traversant cette nouvelle banlieue parisienne, où se sont transportées nos grandes usines, obligées de fuir devant les exigences de l'octroi, après le décret de 1860, n'a pas été frappé de l'insuffisance des moyens de transport? Quelles mauvaises routes! quand il y a des routes; quelle absence d'entretien des chemins vicinaux! quand il y a des chemins vicinaux; quel encombrement, certains jours et à certaines heures, de tombereaux, de camions, de fardiers et de charrettes! Que d'entraves apportées aux transactions! Quelle perte de temps si précieuse pour l'industrie! Ce désastreux état de choses appelle d'urgence un remède prompt et décisif. Encore une fois, Messieurs, aucun doute à cet égard n'est possible.

L'industrie parisienne réclame depuis longtemps déjà un changement à cette triste situation qui, si elle se prolongeait encore quelques années, compromettrait l'importance de notre commerce sur les marchés que nous occupons dans le monde. Je ne parle pas de ceux où les produits parisiens pourraient lutter avec avantage contre les produits similaires allemands, qui nous écrasent de leur concurrence.

Deuxième point. — Que faut-il préférer, une ligne de tramway ou une ligne de railway?

Assurément les tramway, ou chemins de fer américains, coûteraient beaucoup moins cher à établir, mais rempliraient-ils le but? Non, certainement; car il faudrait peu de temps pour proclamer leur insuffisance.

D'ailleurs, les chemins américains sont bons à placer sur les larges voies ou les voies plus étroites qui ne sont guère fréquentées; en est-il de même sur les chemins ou les routes de la banlieue parisienne? Évidemment non, puisqu'il est démontré qu'il y a manque d'espace pour certains transports encombrants.

Votre Commission, Messieurs, d'accord en cela avec l'opinion générale des commerçants et des industriels, donne la préférence au railway ou chemin de fer d'intérêt local.

Troisième point. — Devons-nous demander ce chemin à l'Etat, aux grandes Compagnies ou a une Compagnie nouvelle qui, selon la loi de 1865, s'établirait avec le concours des départements et des communes ?

Pour l'Etat, Messieurs, nous attendrions trop longtemps. Le gouvernement semble jusqu'ici s'être renfermé dans cette formule : ajournement de toute construction nouvelle de lignes de chemins de fer.

Les grandes Compagnies mettraient aussi fort peu d'empressement à construire une ligne nouvelle, et cela s'explique : au premier aspect, ce railway des communes suburbaines semble faire concurrence au Chemin de fer de Ceinture ; ensuite, il présente des chances aléatoires de succès.

Pourquoi donc les grandes Compagnies, satisfaites de l'état de choses actuel si profitable à leurs intérêts, iraient-elles créer une ligne nouvelle destinée, par une illusion d'optique que nous sommes loin de partager, mais qui existe certainement chez elles, destinée, dis-je, à leur faire concurrence, et dont le profit réel ne leur serait pas parfaitement démontré ? Evidemment, si la concession de cette ligne était faite au profit des grandes lignes qui aboutissent à Paris, les Compagnies ne mettraient pas, à construire le chemin, l'activité que réclame l'industrie et, en outre, ce ne serait pas sans une large subvention de l'Etat.

La Compagnie dont votre Commission doit apprécier la demande de concession, n'exige pas de subvention de l'Etat ; bien mieux, les fonds sont prêts ; ils nous arrivent de l'étranger ; c'est une puissante maison anglaise qui prend en main l'affaire financière, avantage appréciable dans l'état actuel de nos finances, avec l'indemnité énorme que la guerre nous a imposée.

Enfin, avec cette économie de temps si commune chez nos voisins, une armée de terrassiers se développera sur tout le parcours de la ligne nouvelle, aussitôt que la concession sera accordée à la Compagnie qui la sollicite.

Le tracé est étudié. Cinq tronçons, se reliant au Chemin Circulaire, pénètrent dans Paris et, d'un autre côté, le Chemin se soude aux grandes lignes de railway qui aboutissent à la capitale.

Le projet comprend quatre gares nouvelles : place du Château-d'Eau, place des Martyrs, esplanade des Invalides et quai de Montebello. Le cinquième tronçon se soude avec le chemin de Vincennes et lui emprunte la gare de la Bastille, qu'il transforme en gare de marchandises.

Nous insistons particulièrement, Messieurs, sur les avantages·faits à notre industrie parisienne par l'établissement de ces nouvelles gares au centre même de la fabrication.

Plus de ces retards de livraison, si préjudiciables à l'industrie ; on évite même, par le rapprochement de la gare, quelques-unes de ces formalités de douanes si longues à remplir.

Plus de ces transbordements, de ces camionnages à longs trajets, dans lesquels la marchandise fragile, malgré les soins apportés à l'emballage, court des risques si fâcheux.

Économie importante pour le commerce, qui doit ajouter à ses frais généraux près de 60 millions de camionnage dans les gares de petites vitesses.

Enfin, surveillance complète des envois par le garçon de confiance du commerçant ou de l'industriel ; et, conséquence logique de cette amélioration générale, activité plus grande dans les affaires.

Messieurs, le Syndicat général ne doit jamais oublier qu'il est l'expression normale de l'industrie et du commerce parisiens.

Bien des industries, avec l'espace trop limité dans Paris, sont grevées de frais trop importants ; ne pourraient-elles pas se transporter sur les bords de ce Chemin de fer d'une quinzaine de lieues, et s'y développer à l'aise, tout en diminuant leurs frais généraux ?

Et d'autres industries, se reliant d'une manière intime avec le commerce parisien, tels que les fabricants de produits chimiques, les aplatisseurs de corne pour peignes et autres objets de tabletterie, les fabricants de carcasses de poupées et animaux ou jouets en carton, les fabricants de boucles de bretelles et jarretières, et autres articles-Paris ; les fabricants de passementerie pour l'ameublement, la lingerie et la bonneterie de tricots et de filets, etc., etc., qui ont dû transporter leur fabrication dans les départements circonvoisins, ne pourront-ils pas se rapprocher de la grande ville et augmenter leur production par la proximité entre fabricants et acheteurs ?

Le Syndicat général doit suivre avec un profond intérêt le développement de l'industrie parisienne ; tout ce qui peut faciliter ce développement, augmenter la production, assurer de nouvelles transactions et de nouveaux débouchés, doit être encouragé de votre appui, Messieurs, dans le sens libéral et désintéressé qui est votre règle de conduite.

C'est, pénétrée de ces idées, que votre Commission vous propose de voter, si vous les approuvez, les conclusions suivantes :

1° Le Syndicat général, organe de soixante-dix Chambres syndicales de Paris, réclame le prompt établissement d'un chemin de fer d'intérêt local dans le département de la Seine, reliant entre elles les principales communes suburbaines, rattachant cette voie circulaire, en vue du trafic et du transport de marchandises, avec les grandes lignes qui partent de Paris, et mettant en communication avec l'intérieur de Paris tout le réseau extérieur à l'aide de tronçons aboutissant à divers points rapprochés du centre de la ville ;

2° Et, comme moyen d'exécution, le Syndicat recommande au Conseil général de la Seine l'examen des propositions qui ont été faites à ce sujet par la Compagnie du Chemin de fer de la banlieue de Paris.

Le Secrétaire rapporteur,
ALFRED JUMELLE.

Ces conclusions ont été adoptées à l'unanimité.

En conséquence, M. Mallet, membre de l'Union nationale et Conseiller général de la Seine, sera prié de formuler au Conseil général le vœu suivant :

1º Le Syndicat général de l'Union nationale du Commerce et de l'Industrie, organe de soixante-dix Chambres syndicales, réclame le prompt établissement d'un Chemin de fer d'intérêt local dans le département de la Seine, lequel relierait entre elles les principales communes suburbaines, rattacherait cette voie circulaire, en vue du transport des voyageurs et des marchandises, avec les grandes lignes qui partent de Paris et mettrait en communication avec l'intérieur de Paris tout le réseau extérieur, à l'aide de tronçons aboutissant à divers points rapprochés du centre de la ville ;

2º Et, comme moyen d'exécution, le Syndicat général a l'honneur de recommander au Conseil général de la Seine l'examen des propositions qui ont été faites à ce sujet par la Compagnie du Chemin de fer de la banlieue de Paris.

Le Secrétaire rapporteur,

ALFRED JUMELLE,

Négociant, à Paris.

Les conclusions du rapport ci-dessus ont été adoptées à l'unanimité des membres présents à la séance.

RAPPORTS

ET

PROCÈS-VERBAUX

Procès-verbal de la réunion tenue à la mairie de Grenelle-Vaugirard, le 2 novembre 1872.

Ce jour, 2 novembre mil huit cent soixante-douze, à huit heures du soir, sur convocation de MM. Henri-Émile Chevalier, membre du Conseil municipal de Paris et du Conseil général de la Seine, se sont trouvés réunis, dans la salle de la justice de paix de la mairie de Grenelle-Vaugirard, un certain nombre des principaux industriels, commerçants et notables du XVᵉ arrondissement.

MM. Nadaud, Dubief, Vauthier, Marmottan, Cantagrel, membres du Conseil municipal de Paris, convoqués à la présente réunion, ont fait connaître, par lettre, à M. H.-E. Chevalier qu'ils se trouvaient, à regret, empêchés d'y assister, en lui exprimant l'intérêt qu'ils portent à la réalisation du projet, objet de la réunion.

M. H.-Émile Chevalier préside la séance; il invite l'assemblée à choisir un secrétaire, et celle-ci choisit unanimement M. Chenu, l'un des administrateurs de la Société Cail et Cᵉ, lequel prend place au bureau.

M. le comte de Vauvineux, président du Conseil d'administration de la Compagnie du Chemin de fer Circulaire de la banlieue de Paris, ainsi que M. J. Brunfaut, ingénieur de la même Compagnie, sont également invités par M. H.-E. Chevalier à prendre place au bureau.

M. H.-Émile Chevalier ouvre la séance, en commençant par rappeler le

Légende

Champ de Mars

GRENELLE

SEINE   Fleuve

but de la réunion, sommairement exposé, du reste, dans les lettres de convocation.

Dans sa séance du 25 octobre dernier, le Conseil général de la Seine a pris une délibération ayant pour objet de faire procéder à des études complètes pour arriver à la réalisation d'un Chemin de fer Circulaire départemental dans la banlieue de Paris, sur le projet déposé par M. Lesage, un des membres du Conseil.

Ce projet n'est autre que celui déjà élaboré et préparé sur les vœux des populations, consultées en diverses réunions par la Compagnie dite du Chemin de fer Circulaire de la banlieue, dont le président, M. le comte de Vauvineux, et M. l'ingénieur Brunfaut font partie du bureau de la présente réunion.

Ce projet, dans une de ses dispositions principales pour entrer dans Paris, comporte un embranchement qui, partant du Bas-Meudon, doit remonter la rive gauche de la Seine en longeant les ports de Javel et Grenelle, avec gares et station à Javel, au Champ-de-Mars, et gare d'arrivée à l'esplanade des Invalides.

Le simple exposé de ce tracé suffit pour faire comprendre l'intérêt majeur qui s'attache à la réalisation de ce projet pour les quartiers de Grenelle et Javel, jusqu'ici si défavorisés et pour ainsi dire déshérités de moyens de communication en rapport avec l'importance et le mouvement considérable de ce groupe industriel et commercial.

La réunion, convoquée ce jour, a donc pour objet, en rentrant dans les vues de la délibération du Conseil général de la Seine, de confirmer à la fois l'utilité absolue d'un Chemin de fer Circulaire de la banlieue de Paris, avec embranchement sur Javel et Grenelle, mais aussi, comme voies et moyens destinés à faciliter les études et l'enquête décidées par le Conseil général, de nommer une Commission technique de sept membres, chargée d'examiner tout spécialement le projet d'embranchement susindiqué.

Après cet exposé, M. le président invite M. Jules Brunfaut à fournir à la réunion quelques explications sur le projet et le tracé en question.

M. Brunfaut entre, en conséquence, dans différents détails, tant sur les services que peut rendre, à un point de vue général, le Chemin de fer Circulaire de la banlieue de Paris, étudié par la Compagnie, de façon à répondre aux besoins de la capitale aussi bien qu'à ceux de la banlieue, mais aussi particulièrement sur les avantages des plus sérieux que doit offrir au XVe arrondissement tout entier l'embranchement qui doit le desservir et donner à ses nombreux établissements industriels des facilités de raccordement avec une voie ferrée doublant une voie d'eau. Il termine en exprimant le désir de voir se former au plus tôt une Commission technique du XVe arrondissement, avec laquelle sa Compagnie sera heureuse de reprendre et de suivre l'examen de l'embranchement intéressant spécialement cet arrondissement.

Au sujet de la composition de cette Commission, qui n'aurait pas seulement à comprendre des membres exclusivement techniques en matière de chemins de fer, mais aussi se trouvant à même, par leur position et leurs connaissances, d'apprécier le tracé et ses profils au point de vue des intérêts locaux, intimement liés à la question technique. Puis, au sujet du mode de procéder pour arriver à la formation de cette Commission avec la réflexion et la maturité désirables, diverses explications sont successivement présentées à la réunion par M. Chenu, M. Lesage, membre du Conseil municipal de Paris, auteur du rapport au Conseil général de la Seine, et M. Maublanc, membre du même Conseil.

M. le Président résume ces diverses observations, en faisant remarquer toutefois, en réponse à celles présentées par M. Maublanc, qu'il ne serait pas d'avis que les quartiers de Grenelle et de Javel, qui paraissent plus directement intéressés au projet, s'occupassent seuls de l'examen et des études à faire ; que le XV° arrondissement tout entier est intéressé dans la question, attendu que le passage d'une grande voie de communication et d'un grand débouché, comme celui du chemin de fer, n'apporte pas seulement ses effets bienfaisants aux riverains seuls, mais à toute la région qui, comme cela a lieu pour notre arrondissement, s'y rattache par des voies affluentes, lesquelles elles-mêmes, ainsi que l'a fait remarquer un des membres de la réunion, peuvent, jusqu'à un certain point, devenir par des tramway des rayonnements de la voie ferrée à l'intérieur.

Par ces considérations de solidarisation des intérêts de l'arrondissement, M. le Président exprime le désir que la Commission des sept membres comprenne aussi bien des représentants des quartiers de Necker et de Saint-Lambert, que de ceux de Grenelle et de Javel. Ce à quoi, du reste, M. Maublanc, par de nouvelles explications, déclare se rallier, et être tout disposé à prêter personnellement son concours.

M. le comte de Vauvineux, président de la Société, demande à ajouter quelques mots :

« La partie technique du chemin de fer, dit M. de Vauvineux, appartient à notre ingénieur, secondé par les industriels et manufacturiers de cet arrondissement, ainsi que par M. Coumes, inspecteur général des ponts et chaussées, qui a bien voulu faire partie de la Société dont j'ai l'honneur d'être président. Je ne vous parlerai donc pas de ce côté spécial du chemin de fer, mais bien de la partie administrative.

« J'ai eu l'honneur de dire à M. le Préfet de la Seine que notre Société était prête, que les cent millions nécessaires à l'accomplissement de notre œuvre étaient à notre disposition, et que s'il le voulait, non-seulement nous donnerions satisfaction à l'industrie parisienne, mais encore nous pourrions assurer un travail immédiat aux classes nécessiteuses, pour lesquelles l'hiver est une morte-saison bien dure à passer. »

Passant alors au résumé des délibérations à prendre par la réunion, M. H.-Emile Chevalier soumet au vote :

1° L'utilité absolue d'un Chemin de fer Circulaire de la banlieue, et principalement l'embranchement suivant la rive gauche servant les ports de Javel et de Grenelle, et aboutissant aux Invalides ;

2° La nomination d'une Commission provisoire chargée de présenter à une prochaine réunion les noms des personnes capables de faire partie de la Commission technique de sept membres et disposées à accepter cette mission.

Le premier point, soumis au vote de l'assemblée est approuvé à l'unanimité.

Le second, également approuvé, donne lieu à la désignation de MM. Prieur, Chenu, Kahn et Turpin, pour rechercher et présenter à une prochaine réunion les personnes qui pourraient former la Commission définitive d'examen du projet d'embranchement au point de vue technique, associé à l'intérêt local.

A la suite de ces votes, M. le Président propose l'ajournement de la réunion au jeudi soir 7 courant, dans le même local, ce qui est accepté à l'unanimité.

M. H.-Emile Chevalier veut bien se charger de renouveler, en conséquence, les avis et convocations pour cette réunion, et lève la séance à dix heures et demie.

Ont signé :

H.-E. CHEVALIER, *Président;* — A. CHENU, *Secrétaire;* — PRIEUR ; — A. LATRY ; — MAURICE KAHN ; — DUPIN.

Procès-verbal de la séance du 7 novembre 1872, tenue à la mairie de Grenelle, sous la présidence de M. Emile Chevalier, Conseiller général de la Seine.

M. Chenu, secrétaire, donne lecture du procès-verbal de la dernière réunion.

M. le Président demande si personne, dans l'assistance, n'a d'observations à faire sur ce procès-verbal.

Un membre, M. Retaut, associé de la maison Legendre, se plaint de n'avoir pas été convoqué. Plusieurs autres habitants de l'arrondissement, tous intéressés au chemin de fer projeté, se trouvent dans le même cas que lui. S'il est venu à cette réunion, c'est sans lettre de convocation.

M. le Président regrette de n'avoir pas pu faire mieux. Il avait prié M. le Maire de remettre une liste des notables négociants et industriels ; c'est un oubli fâcheux dont il ne peut être responsable. Il le déplore d'autant plus qu'il n'a provoqué ces réunions que dans le but d'être éclairé.

Il veut la discussion la plus libre, la plus nette, et de cette discussion jailliront les conséquences qu'il défendra devant le Conseil général, dans la session extraordinaire du mois de décembre prochain.

D'autres observations ne se produisant pas, M. le Président met aux voix le procès-verbal, qui est adopté à l'unanimité.

M. le Président résume ce qui a été fait à la dernière réunion. « Pour tous ceux d'entre vous qui n'y assistaient pas, je répéterai ce que « j'y ai dit. » Et, dans une allocution maintes fois interrompue par des signes d'approbation, il montre l'état d'abandon dans lequel est toujours restée cette partie de Paris, qui s'appelle Grenelle, Javel, Vaugirard, ce centre de travail et d'activité, qui est privé de communications.

Aujourd'hui, une Compagnie s'est présentée : elle a été accueillie par toute les municipalités suburbaines, accueillie par le Conseil général, renvoyée à l'étude de l'autorité préfectorale. Nous devons, à notre tour, nous en occuper, puisque le projet de cette Compagnie vient mettre un terme à l'état d'isolement dont nous nous plaignons à si juste titre.

« Vous êtes convoqués ici, Messieurs, pour nommer une Commission « qui étudiera cette question et fera un rapport. Cette Commission aura « pour objet de recueillir vos observations, de rédiger le rapport, que je « me charge de soutenir devant qui de droit.

« Avant de procéder à la nomination de cette Commission, j'invite les « personnes présentes à demander la parole, si elles désirent discuter le « projet ou présenter quelques observations de nature à éclairer l'as- « semblée. »

M. Thomas, conseiller général, demande quelques instants d'attention.

M. Thomas commence par rappeler qu'il a toujours été le plus chaud partisan de toutes les mesures propres à faire cesser l'état d'infériorité dans lequel se trouve notre arrondissement.

Partout où il en a trouvé l'occasion, il a pris à cœur les intérêts de l'arrondissement, partout il a fait ce que tente de faire son honorable collègue, M. H.-E. Chevalier; mais, dans cette circonstance, il se croit obligé de combattre ce que l'on vient proposer, parce que telle est son opinion et sa conviction personnelles.

Il croit que ce que le Conseil général a voté à l'unanimité, ce n'est pas, à proprement parler, le chemin de fer qui est proposé par M. Brunfaut, c'est seulement un crédit de 40,000 fr. pour étudier un chemin de fer reliant entre elles les voies ferrées desservant Paris.

Telle est l'expression de son vote, et il croit devoir dire la pensée du Conseil. Il est d'autant plus certain de ce qu'il avance, qu'il était membre de la Commission, auteur de cette proposition.

Le Chemin de fer Circulaire de la banlieue de Paris n'a aucune chance d'être jamais exécuté. Il a contre lui l'administration préfectorale et l'Etat.

L'Etat ne saurait tolérer l'exécution d'un pareil projet; il a à défendre ses intérêts, et chacun sait que s'il permettait une concurrence aux chemins de fer dont il a garanti la vie, il se ferait tort à lui-même.

C'est un chemin de fer chimérique à tous les points de vue; il ne se raccorde même pas au chemin de fer de Ceinture, le seul chemin dont nous ayons réellement besoin. Il veut traverser tous nos environs, ne s'occupant pas des montagnes à franchir, ce qui rend son établissement impossible comme construction, impossible comme installation; c'est une œuvre qui a surgi tout à coup sans fondation sérieuse, et à laquelle il n'y a lieu d'accorder aucune espèce de concours.

Ce qu'il faut faire, c'est s'appuyer sur l'Administration, lui réclamer la gare de Javel, depuis longtemps promise; en agissant ainsi, on arrivera à des résultats certains, tandis qu'en faisant ce que nous demande notre honorable Président, nous n'obtiendrons absolument rien.

Quant à ces délibérations des communes dont on parle tant, chacun sait comment elles s'obtiennent. Le trafic est nul. Qui donc a besoin d'aller d'une commune à l'autre?

M. Thomas termine enfin en répétant que rien n'est pratique dans ce projet, qu'il ne faut pas s'en occuper, que, ce qu'il faut faire, c'est de rechercher et solliciter l'aide et le concours de M. le Préfet pour l'exécution de la gare de Javel, avec chemin de fer reliant les ports de Grenelle et Javel à la Ceinture. Voilà la seule voie, la seule solution. Quant au Chemin de fer Circulaire, il le repousse complétement.

M. Brunfaut, ingénieur de la Compagnie, demande la parole, qui lui est accordée.

« Je n'ai pas à venir réfuter les paroles de M. le conseiller général en ce
« qui concerne la rentrée dans Paris par le quai de Grenelle. J'empiéterais,
« en le faisant, sur le rôle réservé à la Commission dont nous sollicitons
« auprès de vous la nomination.

« Cette Commission appréciera cette partie du tracé, elle verra si ce
« chemin de fer est ou non utile aux intérêts de l'arrondissement. Nous
« souscrivons d'avance au verdict qu'elle rendra, et prenons volontiers
« l'engagement de renoncer à cette partie de notre projet, si son inutilité
« est reconnue.

« Mais si le contraire est acquis, si la Commission voit, comme nous, un
« avantage réel dans la création de cette ligne, longeant la Seine, vous
« nous permettrez d'être fier de notre travail, et de regarder comme lettre
« morte les critiques que vous venez d'entendre.

« S'il ne m'appartient pas de suivre mon honorable contradicteur sur ce
« point spécial, il me permettra cependant de relever la partie de son dis-
« cours qui traite notre projet d'œuvre chimérique, regrettant que le prési-
« dent de notre Société ne soit pas présent à cette réunion, car c'est à lui,
« bien mieux qu'à moi, qu'appartient le devoir de rectifier une appréciation
« aussi mal fondée.

« Chimérique, dites-vous, Monsieur? Mais, en parlant ainsi, vous ne
« vous apercevez pas, sans doute, que vous frappez d'un brevet d'incapacité,
« non-seulement les ingénieurs qui ont consacré leurs veilles à l'étude de
« ce projet, ingénieurs à la tête desquels nous comptons un inspecteur gé-

11

« néral des ponts et chaussées, mais encore tous les maires et conseillers
« municipaux du département de la Seine, tous vos honorables collègues
« du Conseil général, qui ont voté le renvoi du projet devant une Commis-
« sion d'étude, et enfin les conseillers généraux qui ont bien voulu réunir
« les maires, présider les Commissions chargées d'étudier, de discuter et
« de se prononcer sur..... cette chimère ?

« Permettez-moi, Messieurs, d'avoir meilleure opinion du Chemin de fer
« Circulaire de la banlieue de Paris. Loin de moi la prétention de le croire
« au-dessus des critiques, de le croire parfait dans ses détails, mais où
« j'ai la persuasion de ne rencontrer que l'unanimité des suffrages, c'est
« dans l'ensemble même du projet, dans son utilité.

« Examinez le tracé, vient de nous dire l'honorable M. Thomas, et vous
« reconnaîtrez qu'il ne se relie avec aucun des chemins de fer desservant
« Paris; qu'il se borne à parcourir la banlieue, négligeant même de s'unir
« au chemin de fer de Ceinture.

« Messieurs, notre administration n'a reculé devant aucune dépense ;
« elle a fait tirer à un nombre relativement considérable les plans, les
« projets, le tracé d'ensemble, le Mémoire explicatif, en un mot, tout ce
« qui pouvait aider à rendre notre projet appréciable par tous.

« Chaque membre du Conseil général ayant reçu à domicile les divers
« documents que je viens d'énumérer, je crains que, par suite d'un oubli
« regrettable, le nom de l'honorable M. Thomas n'ait échappé à nos distri-
« buteurs.

« Comment expliquerai-je, en effet, l'assertion que vous venez d'enten-
« dre, alors qu'il suffit d'un examen, même superficiel, pour se convaincre
« que, non-seulement notre tracé vient s'unir au chemin de fer de Ceinture,
« partout où notre projet vient rencontrer ses rails, mais encore qu'il s'em-
« branche avec toutes les lignes *sans exception* ?

« Certes, s'il en était ainsi, si notre voie se bornait à relier les com-
« munes suburbaines, passant au-dessus ou au-dessous des grandes lignes
« s'opposant à son passage, sans s'occuper d'elles, sans s'y unir, nous con-
« venons que son utilité cesserait d'être aussi évidemment évidente; mais
« c'est le contraire qui a lieu; les points d'attache, les embranchements
« se succèdent tout le long de son trajet, qui s'étend sur 87 kilomètres de
« longueur et qui ne laisse pas une voie ferrée, de la plus grande jus-
« qu'à la plus petite, sans venir lui apporter et lui demander son con-
« cours.

« Il me serait pénible de penser que mon honorable contradicteur a lu
« notre Mémoire, qu'il a étudié nos plans; je crois, au contraire, ferme-
« ment que, par suite d'une erreur infiniment regrettable, son nom aura
« été oublié.

« Messieurs, notre projet n'est pas d'hier ; vous n'êtes pas en présence
« d'une idée primesautière, éclose tout à coup. Depuis 1868, bien des
« esprits, bien des talents, et des plus autorisés, se sont penchés sur cette
« œuvre, que les moins indulgents qualifiaient de hardie ; aucun d'eux,

« jusqu'à présent, ne l'avait jugée aussi sévèrement, j'allais dire aussi
« légèrement.

« Ne vous y trompez pas, Messieurs, l'opposition préfectorale ne s'adresse
« pas à l'œuvre elle-même, à son utilité, qu'elle est la première à recon-
« naître, puisqu'elle propose un chemin de fer reliant Pantin à Neuilly,
« chemin qui serait l'amorce d'une voie circulaire à créer plus tard. Non,
« Messieurs, cette opposition a sa source dans des questions appartenant
« purement à des considérations financières, dont la solution sera présentée
« par la Compagnie que j'ai l'honneur de représenter auprès de vous. »

M. le Président s'étonne des critiques de son honorable collègue. Il est
fâcheux, dit-il, qu'elles ne se soient pas produites dans le cours de la discussion du Conseil général, elles auraient pu alors être appréciées. Quant
à lui, il déclare que ces critiques n'ont en rien ébranlé ses convictions, et
il prie l'assemblée de nommer les membres de la Commission.

M. Latry demande à ajouter quelques mots pour répondre aux observations de M. Léon Thomas.

M. Léon Thomas a combattu le projet du Chemin de fer Circulaire de la
banlieue, en représentant particulièrement que ce chemin ne rapporterait
rien à la Compagnie qui le créerait, en supposant même cette Compagnie
capable de faire le capital nécessaire, ce à quoi il ne croit pas.

M. Latry fait observer que là n'est pas la question, au point de vue pratique des intérêts du XVᵉ arrondissement, point de vue pratique auquel,
avant tout, il s'agit de se placer ici. Sur cette base, la question est celle-ci :
Un chemin de fer desservant les ports de Grenelle et Javel, raccordé avec
un chemin général, le reliant à toutes les grandes lignes partant de Paris,
est-il, oui ou non, utile, nécessaire, indispensable même à la grosse cité
industrielle que représente le XVᵉ arrondissement? Oui certes ; oui, tout le
monde en est d'accord, même M. Léon Thomas. Eh bien ! que la Compagnie, quelle qu'elle soit, qui s'offre à créer cet important débouché à l'arrondissement, tire de son exploitation de plus ou moins gros revenus,
qu'elle y ait même des pertes (ce que M. Thomas suppose bien gratui-
tement, car, si cette certitude de perte était si bien démontrée, la Compagnie ne trouverait pas à se fonder, et il n'y a pas besoin de la combattre),
mais enfin, supposons même qu'après son chemin créé, la Compagnie se
trouve en perte : voilà le pire. Eh bien ! on sait parfaitement que le chemin
de fer n'en reste pas moins, et que la perte qui atteint le premier capital
de création n'amène pas la suppression d'un chemin, qui reste, et souvent
même, par les développements de l'avenir, revient à bien. Beaucoup de
nos chemins, et des plus grands et des meilleurs aujourd'hui, ont passé par
ces épreuves.

Il n'y a donc pas à hésiter à rechercher une solution, réclamant un besoin si indispensable depuis si longtemps et si vainement réclamé près
des administrations, dont M. Léon Thomas, pour toute solution, nous
annonce les bonnes intentions, si souvent annoncées déjà et toujours res-
tées stériles. Et puis, en supposant aujourd'hui ces bonnes intentions dou-

blées d'activité, jusqu'où M. Thomas nous les montre-t-il disposées à aller?
Jusqu'à une gare de Javel et un raccordement à la Ceinture intérieure,
c'est-à-dire jusqu'à une impasse, un cul-de-sac, puisque tout cela aboutit
à un chemin, la Ceinture intérieure, qui maintient et ne dissimule pas
qu'elle veut conserver son tarif à un taux complétement prohibitif pour les
marchandises.

La réalisation pratique, complète, la plus immédiate est donc celle que
nous devons poursuivre ; il n'y a donc pas à hésiter de donner suite à l'examen et à l'étude du projet.

Ces observations sont accueillies favorablement par toute l'assemblée, et
personne n'y donne réplique.

M. le Président met aux voix les noms des membres proposés par la
Commission provisoire, nommée à la dernière séance, dans le but de
rechercher les personnes disposées à faire partie de la Commission technique qui sera chargée d'examiner les projets.

Les personnes proposées sont :

MM. Douliot, ingénieur de la maison Cail et Cᵉ ;
    Prieur, architecte ;
    Chevalier, de la maison Chevalier et Cheylus, constructeurs de
       wagons ;
    Latry, industriel, rue du Théâtre ;
    Kahn,   —   15, quai de Javel ;
    Dupin, propriétaire, quai de Javel ;
    Edoux, constructeur-mécanicien, rue Lecourbe.

Ces noms sont successivement mis aux voix et adoptés à l'unanimité.

M. le Président, avant de clore la séance, demande que la Commission
technique qui vient d'être nommée, entre de suite en fonctions, et arrête
dès à présent le jour de sa première réunion.

Ce jour est fixé au lundi suivant, à deux heures de l'après-midi, chez
MM. Cail et Cᵉ, qui consentent à lui prêter un local de réunion dans un
de leurs bureaux.

Les questions à l'examen et à la décision de l'assemblée étant épuisées,
la séance est levée à 10 heures du soir.

Ont signé :

H.-E. CHEVALIER, président; — A. CHENU, secrétaire;
PRIEUR; — DUPIN; — LATRY; — MAURICE KAHN.

COMMISSION TECHNIQUE DU XV° ARRONDISSEMENT

NOMMÉE PAR L'ASSEMBLÉE DU 7 NOVEMBRE 1872, POUR L'EXAMEN ET L'ÉTUDE DES PROJETS DE CHEMINS DE FER DEVANT SE RELIER A UN CHEMIN DE FER CIRCULAIRE DE LA BANLIEUE DE PARIS.

1re *Séance, du 12 novembre* 1872.

Sont présents :

M. H.-Emile Chevalier, membre du Conseil municipal de Paris et du Conseil général de la Seine, à qui est remise la présidence ;
MM. Prieur, architecte ;
Chenu, en l'absence de M. Douliot ;
Latry, industriel ;
Kahn, industriel ;
Dupin, propriétaire ;
Chevalier, de la maison Chevalier et Cheylus,
Composant la Commission technique ci-dessus désignée.
M. Edoux, industriel, est absent.
M. Coumes, inspecteur général des ponts et chaussées, ingénieur en chef de la Compagnie du Chemin de fer Circulaire de la banlieue de Paris, et M. Brunfaut, ingénieur de la même Compagnie, assistent à la séance.
Ces messieurs remettent à la Commission les plans suivants des projets étudiés par eux, savoir :
Un plan du XV° arrondissement, sur lequel figure le tracé de l'embranchement projeté de leur chemin, du Point-du-Jour aux Invalides ;
Un tracé en plan dudit embranchement des Invalides, à sa jonction avec le Chemin Circulaire de la banlieue ;
Un profil en long de cet embranchement ;
Un cahier de profils en travers du même embranchement.
M. Chenu dépose également aux mains de la Commission une liasse des plans, étudiés par la maison Cail et Cᵉ, pour l'établissement d'un Chemin de fer latéral des ports de Grenelle et Javel, du Champ-de-Mars à la gare projetée à Javel, se reliant à la Ceinture intérieure de Paris, études faites à l'occasion du projet, antérieurement poursuivi par les industriels de Grenelle et Javel, d'une gare de jonction à Javel, avec Chemin latéral des ports susdits.
M. Chenu donne connaissance à la Commission de la visite faite la veille par M. le Préfet sur le terrain même des ports de Grenelle et Javel, en compagnie de M. Thomas, membre du Conseil municipal, de MM. Cheva-

, lier-Cheylus, et de lui, M. Chenu, pour se rendre compte des travaux demandés pour relier les ports à la gare de Javel.

M. H.-E: Chevalier, président, communique, de son côté, qu'il a vu M. le Ministre de l'intérieur au sujet des projets en question, et que M. le Ministre lui a fait connaître qu'il était disposé à le recevoir, accompagné d'une délégation de la Commission technique du XV° arrondissement, aussitôt que les premières séances importantes de la Chambre seraient passées, c'est-à-dire dans le courant de la semaine prochaine.

MM. les membres de la Commission passent ensuite à un examen sommaire, à un premier coup d'œil sur les plans qui viennent de leur être déposés. Ils reconnaissent que, sur les projets de M. Brunfaut, le passage du Chemin de fer à Javel, sur le quai de promenade, leur paraît à modifier; que, sur le tracé en plan de MM. Cail et C°, il y aurait lieu de tenir compte, près du pont de Grenelle à Javel, du port de tirage des bois en grume, qui y existe actuellement.

Enfin, avant d'entrer dans un examen plus approfondi, la Commission charge MM. Cail et C° de compléter le tracé à grande échelle établi par eux, en indiquant les principales usines faisant face au Chemin, et au droit de quelques-unes des principales, ainsi qu'en face des voies publiques aboutissant aux ports, en établissant des profils en travers, permettant d'apprécier les facilités d'accès et de raccordement.

MM. Cail et C°, par l'organe de M. Chenu, acceptent cette mission.

Les questions se trouvant épuisées pour le moment, la séance est levée à quatre heures et demie, et la Commission s'ajourne au lundi suivant, 18 courant, pour la suite de ses opérations.

Ont signé :

Le Président de la Commission,
H.-EMILE CHEVALIER.

A. CHENU, *secrétaire*; — DUPIN; — MAURICE KAHN; — A. LATRY; — E. CHEVALIER; — A. PRIEUR.

COMMISSION TECHNIQUE DU XV° ARRONDISSEMENT

2° *Séance, du* 18 *novembre* 1872

Sont présents :

MM. H.-E. Chevalier, membre du Conseil général de la Seine, Président ;
Latry ;
Chevalier, de la maison Chevalier et Cheylus ;
Dupin ;
Edoux ;
Prieur.

MM. Coumes et Brunfaut, ingénieurs de la Compagnie du Chemin de fer Circulaire de la banlieue de Paris, assistent à la séance.

M. le Président commence par faire donner lecture des procès-verbaux, mis au net, des réunions tenues à la mairie du XV° arrondissement les 2 et 7 du présent mois. Ces procès-verbaux approuvés sont signés des membres de la Commission.

M. le Président propose qu'il soit fait une visite à M. le Ministre de l'intérieur, près duquel il offre d'introduire ceux de MM. les membres de la Commission qui seraient délégués à cet effet. On s'assurerait ainsi des dispositions du Ministre à l'égard des projets à l'étude.

Cette visite pourrait avoir lieu le 27 courant ; on partirait pour Versailles par le train de sept heures du matin ; rendez-vous aurait lieu à la gare Montparnasse.

Reprenant l'examen du tracé du Chemin de fer d'embranchement des ports de Javel et de Grenelle sur une vue en plan à grande échelle, préparée par MM. Cail et Cᵉ, suivant ce qui avait été décidé à la séance précédente, la Commission confirme la nécessité d'un accès réservé au port de tirage des bois, à Javel, et approuve l'ouverture d'un viaduc de 12 mètres, figuré à cet effet sur le plan susdit.

La Commission approuve également la disposition d'une voie d'évitement ou de garage avec aiguillage, la raccordant à la double voie de l'embranchement ; cette voie de garage devant servir à recevoir les wagons des usines et établissements riverains, raccordés avec elle par des voies ferrées particulières, et à préparer les expéditions ou la réception des arrivages pour ces établissements. Cette voie devra être disposée de façon à laisser, en deçà et au delà, des espaces nécessaires aux dépôts momentanés des marchandises sur le port.

Enfin, la Commission est d'avis que le raccordement du chemin des ports avec la Ceinture intérieure ait lieu par une rampe ménagée de manière à atteindre le point le plus rapproché possible de la station actuelle de voyageurs de Grenelle, laquelle devra être maintenue au point où elle existe maintenant.

Ces dispositions vont être définitivement tracées sur le plan, établi par MM. Cail et Cᵉ, qui feront faire un calque sur toile, pour être au besoin communiqué et déposé au Ministre de l'intérieur, lors de la visite que la Commission se propose de lui faire.

La Commission se sépare à cinq heures, en s'ajournant au 22 courant.

Et ont, MM. le Présidents et membres de la Commission, signé le présent procès-verbal :

H.-E. Chevalier; — Latry; — Edoux;
— Prieur; — Chevalier; — Dupin.

COMMISSION TECHNIQUE DU XVᵉ ARRONDISSEMENT

3ᵉ Séance, du 22 novembre 1872.

Sont présents :

MM. Chevalier, de la maison Chevalier et Cheylus,
Edoux;
Prieur;
Dupin;
Chenu.

M. Brunfaut, ingénieur, assiste à la séance.

M. H.-E. Chevalier, président, membre du Conseil général, a fait connaître qu'il se trouvait empêché d'assister à la séance, ayant dû se rendre en province pour y présider un concours hippique.

En son absence, et dans l'ignorance où sont les membres de la Commission à l'égard de la réalisation de la visite projetée à M. le Ministre de l'intérieur, avec l'introduction par M. H.-E. Chevalier, la Commission est d'avis que le voyage du 27 courant devra être ajourné jusqu'à nouvelle entente à cet égard.

M. Chenu présente ensuite à la Commission le plan du chemin de fer des ports de Javel et de Grenelle, avec les dispositions arrêtées à la dernière séance.

La Commission charge MM. Cail et Cᵉ de continuer la mise au net de ce tracé et l'établissement de quelques profils en travers sur les ports, avec calques sur toile pour les communications à faire au besoin.

La Commission se sépare à 4 heures, en s'ajournant au 4 décembre suivant.

Et ont, MM. les présidents et membres de la Commission, signé le procès-verbal :

LATRY; — CHEVALIER; — EDOUX; — DUPIN; — CHENU.

COMMISSION TECHNIQUE DU XVe ARRONDISSEMENT

4e *Séance, du 4 décembre* 1872.

Sont présents :

MM. H.-E. Chevalier, membre du Conseil général de la Seine, président ;
Latry;
Chevalier (de la maison Chevalier et Cheylus) ;
Dupin;
Edoux;
Kahn;
Prieur;
Chenu, secrétaire.
M. Brunfaut, ingénieur, assiste à la séance.

Il est d'abord donné lecture des minutes des procès-verbaux des séances précédentes, non encore mis au net; ces procès-verbaux, approuvés, seront régularisés et soumis à la signature des membres de la Commission, à la séance suivante.

M. Chenu communique ensuite les plans originaux et calqués du tracé définitif (vue en plan) du chemin de fer entre le Point-du-Jour et le Champ-de-Mars, ainsi que cinq profils en travers.

M. Chenu donne également connaissance des démarches faites par lui en compagnie de M. F. Dehaynin et de M. Léon Thomas, sur l'invitation de ce dernier, près de M. Piérard, directeur de la Compagnie du chemin de fer de l'Ouest. M. Piérard s'est montré tout disposé à accueillir les modifications qui pourraient être présentées à ses plans de la gare de Javel, suivant les convenances des localités; mais, quant à l'exécution, tant de ces travaux de gare que de tous autres en prolongement d'une voie ferrée sur les ports, il a été nettement déclaré que, dans la situation actuelle de ses ressources et de son découvert énorme avec l'Etat, sa Compagnie ne pouvait s'engager pour le moment à aucune exécution de ces travaux.

M. Brunfant, sur la demande qu'il en fait à M. le Président, prend la parole pour émettre le désir que la Commission ne borne pas son examen et son avis à la partie du chemin de fer des ports de Grenelle et de Javel, comprise entre le Point-du-Jour et le Champ-de-Mars, mais se prononce également sur le prolongement à travers le Champ-de-Mars et les quais jusqu'à l'esplanade des Invalides.

Quelques membres de la Commission font observer que cette étude, qui présente des difficultés plus grandes que celles de la section du Point-du-Jour au Champ-de-Mars et nécessiterait, pour être bien faite, des travaux peut-être bien longs, sort d'ailleurs du XVᵉ arrondissement, et que la Commission pourrait même, en traitant la question technique, ne pas l'adapter convenablement aux besoins des quartiers à desservir; que, dans cette situation, la Commission technique du XVᵉ arrondissement aurait seulement à émettre un vœu en faveur de ce prolongement, qui, évidemment, est on ne peut plus désirable dans l'intérêt même, non-seulement des relations de ces quartiers avec l'extérieur de Paris, mais encore des relations de ces quartiers entre eux.

M. le Président propose à cette occasion d'introduire, à la prochaine séance de la Commission, M. Frébault, son collègue au Conseil général de la Seine pour le Gros-Caillou, ce qui est bien volontiers accepté.

M. Edoux demande à faire une observation au sujet des lignes de tramway projetées dans Paris; il serait intéressant et opportun de savoir si les embranchements projetés du chemin de fer entrant dans Paris ne viendraient pas en double emploi et concurrence sur les mêmes points avec les lignes de tramway.

M. le Président répond que, quant à ce qui concerne l'embranchement du chemin de fer dans le XVᵉ arrondissement, tel que la Commission vient de l'étudier, il n'y a rien à craindre d'un double emploi avec une ligne de tramway projetée, aucun projet de tramway n'ayant été présenté pour cette partie de l'arrondissement. Quant à ceux qui pourraient être faits ultérieurement, ils deviendraient alors des auxiliaires, des affluents mêmes du chemin de fer des ports.

La séance est levée à 5 heures, et l'on s'ajourne au midi 11 courant, à 2 heures 1/2.

Ont signé, MM. les président et membres de la Commission :

H.-E. CHEVALIER; — A. LATRY; — DUPIN; — MAURICE KAHN; — EDOUX; — CHEVALIER; — A. CHENU.

COMMISSION TECHNIQUE DU XVᵉ ARRONDISSEMENT

5ᵉ *séance, du* 11 *décembre* 1872

La séance est présidée par M. H.-Emile Chevalier, membre du Conseil municipal de Paris et du Conseil général de la Seine.

Sont présents :

MM. Chevalier (de la maison Chevalier-Cheylus) ;
Latry ;
Kahn ;
Dupin ;
Edoux ;
Prieur.

Pour les délégués du Gros-Caillou :

MM. Frébault, membre du Conseil municipal de Paris et du Conseil général de la Seine ;
Clément, 1, passage de Grenelle ;
Judisse, 223, rue Saint-Dominique ;
Dupuis aîné, 225, rue Saint-Dominique.

Pour la Compagnie :

M. Letermelier, architecte.
Sur l'invitation de M. le Président et en l'absence de M. Cheliu, M. Prieur est chargé de remplir les fonctions de secrétaire.

La séance ouverte, M. H.-E. Chevalier donne aux délégués du Gros-Caillou les explications nécessaires à l'intelligence du projet de raccordement du Chemin de fer Circulaire de la banlieue présenté par la Compagnie, ainsi que des études faites par la Commission technique du XVᵉ arrondissement, en ce qui concerne ledit arrondissement, en appelant l'attention de MM. les délégués sur la section qui plus particulièrement les concerne, et qui doit aboutir à l'esplanade des Invalides.

M. Frébault reconnaît l'utilité du projet au point de vue des avantages qui doivent en résulter pour le quartier du Gros-Caillou et demande que, au cas où une impossibilité se présenterait pour faire la gare comme le propose la Compagnie, à l'esplanade des Invalides, si elle ne pourrait être établie sur la promenade du quai d'Orsay.

A cet égard, il regrette que la Compagnie ne soit pas représentée à la séance par un ingénieur, pour répondre aux questions importantes que lui paraît présenter ce projet.

M. H.-E. Chevalier pense que, relativement à la gare, elle ne devra être qu'une gare de voyageurs, attendu qu'une gare de marchandises demanderait un emplacement difficile à trouver, et qu'un camionnage de quelques minutes de plus, en l'établissant sur un autre point du parcours, ne nuirait en rien à sa prospérité.

M. le Président regrette que la Compagnie n'ait pu faire connaître ses projets à cet égard et espère qu'à la séance prochaine, elle sera en mesure de répondre aux différentes questions qui viennent de se produire.

M. Dupin pense qu'en présence d'une étude insuffisante du projet, les délégués du Gros-Caillou pourraient au moins émettre un vœu sur l'utilité du raccordement du Chemin de fer jusqu'à l'esplanade des Invalides.

M. Frébault, tout en étant de cet avis, maintient que la Compagnie doit proposer un projet parfaitement étudié ; que les délégués du Gros-Caillou ne forment pas une Commission technique, mais que la Commission du XVe arrondissement pourrait examiner ce projet dans son ensemble.

M. Latry fait remarquer que la Commission du XVe arrondissement a été nommée pour faire l'étude de la section de Grenelle et qu'elle ne peut, sans dépasser ses attributions, faire l'étude des sections en dehors de son arrondissement. Mais que le VIIe arrondissement pourrait nommer une Commission technique semblable à celle de Grenelle, lesquelles se fusionneraient quant à l'étude générale.

M. Letermelier, représentant de la Compagnie, dit que le temps presse, et qu'il ne serait peut-être pas possible d'arriver en temps convenable pour établir le rapport destiné à l'Administration ; qu'il lui paraît que la Commission pourrait, dès à présent, se prononcer sur le projet de la Compagnie.

Dans cet état de choses, la Commission du XVe arrondissement, jugeant qu'une étude sur le Gros-Caillou est en dehors de son mandat, se borne à réitérer le vœu que le prolongement du Chemin de fer aille jusqu'à l'esplanade des Invalides; sauf études à faire par qui de droit.

M. le Président résume les différentes explications données et conclut que la Commission technique se trouve modifiée, par le fait de la convocation de la Commission du Gros-Caillou ; que le fait de cette convocation constitue une réunion nouvelle de notables, ayant pour mission d'examiner le projet de la Compagnie au point de vue de l'utilité, mais non au point de vue technique.

Cette proposition ayant été adoptée à l'unanimité, la séance a été levée et remise au samedi courant, à une heure.

Ont signé : H.-EMILE CHEVALIER ; — A. CHÉNU ; — A. LATRY ; — DUPIN ; — EDOUX ; — MAURICE KAHN ; — PRIEUR.

COMMISSION TECHNIQUE DU XVᵉ ARRONDISSEMENT

6ᵉ *Séance,* 14 *décembre* 1872.

Sont présents :

MM. H.-E. Chevalier, membre du Conseil général de la Seine, président;
Latry;
Chevalier (de la maison Chevalier et Cheylus);
Dupin;
Kahn.

M. Brunfaut, ingénieur, assiste à la séance.

MM. Prieur et Edoux, tous deux membres de la Commission, sont absents.

M. Chenu, également absent, a écrit pour s'excuser de ne pouvoir assister à la séance, ayant été appelé au Conseil d'Etat pour le règlement de l'octroi.

La Commission regrette l'absence de MM. les membres du quartier du Gros-Caillou ayant assisté à sa dernière séance, accompagnés par M. Frébault, conseiller général, malgré leur promesse d'y assister.

La Commission renouvelle le vœu que la voie du chemin de fer soit prolongée jusqu'aux Invalides.

M. Chenu, secrétaire, est prié de vouloir bien tenir à la disposition de la Commission, pour mardi 17 courant, à midi, les procès-verbaux des séances antérieures, afin d'être revêtus des signatures et pour terminer ses travaux.

La séance est levée à trois heures.

Et ont, MM. le Président et les Membres de la Commission, signé le présent procès-verbal :

H-.E. CHEVALIER; — LATRY; — DUPIN; —
E. CHEVALIER; — MAURICE KAHN.

COMMISSION TECHNIQUE DU XV° ARRONDISSEMENT

7° *Séance, du* 17 *décembre* 1872

Sont présents :

MM. H.-E. Chevalier, membre du Conseil général de la Seine, Président ;
Latry ;
Édoux ;
Chenu ;
Dupin ;
Chevalier (de la maison Chevalier et Cheylus) ;
Kahn ;
Prieur.

M. Chenu, sur l'invitation de M. le Président, a donné lecture à la Commission de tous les procès-verbaux, qui ont été approuvés et signés par les membres de ladite Commission.

La Commission, ayant ainsi terminé ses études, remet à M. le Président :

1° Tous les procès-verbaux ;
2° Deux calques du plan :
Vue en plan sur les quais de Grenelle et de Javel,
Profils en travers ;

et l'autorise à s'en servir au mieux des intérêts généraux, à les faire imprimer et distribuer, s'il le juge convenable.

La séance est levée à deux heures et demie du soir.

Ont signé : H.-E. CHEVALIER ; — PRIEUR ; — A. LATRY ; — MAURICE KAHN ; — ÉDOUX ; — DUPIN ; — CHEVALIER.

Pour M. Chenu, avec son autorisation :

Le Secrétaire,
Signé : MAURICE KAHN.

Le Président,
Signé : H.-E. CHEVALIER.

Paris, le 17 décembre 1872.

OBSERVATIONS DES INGÉNIEURS

Le profil qui avait été proposé passait partout à niveau ; le chemin de fer devait donc être établi sur le quai de Grenelle et sur le nouveau quai de Javel ; la Commission a pensé que le tracé conçu pour le quai de Grenelle devait être accepté, et que celui du quai Javel devait être modifié. Les ingénieurs de la Compagnie n'ont aucune objection à faire.

Un passage a été proposé pour permettre le débarquement des bois : la Compagnie y a souscrit.

La Commission a rejeté le projet d'établir une gare à Javel, préférant la construction d'une troisième voie tout le long des quais, voie qui servirait de garage pour les wagons à marchandises et qu'on relierait aux usines du quai.
C'est une grande économie à laquelle les ingénieurs se sont empressés d'acquiescer.

La Commission a, enfin, demandé une gare de voyageurs au pont de Grenelle. Cette gare n'offrant aucune difficulté pour son établissement, l'accord s'est encore établi.

En résumé, les ingénieurs ont trouvé dans les membres composant la Commission une entente basée sur leur savoir et sur leur pratique des questions de chemins de fer, qui lui ont donné les plus grandes facilités pour l'exécution de cette partie du chemin de fer Métropolitain.
Mais ils regrettent que la Commission se soit bornée à étudier la question au point de vue seul de desservir les quais de Grenelle et de Javel, et qu'elle n'ait par cru devoir donner une opinion formulée sur le parcours de Grenelle à la place des Invalides.
Cette question a été réservée, et devra être soumise à une Commission spéciale, renfermant dans son sein des notables du VIIe arrondissement.

VILLE DE PARIS

CINQUIÈME ARRONDISSEMENT

Procès-verbal de la réunion de MM. les notables du V⁰ arrondissement, pour nommer une Commission chargée d'étudier le parcours du Chemin de fer Métropolitain de la banlieue de Paris, du quai Montebello à la place d'Italie.

C'est sur la demande de MM. les administrateurs du Chemin de fer Métropolitain de la banlieue de Paris, dont le projet a été pris en considération par le Conseil général du département de la Seine, que MM. les notables commerçants, propriétaires et industriels du V⁰ arrondissement de la Ville de Paris, avaient été invités à se réunir à la mairie, place du Panthéon, le 13 décembre 1872, à deux heures après midi, pour recevoir communication du tracé du chemin de fer et nommer une Commission chargée de l'étudier et de décider, après examen, s'il y aurait lieu pour elle à prêter son concours à la réalisation du projet présenté.

M. le Maire du V⁰ arrondissement avait bien voulu autoriser cette réunion. MM. les conseillers généraux Collin, Dubief, Lavocat et Leveillé, représentants de cet arrondissement, avaient été priés de s'y rendre.

En l'absence de M. le Maire, M. l'adjoint Lacour veut bien prendre le fauteuil de la présidence.

Il appelle à ses côtés :

MM. Collin et Dubief, conseillers généraux présents,

Et l'un des administrateurs de la Compagnie du Chemin de fer Circulaire de la banlieue de Paris.

M. *le Président* ouvre la séance en donnant à l'Assemblée le résumé de ce qui a été décidé par le Conseil général au sujet du Chemin de fer Métropolitain de la banlieue de Paris.

Nous avons, Messieurs, dit-il, à suivre l'exemple et de ce qui a été fait dans les communes suburbaines, et de ce qui se fait, en ce moment, dans les arrondissements de Paris qui sont, en projet, traversés par le tracé du Chemin de fer Métropolitain.

Nos voisins du XIII⁰ arrondissement, notamment, ont nommé une Commission qui fonctionne déjà. Faisons comme eux, et veuillez choisir parmi vous sept ou dix membres pour faire les études en votre nom.

M. l'adjoint demande ensuite à se retirer, appelé qu'il est par ses devoirs municipaux ; il a tenu à honneur d'ouvrir la séance, et cède maintenant la présidence à l'un des deux conseillers généraux, représentant l'arrondissement, qui se trouvent auprès de lui.

M. Dubief s'excuse de ne pouvoir prendre le fauteuil de la présidence.

M. Collin accepte et demande à M. l'ingénieur Brunfaut de vouloir bien, avant qu'il soit procédé à la nomination de la Commission, donner connaissance du tracé projeté à travers le Vᵉ arrondissement.

M. Brunfaut fournit les explications qui lui sont demandées. Le tracé part du quai Montebello, passe auprès de l'Entrepôt des vins, et forme une gare au quai Saint-Bernard. Il fait remarquer que ce trajet lui a été indiqué par le Syndicat des négociants en vins ; qu'il est pratique, d'une exécution facile, et donne au centre de Paris un lieu d'expédition et de réception de marchandises se répandant dans toute l'Europe.

Il est vrai, dit M. l'ingénieur, que, quelquefois, si les eaux redeviennent ce qu'elles sont actuellement, cette station devra être évacuée pendant quelques semaines; mais, outre que ces crues sont rares, si les rails et les hangars venaient à être submergés, ils seraient construits assez solidement pour qu'ils n'aient pas à souffrir. — N'avons-nous pas un exemple sous les yeux? ajoute-il. Une des notabilités les plus remarquables de l'industrie se sert de ces quais magnifiques, s'en sert seule, il est vrai, mais elle nous indique la voie. Nous voulons parler de M. Darblay, le grand meunier.

La Commission que nous vous prions de choisir, non-seulement vous dira si notre projet n'est pas une utopie, s'il répond par son exécution à des besoins sérieux, mais encore viendra confirmer l'appréciation qu'a bien voulu émettre le Syndicat des négociants en vins, par l'organe de son honorable président, M. Célerier, et faire enfin se réaliser le vœu de M. le conservateur de cet immense Entrepôt qui, depuis tant d'années, demande, réclame, espère l'établissement d'une voie ferrée. Elle décidera encore de l'utilité de notre gare, que nous venons placer au milieu de ces antiques quartiers du vieux Paris, entre la rue Maître-Albert et les rues du Haut-Pavé et des Grands-Degrés, gare qui recevra seulement les voyageurs et la messagerie, et qui, sous elle, offrira un immense et commode marché aux horticulteurs, obligés aujourd'hui à étaler les produits de leurs cultures sur les trottoirs du quai Montebello.

Un membre demande si le projet d'établissement de la gare sur le quai Saint-Bernard peut venir contrarier la construction du pont qui doit être jeté en cet endroit.

M. l'ingénieur explique que la gare sera placée en contre-bas du tablier

12

des différents ponts existant sur la Seine. Donc, elle ne peut gêner en rien l'exécution du pont projeté.

M. le Président demande, si personne n'a plus d'observations à présenter, qu'on procède à la nomination de la Commission et qu'on fixe le nombre des membres qui en feront partie.

M. Jarry demande s'il est nécessaire pour être membre de la Commission d'avoir son domicile dans le Vᵉ arrondissement. Chacun sait, dit-il, que beaucoup d'entre nous, bien qu'ils ne l'habitent pas, ont, dans l'arrondissement, leurs affaires, leurs intérêts.

M. le Président répond que c'est faire partie effective d'un arrondissement que d'y avoir ses intérêts. Les personnes qui se trouvent dans ce cas peuvent donc faire partie de la Commission.

M. Dumesnil, président de la Commission du XIIIᵉ arrondissement, demande à faire connaître l'ensemble des travaux qu'a accomplis et qu'accomplit encore la Commission qu'il a l'honneur de présider.

Dans ce moment, dit-il, nous étudions un tracé nouveau, car nous avons rejeté celui proposé par M. l'ingénieur, qui, du reste, s'est mis entièrement à notre disposition pour préparer la nouvelle ligne; c'est vous dire que nous marchons complétement d'accord.

Notre Commission se compose de onze membres. Nous attendons la formation de la vôtre pour nous joindre à vous et arrêter, d'un commun accord, le trajet du Chemin de fer, puisque cette entrée dans Paris nous est commune.

Je dois ajouter, Messieurs, que je fais encore partie d'une autre réunion où ce Chemin de fer est étudié. C'est celle des Chambres syndicales, dont le rapporteur doit, en ce moment, exprimer l'opinion, mais dans un intérêt général, c'est-à-dire en traitant la question tant au point de vue des intérêts de la banlieue que de ceux de la ville de Paris, au lieu que nous, au nom du XIIIᵉ et du Vᵉ arrondissement, nous n'aurons à nous occuper spécialement que de la question du tracé.

Un membre fait observer que la réunion aurait pu être plus nombreuse si l'on avait mieux connu le sujet qui devait être traité, et demande s'il n'y aurait pas lieu de faire une autre convocation.

M. le Président explique qu'il a voulu laisser l'initiative aux promoteurs de l'entreprise, et demande à M. l'administrateur de la Compagnie combien d'invitations ont été faites?

M. l'Administrateur répond que cent trente lettres environ ont été envoyées. Nous avons demandé à la mairie une liste des notables de l'arrondissement, et nous nous sommes adressés à eux.

M. Célérier. — Je ne partage point l'avis de ceux qui demandent le renvoi à une nouvelle réunion. S'il n'y a pas plus de monde à celle-ci, cela tient à ce que chacun de nous a ses affaires, et que deux heures après midi est une heure mal choisie. Que nous faut-il? Une Commission bien composée, renfermant dans son sein l'honorabilité, ce que nous possédons tous, et les connaissances voulues, afin de faire un rapport qui sera soumis à une nouvelle réunion.

N'ajournons pas, Messieurs, nommons trois, cinq, sept membres, le nombre que vous voudrez, mais agissons. La question est sérieuse, elle nous intéresse tous; examinons son utilité. Si nous ne la croyons pas utile, nous la repousserons; mais donnons notre avis, afin que le Conseil général puisse être éclairé sur notre opinion.

M. le Président. — Vous venez d'entendre, Messieurs, M. Célérier; vous savez, par M. Dumesnil, ce qui se fait auprès de vous. Pour moi, votre conseiller général, je dois rester neutre; je regarde, j'étudie, toujours prêt à soutenir vos intérêts, lorsque vous aurez résolu ce qui leur convient. Voilà le rôle qui me convient et que j'entends toujours conserver.

Je mets aux voix la proposition de M. Célérier.

La proposition est adoptée.

M. le Président. — Je mets aux voix la nomination des membres de la Commission, suivant la liste que l'on vient de me remettre :

MM. Célérier,
Brazier.
Jarry.
Lefébure.
James.
Humetz.
Dubief.
Janvier.
Hertemathe.
Mancel.

Cette liste est adoptée à l'unanimité.

CHAMBRE SYNDICALE DU COMMERCE DES VINS EN GROS ET SPIRITUEUX

DU DÉPARTEMENT DE LA SEINE.

Compte rendu de l'Assemblée générale des Entrepositaires

La fortune industrielle et commerciale d'un pays est étroitement liée à l'économie et à la rapidité de ses moyens de transport. Quelques esprits, préoccupés de la situation exceptionnelle des usines et des entrepôts situés, dans un certain rayon autour de Paris, eu égard aux moyens de transport toujours coûteux par camions, s'occupent, en ce moment, de la création d'un Chemin de fer *Circulaire dit de la banlieue de Paris*, qui aurait quatre gares ou stations, lesquelles viendraient rayonner au centre même de la capitale. L'une de ces stations serait établie près de Notre-Dame et viendrait desservir l'entrepôt du quai Saint-Bernard.

Les promoteurs de cette idée ont communiqué leurs plans à votre Chambre syndicale et leurs projets, qui consistent à amener directement à l'Entrepôt, et sans transbordement, toutes les marchandises venant par voie ferrée. Les wagons amèneraient les marchandises devant la porte des magasins des destinataires, et le port annexe, utilisé, en partie, comme quai de garage pour les wagons, deviendrait ainsi un quai de déchargement.

Nous avons attentivement examiné ce projet et, sur la garantie que le prix du transport ne serait pas plus coûteux que par les moyens actuels, nous lui avons donné notre adhésion, d'accord, en cela, avec la plupart des entrepositaires appelés à entendre les explications de M. *Brunfaut*, l'ingénieur de ce chemin de fer.

Procès-verbal de la réunion de MM. les notables du V⁰ arrondissement, tenue le **25 janvier 1873**, à la Mairie, place du Panthéon.

La séance est ouverte à huit heures et demie du soir.

M. Collin, conseiller municipal de l'arrondissement, prend place au fauteuil de la présidence.

MM. les membres de la Commission nommée pour étudier le projet du
Chemin de fer Métropolitain et de la banlieue de Paris, dans son parcours
à travers le Vᵉ arrondissement, prennent place au bureau ;

MM. Letermelier et Brunfaut, au nom de la Compagnie, sont également
présents.

M. le Président remercie l'assemblée d'avoir répondu à son invitation
avec un empressement que prouve le nombre des notables assistant à la
séance.

Il s'agit d'entendre la lecture du rapport de la Commission qui a été
nommée dans la réunion du 13 décembre dernier, rapport qui vous met-
tra à même de juger l'opportunité et l'utilité du Chemin de fer Métropolitain et de la banlieue de Paris, dans son parcours à travers le Vᵉ arrondissement. Après avoir écouté la lecture des procès-verbaux des différentes
séances tenues par la Commission, par un vote, il y aura lieu de déclarer
si les conclusions du rapport doivent être approuvées ou rejetées.

Pour moi, je viens ici recueillir vos vœux. Nommé par vous pour représenter l'arrondissement, j'ai à m'enquérir tout spécialement de ses besoins,
de ses intérêts. A vous de les exposer, à moi de les défendre, de les patro-
ner devant le Conseil municipal et le Conseil général.

Avant de donner la parole à M. le rapporteur de la Commission, je
tiens à constater le succès dû aux longs et patients efforts de M. l'ingénieur
Brunfaut. Ainsi, son projet est accueilli par le gouvernement comme il l'a
été par le Conseil général. La première phase par laquelle administrative-
ment il doit passer, l'enquête publique, vient d'être commencée par son
renvoi à l'examen de l'un des inspecteurs généraux des ponts et chaussées.

M. le Rapporteur de la Commission donne lecture des procès-verbaux
suivants :

Chemin de fer Métropolitain et de la Banlieue de Paris.

COMMISSION DU Vᵉ ARRONDISSEMENT

Séance du 16 décembre 1872.

Le 16 décembre 1872, à huit heures du soir, s'est réunie à la mairie du
Vᵉ arrondissement la Commission nommée par l'assemblée du 13 dé-

cembre et chargée d'examiner la question du Chemin de fer traversant le V° arrondissement.

Etaient présents :

MM. Célérier, Jarry, Brazier, Humetz, Lefébure, Hertemathe, James, Dubief.

La Commission a procédé à la formation de son bureau et a nommé :

M. Célérier, négociant, président ;

M. Hertemathe, architecte, vice-président ;

M. James, négociant, secrétaire ;

Le bureau ainsi constitué, *M. le Président* a ouvert la séance, à laquelle étaient présents : M. Brunfaut, ingénieur de la Compagnie, et M. Letermelier, architecte et administrateur de ladite Compagnie.

Sur l'invitation de M. le président, *M. Brunfaut*, l'ingénieur, développe devant la Commission le projet du Chemin de fer, en explique le tracé, entre dans tous les détails nécessaires à éclairer la Commission et termine en priant les membres de vouloir bien lui faire les objections ou questions qu'ils jugeront utiles à leur édification complète sur le projet.

M. Jarry demande alors la parole pour expliquer un contre-projet qu'il présente et dont le tracé diffère essentiellement de celui de la Compagnie. Ce tracé suit la ligne de la berge de la Seine depuis l'Entrepôt général des vins jusqu'au quai d'Austerlitz et irait se raccorder avec la ligne d'Orléans vers la rue Sauvage ; ce projet, au point de vue du commerce des vins, offrirait une certaine facilité et une économie pour les négociants dans l'arrivage de leurs marchandises.

M. Lefébure, de son côté, présente quelques observations relativement à l'emplacement de l'embarcadère du quai Montebello, qu'il trouverait mieux placé sur le boulevard Saint-Germain.

M. Brazier appuie aussi la motion de M. Lefébure.

M. Brunfaut, en quelques mots, combat le projet de M. Jarry, qui, dit-il, ne desservirait utilement que l'Entrepôt des vins et laisserait de côté la Halle aux cuirs qu'il est aussi utile de desservir ; quant à la question de MM. Lefébure et Brazier, il la livre à l'appréciation de la Commission.

Après cette réplique, *M. le Président* résume les questions à résoudre de cette façon :

1° Le Chemin de fer qui nous est proposé est-il utile aux intérêts du V° arrondissement ?

2° Au point de vue de ces mêmes intérêts, y a-t-il lieu d'en modifier le tracé ?

A la première question, la Commission unanime a répondu : oui ; quant à la deuxième question, il a été décidé que le tracé serait examiné avec soin par chacun et qu'à une prochaine réunion il serait donné communication des observations de chaque membre de la Commission, et qu'on discuterait ces observations.

M. Dumesnil, président de la Commission du XIII° arrondissement, a bien voulu donner à la réunion quelques explications sur le travail de la Commission qu'il préside, et il a été décidé qu'il lui serait donné avis de la décision qui serait prise relativement au point de raccordement de la ligne du V° arrondissement avec celle du XIII° arrondissement.

La Commission s'ajourne au lundi 6 janvier, à huit heures, pour la discussion des études faites par les membres de la Commission.

La séance est levée à dix heures.

Le *Président,*
Signé : L. CÉLÉRIER.

Séance du 6 janvier 1873.

La séance est ouverte à huit heures et demie.

Sont présents :

MM, Célérier, président;
Hertemathe, vice-président;
James, secrétaire;
Jarry, Brazier, Humetz, Dubief.

M. Brazier a la parole pour communiquer ses observations : il approuve complétement le projet dans son ensemble, mais indique une légère modification au tracé à la jonction du boulevard Saint-Germain et de la rue de Poissy, afin d'éviter les maisons neuves faites récemment, parce qu'il craint que cette démolition ne nuise à l'ensemble du coup d'œil de ce boulevard.

M. Dubief, reprenant l'idée émise par M. Lefébure et Brazier, à la dernière séance, explique qu'il serait préférable d'établir la gare dans les terrains vagues existant entre le boulevard Saint-Germain, la rue de Pontoise et la rue du Cardinal-Lemoine, plutôt qu'à la place Maubert, afin d'éviter le pont à faire en travers du boulevard, ce qui serait d'un effet désagréable pour la vue ; se plaçant au point de vue général des intérêts de l'arrondissement, il fait ressortir que plus on allongera le Chemin de fer à travers l'arrondissement, moins sa population profitera des avantages qu'on en espère. C'est, au contraire, l'arrondissement limitrophe qui profiterait des avantages de la gare qui serait sur la limite extrême de nos quartiers, et, partant de là, il soutient que moins loin la ligne pénétrera dans l'arrondissement, plus on procurera d'avantages aux quartiers qui nous intéressent. Reprenant la question sous un autre point de vue, il explique que, par sa situation, le boulevard Saint-Germain, la seule grande artère de notre arrondissement, est appelé dans un temps rapproché à devenir le trait d'union entre la Bastille et les grands boulevards, par suite de la construction prochaine du pont, dans son prolongement et le faubourg Saint-Germain, c'est-à-dire, la voie de grande communication reliant le IVe arrondissement, le XIe et le XIIe à la rive gauche, en traversant le Ve, le VIe et le VIIe arrondissement. Là est donc la vraie place d'un embarcadère, qui pourra ainsi être en communication avec plusieurs des quartiers actifs de Paris.

Il termine en priant la Commission de bien examiner la question, afin de la résoudre au mieux des intérêts de l'arrondissement.

M. Brazier se rallie aux observations de M. Dubief et appuie ses conclusions.

M. Jarry, reprenant le projet qu'il avait présenté à la dernière séance, apporte un nouveau tracé se raccordant avec la ligne du XIIIe arrondissement au boulevard Saint-Marcel, suivant ce boulevard et le boulevard de l'Hôpital pour regagner la berge de la Seine au pont d'Austerlitz et suivre ensuite cette berge jusqu'à l'Entrepôt général des vins.

Ce projet, que M. Jarry présente comme avantageux, n'est considéré par la Commission que comme d'intérêt particulier au commerce de l'Entrepôt des vins, et n'est pas soutenu. En face des intérêts généraux de tout l'arrondissement que le tracé de la Compagnie sert mieux, M. Jarry retire son projet.

Après diverses objections, il est décidé qu'il sera fait un rapport général de toute cette discussion et qu'il en sera donné communication aux représentants de la Compagnie.

M. Dumesnil, président de la Commission du XIIIe arrondissement, sera avisé que la Commission du Ve n'a rien changé au point de jonction des deux lignes sur le boulevard Saint-Marcel.

La séance est levée à 10 heures.

Le Président,
Signé : L. CÉLÉRIER.

Séance du 20 janvier 1873.

Le 20 janvier 1873, à 8 heures du soir, la Commission s'est réunie pour entendre la lecture du rapport dressé par M. Dubief.

Sont présents :

MM. Célérier, président;
Hertemathe, vice-président;
James, secrétaire;
Jarry, Humetz, Brazier, Lefébure, Dubief.

Lecture est faite des deux procès-verbaux des séances précédentes, qui sont adoptées à l'unanimité.

M. le Président donne la parole à M. le rapporteur.

RAPPORT DE LA COMMISSION

Messieurs,

La Commission, après avoir étudié les projets proposés par la Compagnie, avoir entendu les observations présentées par divers membres de cette Commission, donne son entière approbation au tracé de la ligne qui traverse le Vᵉ arrondissement et qui donne satisfaction aux intérêts de ces quartiers, qui en reconnaissent la grande utilité au point de vue des relations commerciales.

La Commission demande le changement de la gare de départ et propose qu'elle soit reportée au boulevard Saint-Germain, afin d'éviter la traversée de cette voie par un pont qui serait d'un effet désastreux pour les propriétés de ce boulevard.

Elle insiste auprès de la Compagnie pour qu'il soit établi une vaste gare à marchandises sur la berge de la Seine, entre le pont du boulevard Saint-Germain et le pont d'Austerlitz, en raccordement avec l'embranchement devant desservir l'Entrepôt général des liquides, afin que cette gare pût recevoir, tant au départ qu'à l'arrivée, une quantité de marchandises. Cette gare serait mise en communication avec la grande voie de l'Entrepôt au moyen de voies accessoires.

La Commission, pénétrée de l'importance de ce chemin de fer au point de vue des intérêts du Vᵉ arrondissement, appuie la demande de la Compagnie.

Après cette lecture, le rapport est approuvé, et il est décidé qu'il sera donné communication dudit rapport et des procès-verbaux des séances de la Commission à une assemblée générale des habitants de l'arrondissement, qui sera convoquée par la Compagnie du chemin de fer pour le samedi 25 courant, à huit heures du soir, afin d'avoir l'approbation des intéressés.

La séance est levée à neuf heures.

Le Rapporteur,
Signé : DUBIEF.

Le Président,
Signé : L. CÉLÉRIER.

M. le Président met aux voix les conclusions du rapport.

Un membre demande que M. l'ingénieur de la Compagnie veuille bien donner son avis sur les conclusions.

M. le Président donne la parole à M. Brunfaut.

M. Brunfaut rappelle en peu de mots le tracé du chemin de fer dans le Vᵉ arrondissement, tracé qui a été unanimement approuvé par la Commission.

Le seul désaccord porte sur l'emplacement de la gare de voyageurs. La Compagnie propose qu'elle soit placée sur le quai Montebello ; la Commission désire qu'elle soit en façade sur le boulevard Saint-Germain.

La Compagnie doit reconnaître que le plan de la Commission est plus logique que le sien, aux points de vue de l'économie et des intérêts du Vᵉ arrondissement.

Aller jusqu'au quai Montebello est chose coûteuse ; le pont jeté sur le boulevard Saint-Germain sera d'un effet désagréable à l'œil ; placer la gare comme le demande la Commission, près de l'établissement de la *Fourière*, est plus facile, plus pratique, plus économique ; on recule seulement de quelques centaines de mètres l'avancement du chemin de fer dans le centre de Paris.

La Compagnie ne peut donc présenter aucune objection aux conclusions du rapport de la Commission ; elle déclare s'y rallier complétement.

Un membre refuse son assentiment au rapport de la Commission. La gare projetée par elle est trop au profit de l'Entrepôt des liquides. Il préfère le projet de la Compagnie, qui, par le placement de la gare sur le quai de Montebello, vient donner le mouvement à un quartier complétement déshérité.

M. Célerier dit que la Commission qu'il a eu l'honneur de présider n'a eu d'autre but que de faire de son mieux pour les intérêts généraux de l'arrondissement. Pour l'Entrepôt des liquides, le raccordement avec le chemin de fer, la construction d'une gare à marchandises donnent satisfaction à toutes les demandes des négociants de cet immense magasin.

Si MM. les notables habitants de l'arrondissement trouvent qu'un pont sur le boulevard Saint-Germain est préférable, que des dépenses considérables ne peuvent être épargnées, il n'a plus rien à dire.

M. le Président assure qu'aucune attaque n'est dirigée contre les membres de la Commission, et que la division sur cette question est bien minime; aussi va-t-il mettre aux voix les conclusions de la Commission.

Si elles sont approuvées, il est bien entendu que la gare proposée sur le quai Montebello sera placée sur le boulevard Saint-Germain.

Si elles sont repoussées, le projet de la Compagnie est maintenu.

M. le Président procède au vote.

Après une première épreuve qui est déclarée *douteuse*, il est décidé, dans une seconde épreuve, que le projet de la Compagnie est approuvé.

M. le Président remercie l'assemblée et lève la séance.

OPINION DES INGÉNIEURS

Le compte rendu de la première séance tenue à la mairie du Vᵉ arrondissement explique suffisamment l'opinion de la compagnie, qui y était représentée par M. l'ingénieur Brunfaut.

L'enquête définitive donnera le dernier mot quant à l'emplacement de la gare des voyageurs. C'est là une question toute locale, qui ne peut être appréciée que par les habitants intéressés.

La Compagnie, jusque-là en présence du vote émis, maintiendra son premier projet.

VILLE DE PARIS

XIIIᵉ ARRONDISSEMENT

Procès-verbal de la réunion tenue, le 24 novembre 1872, en la salle de la justice de paix de la Mairie du XIIIᵉ arrondissement, sous la présidence de M. COMBES, conseiller général.

M. Combes, conseiller général du département de la Seine, sur la demande de M. le Président du Conseil d'administration du Chemin de fer Métropolitain et de la banlieue de Paris, a invité MM. les notables, rentiers, commerçants, industriels de l'arrondissement à se réunir, pour nommer une Commission locale, qui aura pour but de faire un rapport sur l'opportunité de la traversée de ce chemin dans la partie comprise entre les fortifications et le boulevard des Gobelins.

Étaient présents :

Trente notables environ, représentant les quatre quartiers de l'arrondissement :

MM. Bouvery et Trélat, conseillers généraux ;
MM. Feuillant et Letermelier, administrateurs de la Compagnie ;
M. Brunfaut, l'un de ses ingénieurs.

M. Combes expose en quelques mots l'objet de la convocation. Il s'agit, dit-il, des entrées projetées dans Paris du Chemin de fer Métropolitain et de la banlieue de Paris, chemin de fer qui a été accueilli favorablement par le Conseil général, et dont le projet a été renvoyé à M. le Préfet, pour qu'il devînt l'objet d'une étude plus complète. Je vous engage de prêter toute votre attention aux explications de M. l'ingénieur, auteur du projet, et je vous demanderai de faire toutes les objections qui pourront surgir de ces explications.

Il s'agit ici, continue M. le Président, de nommer une Commission parmi vous, ou même parmi ceux qui ne sont pas venus, mais qui font partie de votre arrondissement et qui sont à même d'en défendre les inté-

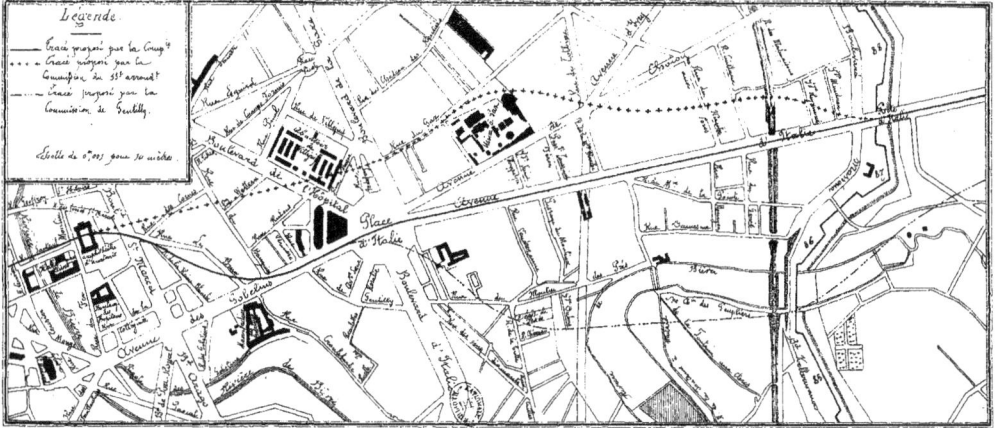

rêts. Cette Commission fera un rapport qui me sera remis et que je déposerai, s'il y a lieu, au Conseil général, lors de sa prochaine réunion.

M. le Président engage les membres de la réunion à ne pas craindre de demander à M. Brunfaut, ingénieur de la Compagnie, tous les détails et renseignements pouvant les éclairer, tant sur la pénétration du chemin dans l'arrondissement, que sur l'ensemble du projet.

Il rappelle que ce projet a été favorablement accueilli par le Conseil général, mais il entend, lui, avoir l'opinion de son arrondissement.

Sur l'invitation de M. le Président, M. *Brunfaut* explique les objectifs que le chemin à a desservir ; non-seulement il aura à conduire les voyageurs des localités composant le canton de Sceaux et de Villejuif dans l'intérieur de Paris et à donner ainsi des moyens de communication rapides et économiques à cette partie de la banlieue, mais il aura pour but de desservir les besoins matériels de la population entière de Paris.

En effet, dit l'ingénieur, le chemin a sa tête de ligne au quai Montebello, au centre de Paris, en face Notre-Dame. Un peu plus loin, il se branche avec l'Entrepôt des liquides qui reçoit, comme chacun sait, 300 tonnes de marchandises par jour, et ce, avec des frais considérables de camionnage. Ce branchement est réclamé vivement par tout le commerce des liquides. Il doit, après avoir parcouru sur des rails toutes les rues de l'Entrepôt, arriver au bas du quai Saint-Bernard, au pont d'Austerlitz et à celui de la Tournelle, et aboutir sur cet emplacement à une grande gare centrale de marchandises.

Le chemin de fer s'embranche également avec la Halle aux cuirs, et donnera la vie à cet entrepôt; puis, passant sur le boulevard des Gobelins, il viendra se placer dans le milieu de la chaussée, pour rejoindre le Chemin de fer Métropolitain au bas de la côte de Villejuif.

Vous avez devant vous, Messieurs. les plans qui vous donnent le parcours, vous connaissez tous ces quartiers, vous apprécierez mieux que moi ce qu'il y a de vrai, ce qu'il y a d'utile dans ce projet.

Vous verrez s'il faut placer la ligne, à partir de la place d'Italie, en contrebas de la chaussée, ou s'il faut la placer à niveau, comme le tramway que vous propose l'administration supérieure.

Ce sont, Messieurs, toutes ces questions que la Commission que nous vous sollicitons de nommer aura à juger.

Je me tiens à la disposition de ceux qui auraient à me faire des objections.

M. le président engage les membres de la réunion à nommer une Commission de sept membres, laquelle pourra néanmoins s'adjoindre d'autres membres pour l'aider et l'éclairer dans ses recherches et pour faire un rapport qui, pour bien faire, devra être remis dans le plus bref délai possible pour qu'il soit statué sur ces conclusions.

Un membre demande si les lignes des tramway, que l'administration préfectorale propose d'établir, se relieront avec le Chemin de fer projeté, et où sera la gare dans ce cas ?

M. Brunfaut répond que les tramway sont une excellente chose, qu'ils sont appelés à rendre de grands services, au point de vue des voyageurs, mais que c'est à la Commission qui sera nommée de se préoccuper de l'emplacement des stations qui les relieront au Chemin de fer Métropolitain,

M. Huet demande comment se fera le service des marchandises, la voie étant en contre-bas.

M. Brunfaut reconnaît que c'est là une difficulté qui ne peut être levée que par un aiguillage qui conduira à une gare de marchandises.

M. Huet. — Cette gare sera peut-être trop éloignée ; — il serait fâcheux que de grandes usines n'aient pas d'aiguillages.

M. Brunfaut. — C'est à la Commission de désigner l'emplacement et faire ses propositions.

M. Huet. — On ne vient pas dans notre arrondissement pour se promener, nous vivons d'industrie. L'objectif étant la marchandise, les gares souterraines ne sauraient nous desservir utilement, tout en nous occasionnant des frais énormes, nous avons aujourd'hui le chemin de fer de Ceinture, mais il ne nous sert pas précisément, étant en contre-bas.

M. le Président. — Je suis complétement étranger à ces questions, mais pour les résoudre, qu'il s'agisse de transports, de tarifs, d'aiguillages, la Commission que vous nommerez aura, je le répète, à nous éclairer sur tous vos intérêts.

M. Huet. — Mais d'abord, Monsieur le Président, l'ingénieur pourrait-il nous dire s'il croit possible que les usiniers puissent s'aiguiller dans la situation où nous sommes et sous les diverses conditions de tarif que je viens de désigner ?

M. Brunfaut répond, qu'étant reliée aux grandes lignes, la marchandise arrive directement à sa destination sans être remaniée.

Un membre. — Vous allez du quai Montebello à la gare de Vincennes. Et ensuite ?

M. Brunfaut pense qu'il est nécessaire de donner à l'assemblée des explications plus étendues, qui lui feraient connaître le tracé du chemin de fer ; les points où il est relié aux grandes lignes, les stations, gares de marchandises et les entrées dans Paris.

M. le Président invite M. l'ingénieur à suivre l'ordre de son travail et à analyser son projet.

M. Brunfaut, ingénieur, exprime à l'assemblée le désir de répondre à toutes les objections qu'on pourra lui adresser après l'exposé succinct qui va être fait par lui.

M. Brunfaut, après avoir terminé cet exposé, ajoute « que ce projet « d'ensemble pouvait être pris en considération, parce. qu'il indiquait les « services qu'il avait à rendre à l'industrie, mais que cela ne lui suffisait « pas, qu'il fallait encore s'inspirer des besoins, des nécessités des localités « traversées par le chemin de fer projeté et prévoir l'avenir. Que le rapport « des Commissions dans chaque localité devient indispensable, que c'est « sur leur dire que l'ingénieur peut achever la tâche qu'il s'est imposée. »

M. Huet. — Le principal étant la réception de la marchandise à peu de frais, faudra-t-il prendre livraison dans les grandes gares ? ou aura-t-on des trains spéciaux ? Et alors, dans ce cas, que coûterait la tonne ?

M. Brunfaut répond, environ 2 fr. 50.

Un membre. — Il faut alors s'entendre avec les grandes lignes quant au tarif.

M. l'ingénieur. —Vous êtes sous l'empire de la loi de 1865, qui oblige les grandes lignes à se relier à toute ligne nouvelle autorisée.

M. le Président. — Maintenant que l'assemblée a reçu les explications de M. l'ingénieur suivant les plans et dessins qui sont déposés, je crois devoir suspendre la séance pour que vous ayez le loisir de désigner les membres de la Commission qui sera chargée de faire un rapport dans un bref délai.

A la reprise de la séance, M. le Président fait connaître les noms des membres qui composent la Commission.

Ce sont MM. Chagnoux fils, Huet, Dumesnil, Berendorf, Lombard, Cauvin, Lebrueil, Duplessis, Saulain, Picot.

La séance est levée, et il est décidé que la Commission aura sa première réunion mercredi prochain.

Commission du XIIIe arrondissement pour le Chemin de fer
Métropolitain et de la Banlieue de Paris.

CHAPITRE PREMIER

Constitution de la Commission. — Son but.

Le 24 novembre 1872, un assez grand nombre d'habitants du XIIIe arrondissement se réunirent à leur mairie, sur l'invitation de M. le conseiller général Combes. D'autres conseillers généraux de l'arrondissement avaient honoré de leur présence cette réunion, à laquelle assistaient également les représentants de la Compagnie du Chemin de fer Circulaire de la banlieue de Paris.

Le Conseil général, dans sa séance du 26 octobre, sur la proposition de sa Commission des routes et chemins, ayant reconnu l'utilité d'un projet relatif à la création d'un Chemin de fer Circulaire destiné à relier directement Paris avec toutes les communes suburbaines, les conseillers généraux de chaque arrondissement ont cru devoir s'entourer de l'avis de leurs concitoyens intéressés à la solution de cette question. — Telle a été la cause de cette réunion du 24 novembre.

SON BUT. — Son but a été de nommer une Commission choisie parmi les habitants de l'arrondissement, chargée d'étudier et d'arrêter, de concert avec les ingénieurs du Chemin de fer Circulaire de la banlieue de Paris :

1° Le tracé du chemin de fer dans sa traversée de l'arrondissement;

2° L'emplacement des gares pour voyageurs et marchandises;

3° D'étudier les raccordements qui pourraient être nécessaires pour relier, par des aiguillages particuliers, ce chemin de fer avec les entrepôts et les grandes industries qui existent dans le XIIIe arrondissement;

4° Les conditions d'exécution de ces travaux.

SA CONSTITUTION. — Le choix des habitants de l'arrondissement s'est porté sur Messieurs :

Dumesnil, brasseur, syndic des brasseurs du département de la Seine;

Picot, manufacturier (tannerie), suppléant du juge de paix du XIIIe arrondissement;

Duplessy, ancien entrepreneur de transports;

Lombart, manufacturier (fabrique de chocolats);
Cauvin, manufacturier (tannerie);
Labreuil, entrepôt de bois et charbons;
Chagnoux,   Id.
Bérendorf, constructeur mécanicien;
Saulin, entrepreneur de transports;
Tourasse, manufacturier (fabrique de minium);
Huet (Léon), ingénieur civil (manufacturier).

Elle s'est constituée en nommant pour son président, M. G. Dumesnil, et pour secrétaire, M. Huet (Léon).

La Commission a consacré plusieurs séances à l'examen des différentes questions qu'elle avait à apprécier, elle a entendu plusieurs fois M. Brunfaut, ingénieur de la Compagnie du Chemin de fer Circulaire de la banlieue de Paris. Elle a toujours accueilli avec empressement, non-seulement les délégués des communes suburbaines limitant l'arrondissement, mais encore tous les habitants du XIIIe arrondissement qui ont bien voulu lui apporter le concours de leurs avis, de leur expérience, de leur compétence au point de vue des intérêts des différents groupes dont ils venaient se faire les interprètes dans le sein de la Commission.

Ce n'est donc pas une prétention de la part de la Commission du XIIIe arrondissement d'avancer que le rapport qu'elle a rédigé est, aussi exactement que possible, l'expression des sages désirs de la grande majorité des habitants du XIIIe arrondissement de la ville de Paris dans la question du Chemin de fer Circulaire de la banlieue de Paris.

CHAPITRE II

RAPPORT DE LA COMMISSION. — Le but de notre Commission étant de se prononcer sur les quatre points suivants:

1° Le tracé du chemin de fer dans sa traversée de l'arrondissement;

2° L'emplacement des gares pour voyageurs et marchandises;

3° L'étude des raccordements qui pourraient être nécessaires pour relier, par des aiguillages particuliers, ce chemin de fer avec les entrepôts et les grandes industries qui existent dans le XIIIe arrondissement;

4° Les conditions d'exécution de ces travaux;

Nous passerons successivement chacun de ces points en revue.

Considérations générales

L'idée de la création du Chemin de fer Circulaire de la banlieue de Paris doit avoir, au point de vue du XIIIe arrondissement, pour but de faciliter l'industrie, en amenant à nos usines, entrepôts, dépôts, maisons

13

de gros, importantes maisons de détail, les charbons, matières premières, marchandises, et en leur enlevant, aux usines leurs produits fabriqués, aux entrepôts, dépôts, maisons de commerce, les marchandises de toute nature pour la consommation.

Ces deux opérations d'expédition de la matière première et de sa réexpédition comme produit transformé, doivent être faites directement et sans transbordement aucun.

Ce n'est donc qu'à cette condition, qui est pour ainsi dire une condition *sine qua non*, que le projet du chemin de fer dont il s'agit peut être utile à nos usines et, par conséquent, profitable à la Compagnie par suite du grand usage que pourront en faire les habitants.

C'est cette idée qui, dans la pensée de la Commission, doit être suivie :

Le transport des voyageurs, sans être complétement négligé, ne doit occuper ici qu'une place secondaire.

Le Chemin de fer de Ceinture ne rend aucun service à l'industrie de notre arrondissement ; il est en tranchée, et cette fâcheuse situation n'a permis l'établissement d'aucune gare de marchandises dans notre voisinage. Dans le reste de son parcours, il est impraticable quant à ses tarifs et à ses délais.

Chaque industriel du treizième arrondissement sait qu'un wagon qui lui est expédié par la ligne du Nord et qui lui parvient en gare d'Ivry, qui est la plus proche de notre arrondissement, subit un grand retard, et que, par conséquent, il a plus vite en sa possession l'expédition qui lui est faite, en la faisant prendre en gare du Nord et camionner à travers Paris jusque chez lui. Quant au prix, le transport de la gare du Nord dans le treizième arrondissement peut revenir à un industriel qui fait ses transports lui-même de 3 fr. 50 à 3 francs la tonne. L'usine à gaz de notre quartier ne paye que 2 fr. 75 par tonne pour le transport de ses charbons. Or, le chemin de fer de Ceinture prend par tonne, de la gare du Nord à celle d'Ivry, 2 fr. 56 ; à ce prix, l'industriel de notre arrondissement doit ajouter celui du transport de la gare d'Ivry à son usine; quel que soit le prix de revient de ce dernier transport, en l'ajoutant à celui du Chemin de fer de Ceinture, l'industriel du XIIIe arrondissement obtiendra toujours un transport plus coûteux que le camionnage à travers Paris, de la gare du Nord à son usine.

Ceci, étant indiscutable, prouve l'inutilité complète pour l'industrie du Chemin de fer de Ceinture, et explique la quantité de chevaux employés au camionnage dans Paris, les encombrements, les grandes dépenses d'entretien des chaussées résultant de ce camionnage.

Il y a donc là une lacune à combler, et notre Commission est d'avis que le Chemin de fer Circulaire de la banlieue de Paris peut atteindre avec succès ce but.

En effet, pour nos usines, rapidité d'expédition et de réexpédition, diminution des frais de transport, par conséquent, diminution du prix de revient et facilité plus grande de concurrence avec les produits similaires étrangers.

Pour les habitants de Paris, au point de vue général, diminution dans la circulation sur la voie publique des chevaux et voitures encombrantes ; à ce point de vue, ce serait un désagrément enlevé à Paris.

Pour la ville de Paris, au point de vue de son budget, diminution des dépenses d'entretien de chaussées, résultant de la suppression d'une grande partie du camionnage à travers Paris des marchandises de poids. Tels sont au point de vue de la Commission, les avantages généraux qui résulteraient de l'exécution de ce projet de Chemin de fer.

Notre Commission, sans se faire ici de nouveau l'écho des avantages, à tous égards, qui résultent toujours de la création d'une voie ferrée utilement tracée, ce que du reste personne ne conteste aujourd'hui, a cru néanmoins devoir démontrer les conditions spéciales dans lesquelles ce projet de chemin de fer donne satisfaction autant à l'intérêt particulier qu'à l'intérêt général.

Son tracé. — 1° Divers tracés ont été proposés, nous avons donc dû les étudier successivement.

Le premier tracé de la Compagnie du Chemin de fer Circulaire de la banlieue de Paris entre dans notre arrondissement par le boulevard Saint-Marcel, qu'il coupe en tranchée, ainsi que l'ancienne rue des Fossés-Saint-Marcel, aujourd'hui, rue Lebrun; il gagne l'avenue des Gobelins, qu'il suit en tunnel, ainsi que la place d'Italie; il suit en tranchée l'avenue d'Italie, jusqu'au Chemin de fer de Ceinture par dessus lequel il passe; la traversée sur le chemin de fer a lieu à niveau avec la chaussée de l'avenue d'Italie. Il redescend en tranchée pour traverser les fortifications, sortir par la porte d'Italie et déboucher à Gentilly.

Le niveau des rails, à l'entrée de l'avenue d'Italie, est à 16,74 au-dessous du niveau de la chaussée pour arriver à être à niveau au Chemin de fer de Ceinture, c'est-à-dire à 833 mètres plus loin. Ce parcours représente presque entièrement l'avenue d'Italie. Or, la différence de niveau étant de 16.74 à l'entrée de l'avenue et de zéro au Chemin de fer de Ceinture, la moyenne est donc de 8,37. Un gouffre de 16,74 à la place d'Italie et de 8,37 en moyenne dans le parcours total, a pour résultat immédiat de détruire complétement l'avenue d'Italie, jadis une des majestueuses entrées de Paris ; d'isoler chaque côté des riverains l'un de l'autre et de rendre entre ces derniers les communications journalières difficiles, quel que soit le nombre de ponts qui seraient jetés sur cette tranchée. La propriété foncière ainsi que le commerce de cette avenue ont démontré d'une manière très claire le préjudice que ce tracé leur porterait. Ce projet ayant soulevé un *tolle* général dans la population de l'arrondissement, la Commission, après avoir reconnu le bien fondé des plaintes, a dû le repousser. Dans ce projet, la gare des voyageurs était sur la place d'Italie et la place même de celle des marchandises était à déterminer.

2° Des propriétaires riverains de la Bièvre proposent, par l'intermédiaire de M. Chéreau, un tracé par lequel le chemin de fer, en quittant la rue Lebrun, traverse l'avenue des Gobelins, le boulevard d'Italie, gagne la Bièvre par la rue du Moulin-des-Prés et sort de Paris par la poterne des Peupliers. Ce tracé comporte une gare générale pour l'arrondissement, c'est-à-dire pour voyageurs et marchandises, dans les environs du puits artésien. L'auteur de ce tracé appuie son projet par les considérations suivantes :

Les quartiers de la Gare et de la Salpétrière sont à proximité, au point de vue des transports, de la Seine et de la gare d'Ivry. Le quartier Croulebarbe se trouve desservi par la station de la halle aux vins du chemin de fer projeté. Seul, le quartier de la Maison-Blanche se trouve déshérité de tout moyen de transport, la ligne de Sceaux étant trop éloignée et se trouvant sur Montrouge, dans le XIVe arrondissement, et étant, en outre, jusqu'à nouvel ordre, impraticable à une traction de trains de marchandises. Il y a donc lieu, suivant M. Chéreau, de réparer, à l'égard du quartier de la Maison-Blanche et spécialement de la vallée de la Bièvre, l'injustice des circonstances. L'auteur ajoute que, lorsque l'avantage d'une voie ferrée viendra s'ajouter, pour ce quartier, à celui du passage d'un cours d'eau, les usiniers viendront alors en masse s'établir sur les rives de la Bièvre, à proximité du chemin de fer, et qu'alors cette immense étendue paludéenne, comprise entre la droite de l'avenue d'Italie, les fortifications et Montrouge, deviendra un centre de travail et de prospérité.

La Commission s'associe de tout cœur au désir de M. Chéreau, mais elle trouve que ce sont là des rêves faits par les propriétaires de ces terrains, et elle doute de leur réalisation. La Commission verrait, en outre, avec la plus grande satisfaction l'administration supérieure continuer la rue de Tolbiac, amorcée en plusieurs points.

La Commission croit devoir faire à ce projet quelques objections.

En général, le passage d'un chemin de fer dans une localité peut causer un développement des opérations commerciales ; mais il faut, pour exister, que ce chemin de fer trouve déjà sur son parcours une alimentation suffisante ; ce ne serait pas le cas, dans cette circonstance, puisque le tracé de M. Chéreau fait passer le chemin de fer dans des marais incultes et inhabités. Si la gare des voyageurs et marchandises est au puits artésien, aucun des habitants du quartier ne s'en servira comme gare de voyageurs ; comme gare de marchandises, les usiniers du quartier de la Gare et de la Salpétrière ne l'utiliseront pas, ils préféreront la gare d'Ivry. Si, comme il en avait été un moment question dans ce projet, la gare des marchandises était dans le bas-fond de la Bièvre, aucun industriel ne pourrait également l'utiliser, les accidents de terrain rendant le camionnage impossible. Dans cette situation, cette gare serait, en outre, trop éloignée des parages où sont agglomérées les usines.

La Commission a donc dû également rejeter le tracé de M. Chéreau.

3° Quelques habitants de l'arrondissement, en raison de la terreur qu'avait jetée parmi les riverains de l'avenue d'Italie le premier tracé, proposèrent, pour sauvegarder l'avenue d'Italie, de sacrifier l'avenue de Choisy, en détournant le tracé par cette avenue. Mais la largeur de l'avenue de Choisy ne permettant pas de réserver de chaque côté de la voie d'un chemin de fer une chaussée suffisamment large pour les voitures, et, en outre, les plaintes des propriétaires et commerçants étant les mêmes et également fondées que celles de l'avenue d'Italie, la Commission a dû également rejeter le tracé par l'avenue de Choisy.

4° Il résulte de ceci que ce chemin de fer ne saurait passer avec utilité sur la droite de l'avenue d'Italie (Tracé Chéreau). L'avenue d'Italie le repousse; l'avenue de Choisy ne permet pas son exécution. Il n'y a donc de possible que le rejet de ce chemin de fer sur la gauche de l'avenue d'Italie. Mais, alors, n'y a-t-il pas à craindre de voir, dans le quartier de la Gare, une agglomération de moyens de transports: la Seine, la ligne d'Orléans et ce nouveau chemin de fer? Ces trois voies de transports étant très rapprochées l'une de l'autre, c'est dans l'intention d'éviter cet écueil et avec l'espoir de donner satisfactions aux quartiers de l'arrondissement, que la Commission a demandé à la Compagnie un tracé modifié.

Ce tracé modifié coupe le boulevard Saint-Marcel, le boulevard de l'Hôpital, passe à l'abattoir, où on établit une gare, coupe le boulevard de la Gare sur la droite de la rue du Château-des-Rentiers, coupe la rue Baudricourt à son intersection avec la rue du Gaz, coupe l'avenue d'Ivry, l'avenue de Choisy, vient traverser la ruelle Gaudon, où on établit une gare, et reprend ensuite l'avenue d'Italie pour sortir par la porte d'Italie.

Ce projet suppose à la Halle aux cuirs un aiguillage et non une station, ce qui ne donne pas satisfaction aux désirs des habitants du quartier Croulebarbe. La gare de l'Abattoir est peut-être bien placée pour les voyageurs, mais la gare des marchandises au Chemin de fer de Ceinture ne serait que peu employée par les usiniers de l'arrondissement.

Ce tracé a encore l'inconvénient de couper, entre la rue du Château-des-Rentiers et la rue du Gaz, une usine importante, la fabrique de blanc de céruse de MM. Bezançon frères.

Cette expropriation serait donc aussi onéreuse à la Compagnie que préjudiciable pour ces propriétaires.

C'est en raison de toutes ces considérations que la Commission croit devoir proposer un tracé qui est le suivant :

5° Le tracé de la Commission prend le tracé primitif de la Compagnie à la traversée de la rue du Fer-à-Moulin, et coupe le boulevard Saint-Marcel sur la gauche de la rue Lebrun. Son tracé se trouverait, rue du Fer-à-Moulin et boulevard Saint-Marcel, au niveau de la chaussée.

Au lieu d'un simple aiguillage à la halle aux Cuirs, la Commission verrait avec plaisir une gare, ayant, d'un côté, façade sur la rue du Fer-à-Moulin, en face de la Halle aux cuirs et, de l'autre côté, façade sur le boulevard Saint-Marcel. Cette gare pour les voyageurs desservirait, en dehors du Ve arrondissement, une partie des quartiers Croulebarbe, de la Salpétrière ,et de la Gare ; pour les marchandises, elle desservirait le quartier de la Salpétrière et surtout celui de Croulebarbe, où il y a une agglomération d'usines importantes pour la tannerie. Le choix de cet emplacement d'une gare à marchandises pour la commodité des tanneurs du quartier Croulebarbe est d'autant plus fondée, si l'on admet dans l'avenir un développement prospère pour la Halle aux cuirs.

Tout en s'occupant uniquement et strictement de l'utile, la Commission n'a pas cru devoir négliger l'agréable ; or, la création d'une gare, en façade sur le boulevard Saint-Marcel, serait le commencement d'un projet d'ensemble d'embellissement de ces parages, qui serait continué par la création du Marché aux chevaux, projeté de l'autre côté du boulevard Saint-Marcel, vis-à-vis cette gare, et dont les habitants de ces quartiers réclament avec instance la réinstallation sur son ancien emplacement, d'après la promesse formelle qui leur en a été faite par l'Administration.

Le tracé traverse ensuite en tranchée, sous un pont, la rue des Cornes, là rue Watteau, le boulevard de l'Hôpital, la rue Fagon, la rue Godefroy et le boulevard de la Gare, où il serait environ à 7 m. 50 c. de la chaussée ; depuis le boulevard Saint-Marcel jusqu'au boulevard de la Gare, il n'y a, à proprement parler, pas d'immeubles à exproprier. Ce sont, en dehors des voies publiques, des morceaux de terrain non construits à acquérir. Ce tracé entre ensuite dans la rue du Gaz, il est en palier et à niveau après l'avenue Fortin, contourne l'usine à gaz et vient, toujours à niveau, au carrefour des routes de Choisy, avenue d'Italie et avenue de Tolbiac prolongée.

Il emprunte, comme on le voit, depuis le boulevard de la Gare jusqu'après l'usine à gaz, la rue du Gaz dans toute sa largeur. On ne saurait faire pour la rue du Gaz les mêmes objections que pour l'avenue d'Italie et l'avenue de Choisy. La rue du Gaz, bien que depuis douze ans elle ait l'honneur d'être une des voies de communication de la capitale, n'est pas carrossable, et, à plus forte raison, les industriels de notre arrondissement ne peuvent-ils pas s'en servir. Quelques mètres à son entrée, du côté du boulevard de la Gare, sont favorisés d'un pavage rarement entretenu. Quant au prolongement de la rue, il a été fait par le terrassement des décharges publiques. Malgré ce triste état, les riverains de la rue du Gaz ont les mêmes charges de voirie que les habitants de la rue de Richelieu : frais de balayage, trottoirs, construction d'égouts, exigences d'alignements, etc. Comme il n'y a dans cette rue aucun commerce et qu'elle est bordée, à droite et à gauche, par les derrières des propriétés ou usines donnant soit sur l'avenue de Choisy, soit sur la rue du Château-des-Rentiers, la Commission croit que les habitants du XIIIᵉ arrondissement et surtout ceux, plus intéressés, du quartier de la Gare, dans ces parages, ne feront aucune difficulté pour être privés d'une importante voie de communication où leurs voitures ne peuvent circuler, surtout si elle doit être remplacée par un chemin de fer utile.

La Commission propose la création d'une gare au carrefour des rues de Tolbiac, d'Ivry et de Choisy. Cette gare serait utilisée uniquement pour les marchandises.

Comme gare de marchandises, l'inspection des lieux suffit à démontrer les avantages de cet emplacement.

Les usines de l'avenue d'Italie sont toutes sur la gauche de l'avenue et ont, pour ainsi dire, toutes accès sur l'avenue de Choisy; elles seraient donc facilement desservies. Les usines du quartier de la Gare, telles que l'usine à gaz, l'entrepôt de Trottot et les très nombreuses usines des environs, seraient favorablement desservies.

Chacune de ces usines : la raffinerie Say, l'entrepôt Trottot, l'usine à gaz, l'usine de MM. Bezançon, Bouvet, Dalifol et Huet se relieraient très facilement à cette gare avec des rails placés sur la voie publique qui leur permettraient, sans danger pour la circulation, de rentrer chez elles, au moyen de chevaux, leurs wagons. Car il y a lieu de tenir compte qu'il s'agit ici d'un quartier éminemment industriel et où cette traction de wagons par des chevaux ne serait d'aucun inconvénient ni d'aucun danger.

Le tracé de la Commission traverse ensuite à niveau l'avenue de Choisy; il coupe à peu près par le milieu l'espace compris entre l'avenue de Choisy et l'avenue d'Italie. On peut éviter les rares immeubles de ces parages, où il n'y a en général que des jardins; il rencontre en cet endroit des ateliers et des usines importantes, entre autres la fabrique de M. Lombart, dont le propriétaire, très désireux de voir la réalisation de ce projet, est animé des dispositions les plus arrangeantes pour faciliter la traversée de sa propriété.

Le tracé coupe la petite rue du Marché-aux-Porcs et la rue Caillot, il monte avec une faible rampe pour passer par dessus le Chemin de fer de Ceinture.

Il vient ensuite, à travers le passage Raymond et le passage Maindron, regagner l'avenue d'Italie pour sortir sous la porte d'Italie, à 5 mètres en contrebas.

La Commission du XIIIᵉ arrondissement le livre alors à la commune de Gentilly.

On pourrait reprocher au tracé de la Commission quelques sinuosités, mais elles sont faites en vue d'éviter à la Compagnie du chemin de fer des expropriations onéreuses. Ensuite, on voudra bien remarquer que les courbes de ce tracé ont des rayons de 600 mètres, et que le plus petit rayon est encore de 400 mètres.

6° Pour remplir complétement son but, notre Commission a encore à examiner la question sous un autre point de vue, c'est-à-dire, à celui des conditions d'exécution des travaux de ce chemin de fer. Il faut que ce chemin de fer, pour être viable, soit établi à un prix de revient kilométrique aussi modéré que possible. Il est donc prudent d'éviter les expropriations dispendieuses et de ne faire que les travaux d'art rigoureusement néces-saires, emprunter le plus fréquemment que cela sera possible les voies pu-bliques que la ville de Paris pourrait céder, ainsi que l'emplacement des gares, sans indemnité.

En un mot, il faut que le service de l'intérêt du capital du premier éta-blissement soit tel qu'ajouté aux frais d'exploitation, il soit inférieur aux recettes. Par les arrivages des chemins de fer et le camionnage dans Paris, on peut estimer d'une façon approximative, mais à très peu près exacte, les recettes probables de ce chemin de fer projeté. On connaît exactement au-jourd'hui les frais d'exploitation par kilomètre qu'il y aurait lieu de plus valuer dans le cas actuel.

On peut donc en conclure exactement le chiffre de la dépense permise. D'un autre côté, le contrôle des devis est chose facile. On voit donc que si, dans cette question, les intérêts sont grands, il est permis de les entourer de toute la sécurité possible par une étude approfondie du projet. Il y au-rait aussi à réclamer à l'administration supérieure, pour ce chemin de fer, une protection efficace contre le mauvais vouloir des grandes Compagnies dans les rapports journaliers. Car il est incontestable que les grandes Com-pagnies de chemin de fer verront avec déplaisir ce nouveau chemin de fer leur enlever leur camionnage, par sa circulation dans les divers quartiers de Paris. Il résultera de cette situation des tiraillements qui seront toujours préjudiciables au public.

Tout le monde se souvient avec quel succès les Compagnies de chemin de fer ont opposé au Gouvernement, à la Chambre, la force d'inertie dans la crise de 1871.

Dans ces conditions, notre Commission vient donc prier les représen-tants des habitants du XIII° arrondissement au Conseil général de la Seine de vouloir bien être les interprètes auprès du Conseil général des vœux et désirs de leurs concitoyens, en donnant le concours de leur influence méritée à la réalisation du projet du Chemin de fer Circulaire de la ban-lieue de Paris.

Lecture a été faite du rapport de la Commission, dans une réunion des habitants du XIII° arrondissement, le 2 février 1873. — La majorité des habitants a donné son approbation à l'avis exprimé par la Commission dans son rapport.

OPINION DES INGÉNIEURS

Le tracé proposé n'a pas été accepté par la Commission et par l'assemblée des notables de l'arrondissement, parce qu'il coupait en contrebas toute la chaussée de l'avenue d'Italie.

Nous ferons remarquer que le système présenté par M. Brunfaut, système qui consiste à placer le tracé dans l'axe d'une chaussée.en contrebas, de le creuser partout où besoin sera, en un mot, de faire pour le chemin de fer ce que l'administration a fait pour le canal Saint-Martin en créant le boulevard Richard-Lenoir ; ce système, disons-nous, a reçu de la part des divers arrondissements de Paris l'accueil le plus flatteur.

Nous croyons que cette installation dans l'avenue d'Italie aurait donné à cette voie de communication une physionomie, un aspect fort agréable, qu'elle est loin de présenter aujourd'hui.

Deux contre-projets étaient en présence : l'un se tenant à droite de l'avenue d'Italie, l'autre à gauche.

Celui de gauche, passant près de l'usine à gaz, a recueilli la majorité des suffrages, les ingénieurs de la Compagnie l'ont étudié, il ne présente pas de difficultés d'exécution ; en conséquence, l'administration du Chemin de fer Métropolitain et de la banlieue de Paris l'accepte.

VILLE DE PARIS

COMMISSION DES X°, XI°, XIX° ET XX° ARRONDISSEMENTS

MAIRIE DU XIX° ARRONDISSEMENT

**Réunion de MM. les notables des XIX° et XX° arrondisse-
ments, pour la nomination d'une Commission chargée
d'étudier une des entrées dans Paris du Chemin de fer Circulaire de la banlieue.**

Sur l'invitation qui lui en est faite, M. Moreau, adjoint de M. le maire
de La Villette, intervenant officieusement à la réunion, accepte la présidence.

MM. les conseillers généraux Dupuy et Allain-Targé sont présents à la
réunion.

Un des administrateurs et M. l'ingénieur Brunfaut prennent place au
bureau.

A huit heures et demie, M. le Président ouvre la séance, en rappelant
le but de la convocation, et, pour ne pas abuser des moments de l'assemblée, il prie l'administration du chemin de fer de donner aux personnes
présentes· l'explication des tracés proposés. Ces explications entendues,
continue M. le Président, je vous proposerai, Messieurs, de nommer parmi
vous une Commission qui fera ce que les autres Commissions font dans les
autres arrondissements, c'est-à-dire étudier, donner son avis à nos conseillers généraux, qui soutiendront nos vœux.

M. Brunfaut, ingénieur de la Compagnie, expose en peu de mots le
tracé du chemin de fer, depuis le Château-d'Eau jusqu'au Père-Lachaise;
puis il explique que, là, trois voies sont projetées : l'une passant en souter-

rain sous la rue de la d'Huis; l'autre, suivant l'avenue Puebla, le boulevard Mexico, les Carrières d'Amérique; l'autre enfin contournant le bas des buttes Chaumont.

MM. les membres de la Commission auront à présenter leurs observations aux ingénieurs: les trois tracés sont possibles; la Compagnie propose le passage par la d'Huis, mais ne repousse pas les autres, même celui de l'avenue de Puebla, qui est très exécutable, mais fort dispendieux.

La Commission, dit M. l'ingénieur, est seule apte à connaître les vrais intérêts; et il cite, à l'appui, ce qui vient de se passer au XIII⁰ arrondissement, qui a modifié le projet qui lui avait été présenté.

M. le Président demande si l'assemblée veut nommer immédiatement la Commission, ou bien si elle préfère nommer des délégués qui seront chargés de la former.

Un Membre demande qu'on fixe d'abord le nombre, et prie M. l'ingénieur de renseigner l'assemblée sur ce qui s'est fait ailleurs.

M. l'Ingénieur répond que les notables habitants de Grenelle ont nommé sept membres, le XIII⁰ arrondissement dix, Montmartre et le IX⁰ dix.

Un Membre fait observer que la réunion n'est pas assez nombreuse pour engager ceux qui n'ont pu venir à cause du mauvais temps, ainsi que ceux du XX⁰ arrondissement, qui n'est pas suffisamment représenté; il propose, en conséquence, une nouvelle réunion.

Combien, demande une autre personne, a-t-on fait de convocations?

L'Administrateur de la Société répond que les listes ont été remises par les soins de MM. les Maires, qu'elles ne comprennent que les notables, que leur nombre a été nécessairement limité.

Il faut donc, répond-on, qu'une nouvelle convocation ait lieu, et il faut convoquer le XIX⁰ à la mairie de La Villette et le XX⁰ à la mairie de Belleville; là on nommera chacun une Commission de cinq ou sept membres. Ces deux Commissions se rassembleront, et on fera ainsi une bonne besogne.

M. Héret insiste pour que, tout d'abord, on nomme une Commission d'initiative de trois membres par chaque arrondissement; cette Commission fera les convocations et prendra la question en main. Elle est assez importante, ajoute-il, pour que nous nous en occupions.

M. Perroncelle approuve les idées de M. Héret.

M. le Président propose de suspendre un moment la séance pour la nomination de ces deux Commissions d'initiative.

M. Brehier fils approuve cette marche de conduite. Il faut, dit-il, que nous convoquions nos concitoyens le plus tôt possible.

La séance est suspendue quelques instants, et M. le Président met aux voix le vote des personnes choisies,

Pour le XIXe arrondissement :

>   MM. Cottin,
>   Detouche,
>   Brehier fils.

Pour le XXe arrondissement :

>   MM. Héret,
>   Courtine,
>   Perroncelle aîné.

La séance est levée.

XIXe ARRONDISSEMENT

Le mercredi, 11 décembre 1872, une convocation des notables commerçants et industriels du Xe arrondissement avait été faite par la Compagnie du Chemin de fer Métropolitain et de la Banlieue de Paris, à l'effet de nommer une Commission pour étudier les plans du parcours de la ligne entre le Chemin de fer Circulaire et le Château-d'Eau, au mieux de intérêts de l'arrondissement.

Cette première réunion ne s'étant pas trouvée assez nombreuse, et quelques notables qu'on aurait désiré consulter étant absents, il fut résolu, d'un commun accord, de s'ajourner.

Vous avez nommé une Commission d'initiative, composée de MM. Brehier fils, Detouche et Cottin, qui fut chargée de trouver des adhésions et de vous convoquer à nouveau, aussitôt que possible.

Votre Commission d'initiative se mit aussitôt à l'œuvre et se présenta successivement chez

MM. Barbier, marchand de bois, rue de Flandre, 49.
    Couvreur, négociant, quai de Marne.
    Collesson, marchand de bois, quai de la Loire.
    Cassotte, entrepreneur de terrassements, rue d'Allemagne.
    Chameroy, fabricant de tuyaux bitumés, rue d'Allemagne.
    Deutch, négociant, rue de Flandre.
    De Ribbentrop, marchand de charbons, quai de Seine.
    Gargan, constructeur, rue Curial.
    Frey, mécanicien, rue Rebeval.
    Joigneaux-Poulain, négociant, place du Maroc.
    Lebaudy, raffineur, rue de Flandre.
    Langlois, entrepreneur, rue de Flandre.
    Ligarde, tréfileur, rue Rebeval.
    Lapostolet, négociant, rue Rebeval.
    Maujan, entrepreneur de travaux publics, rue de Flandre.
    Masson, commissionnaire en bestiaux, rue d'Allemagne.
    Pothier, fondeur, rue Curial.
    Quéruel, entrepositaire, rue de Flandre.
    Sommier, raffineur, rue de Flandre.

Parmi ces messieurs, quelques-uns étaient absents, et votre Commission s'y transporta une seconde fois sans plus de réussite.

D'autres ne purent accepter, malgré leur bonne volonté, pour cause d'incompétence ou de voyage prochain.

Mais MM. Barbier, Couvreur, Gargan, Joigneaux-Poulain, Quéruel, Langlois, Masson, Collesson, Pothier, Maujan, Chameroy, Lapostelet, Frey, accueillirent favorablement notre proposition et promirent leur concours dans le cas où vous les nommeriez.

Là, Messieurs, se borne le mandat de votre Commission d'initiative.

C'est à vous de choisir les personnes que vous désirez voir faire partie de la Commission chargée de faire ressortir les intérêts de l'arrondissement auprès de la Compagnie du chemin de fer.

Les membres de la Commission d'initiative :

BREHIER fils ; — DETOUCHE ; — J. COTTIN.

Procès-verbaux et Rapport de la Commission d'enquête du XIᵉ arrondissement, sur le Chemin de fer Métropolitain et de la banlieue de Paris.

MESSIEURS,

Vous savez qu'il est question d'établir le plus près possible du centre de Paris des gares se ralliant, par le chemin de fer de Ceinture actuellement existant et par le chemin de fer de grande Ceinture en ce moment à l'étude, à toutes les grandes voies ferrées de France et de l'étranger. Quatre points ont été désignés pour recevoir ces têtes de ligne :

1° La place des Martyrs, dans le IXᵉ arrondissement :

2ᵉ La place de l'Esplanade des Invalides, dans le VIIᵉ arrondissement;

3ᵉ Le pont de l'Archevêché, quai de Montebello, dans le Vᵉ arrondissement;

4° Le bâtiment de la Douane, dans le Xᵉ arrondissement.

La Compagnie du Chemin de fer Métropolitain a consulté les habitants des quartiers que parcouraient les lignes partant des points ci-dessus énoncés, et c'est à ce titre qu'elle a provoqué une réunion des habitants du XIᵉ arrondissement, pour leur soumettre le tracé partant du quatrième point, le bâtiment de la Douane, et traversant une grande partie du XIᵉ arrondissement.

Cette réunion a eu lieu le 29 janvier 1873, à huit heures du soir, à la Mairie, en la salle des mariages.

L'Assemblée a constitué son bureau comme suit : ·

MM. Gallimard, président;

Desportes et Jouye, assesseurs;

Cochelin, secrétaire.

M. le Président, après avoir expliqué à l'assemblée le but de la réunion, donne la parole à M. l'ingénieur Brunfaut, qui, au nom de la Compagnie, expose à l'assemblée le but et le tracé de la ligne intéressant les habitants du XIᵉ arrondissement, tout en déclarant que la Compagnie est toute disposée à transporter le point de départ du bâtiment de la Douane à la place du Château-d'Eau, au bâtiment des Magasins-Réunis, dans le XIe arrondissement, cette modification n'influant que très insensiblement sur la dépense totale du projet général, évaluée de 100 à 120 millions. Après cet exposé, M. le Président rappelle à l'assemblée que le but de la réunion est de provoquer la nomination d'une Commission d'enquête, composée de deux délégués par quartier, pour étudier le projet soumis par la Compagnie.

Sont nommés membres de cette Commission d'enquête :

QUARTIER FOLIE-MÉRICOURT

MM. Bengel, 19, rue des Trois-Couronnes;
Bariquand, 127, rue Oberkampf.

QUARTIER SAINTE-MARGUERITE

MM. Turquetil, 208, boulevard Voltaire;
Rouchonnat, 75, faubourg Saint-Antoine.

QUARTIER DE LA ROQUETTE

MM. Desportes, 11, rue Popincourt;
Hochard, 96, rue de la Roquette.

QUARTIER SAINT-AMBROISE

MM. Gallimard, 54, rue Amelot;
E. Salmon, 96, rue Amelot.

M. Jouye, 25, boulevard Voltaire, dans le quartier de la Folie-Méricourt, est, sur la demande de la Commission et en raison de ses connaissances spéciales, nommé membre de la Commission d'enquête. M. le Président, après avoir convoqué les membres de la Commission d'enquête pour le mardi, 4 février, à deux heures, lève la séance à dix heures.

Le 4 février, à deux heures, la Commission d'enquête s'est réunie à la mairie du XIe arrondissement, en la salle des Commissions.

La Commission a d'abord constitué son bureau, en nommant à l'unanimité :

MM. Gallimard, Président;
E. Salmon, Secrétaire.

La discussion s'engage sur le projet de la Compagnie, et des objections sont faites à l'établissement de la gare aux bâtiments de la Douane, dont l'étendue est insuffisante et d'un accès peu facile.

Des explications données par M. l'ingénieur Brunfaut, présent à la séance, il résulte que le point de départ peut être modifié et reporté aux bâtiments des Magasins-Réunis.

La Commission ne pouvant donner son avis sans avoir examiné sérieusement le tracé proposé par la Compagnie, décide, après avoir entendu M. Brunfaut, qu'elle s'adressera à la Compagnie pour lui transmettre ses observations. Après le départ de M. l'ingénieur Brunfaut, la discussion est ouverte et le projet de la Compagnie est critiqué par plusieurs membres de la Commission.

A la suite de cette discussion, la Commission décide qu'il sera demandé à la Compagnie du chemin de fer son avis sur les propositions suivantes :

1° Exécution en viaduc depuis le point de départ (Magasins-Réunis) ou d'un emplacement plus rapproché de la rue Folie-Méricourt, pour la traversée des rues Folie-Méricourt, Angoulême-du-Temple, Gambey, Nemours, avenue Parmentier projetée, rue Oberkampf, Saint-Maur, jusqu'au point où le terrain, s'élevant sensiblement, le parcours à niveau pourra être appliqué. Cette modification ayant pour but de conserver aux rues et avenues existantes leur viabilité actuelle.

2° Changement du point de départ, en reportant la tête de ligne à la jonction des boulevards Voltaire et Richard-Lenoir, en face l'immeuble connu sous le nom de Ba-Ta-Clan.

La séance est levée à cinq heures.

Le 24 février 1873, en le même endroit, la Commission d'enquête s'est réunie de nouveau.

M. le Président donne connaissance à la Commission de la lettre qu'il a adressée à M. le Président du Conseil d'administration du chemin de fer Métropolitain, au sujet des résolutions prises par la Commission, dans sa dernière séance, et de la lettre par laquelle il repousse le contre-projet présenté par elle et ayant son point de départ à la jonction des boulevards Voltaire et Richard-Lenoir, sous le prétexte qu'il est trop coûteux.

La Commission, après avoir de nouveau étudié le projet présenté par la Compagnie et partant des Magasins-Réunis, persiste dans son contre-projet partant du point de jonction des boulevards Richard-Lenoir et Voltaire, par les motifs ci-après :

Le projet de la Compagnie aurait sa tête de ligne tout à fait à l'extrémité de l'arrondissement; à la sortie de la gare, la voie ferrée rencontrerait le théâtre du Château-d'Eau qu'elle démolirait, puis couperait en biais le boulevard Richard-Lenoir, pour suivre ensuite le prolongement de l'avenue projetée des Amandiers; elle couperait en viaduc les rues Folie-Méricourt, Pierre-Levée, des Trois-Bornes, d'Angoulême, Gambey, Nemours, passage d'Angoulême. A partir de ce point, le chemin de fer serait établi en tranchée, traversant aussi l'avenue Parmentier projetée, les rues Oberkampf, Saint-Maur, pour arriver au carrefour des Amandiers et rue du Chemin-Vert, rues très passagères, dont la modification ou suppression porterait un grand préjudice dans un quartier très important. Cette énumération montre combien le projet de la Compagnie viendrait jeter de trouble dans la viabilité de l'arrondissement. Aussi, la Commission le repousse-t-elle à l'unanimité et persiste-t-elle dans son contre-projet, lequel a sa tête de ligne, comme il est dit d'autre part, au point de jonction des boulevards Richard-Lenoir et Voltaire, comme l'indique la teinte rouge sur le plan.

Dans ce contre-projet, le point de départ est aussi central pour Paris que celui proposé par la Compagnie, et l'accès de cette gare serait très facile par les boulevards Voltaire et Richard-Lenoir, avenue Parmentier, rue d'Angoulême, du Temple, de Crussol, Oberkampf, Saint-Sébastien et du Chemin-Vert, qui mettent en communication directe la gare avec les IIIᵉ, IVᵉ, Xᵉ, XIIᵉ, XIXᵉ arrondissements, pour ce dernier, le canal donnant accès facile à la Villette par un tramway.

La Compagnie trouverait un espace suffisant pour établir une gare de 14,000 mètres en prenant le parallélogramme renfermé par la rue Ternaux en entier, la rue du Marché-Popincourt en entier, le passage Popincourt en entier et 110 mètres sur le boulevard Richard-Lenoir, où serait sa façade, comme l'indique la teinte rouge sur le plan.

Cette gare pourrait être agrandie de 4,000 mètres par l'espace de terrain qui se trouve contigu à la rue du Marché-Popincourt, au passage Popincourt, au Marché Popincourt et à l'impasse Popincourt, indiqué par la teinte bleue du plan. La superficie serait alors portée à 18,000 mètres, ce qui permettrait d'établir une gare pour les marchandises, qui est réclamée par les besoins du commerce et de l'industrie.

L'expropriation n'atteint que des immeubles de peu d'importance, à l'exception de ceux qui se trouvent en façade sur le boulevard Richard-Lenoir; elle ne coupe qu'une seule rue, la rue Folie-Méricourt, qui, de chaque côté, aboutira sur le boulevard Richard-Lenoir.

La voie ferrée entrerait en tunnel à son passage sous l'avenue Parmentier, comme l'indique la teinte rouge ponctuée du plan, ainsi que la coupe, passerait sous la rue Saint-Maur, où elle vient rejoindre le tracé proposé par la Compagnie, en offrant sur ce tracé l'avantage de réduction de hauteur de rampe (le projet de la Compagnie étant établi à 15 millimètres par mètre et le contre-projet à 14 millimètres 17 centièmes). Comme on le voit dans l'exposé aussi bref que possible qui vient d'être fait, le projet de la Compagnie, outre l'inconvénient qu'il a d'avoir sa tête de ligne à l'extrémité de l'arrondissement, coupe, soit en viaduc, soit en tranchée, neuf rues très fréquentées. Le contre-projet coupe une seule rue, qu'il fait déboucher sur un boulevard. La Commission ne croit pas que la dépense occasionnée pour l'expropriation des terrains nécessaires à l'établissement de la gare soit, pour la Compagnie, plus forte que celle résultant de son projet, parce qu'à part quelques immeubles qui sont en façade sur le boulevard Richard-Lenoir, les propriétés qui font suite et doivent servir à l'établissement de la gare ont beaucoup moins de valeur que les Magasins-Réunis, le théâtre du Château-d'Eau et les immeubles situés en façade sur l'avenue des Amandiers et sur le quai Valmy.

14

La voie passant en tunnel depuis la traversée de l'avenue Parmentier, et les travaux d'égouts dans ce quartier n'ayant pas encore été établis, le chiffre des indemnités à donner aux propriétaires ne serait que sur une longueur de 120 mètres environ, pour arriver à la rencontre de l'avenue des Amandiers.

En outre, il serait possible que le chiffre des indemnités soit considérablement réduit, la totalité des propriétés étant expropriée pour l'ouverture des avenues Parmentier et des Amandiers, comme l'indique la teinte violette du plan. De plus, le parcours du tracé de la Compagnie, qui est de 1,800 mètres, sera réduit à 1,180 mètres, ce qui, dans l'exploitation, présenterait une grande économie.

La Commission, tout en persistant dans ses idées, a désiré communiquer aux habitants de l'arrondissement le projet de la Compagnie et le contre-projet qu'elle présentait.

Dans une réunion qu'elle a provoquée le vendredi 7 mars, à 8 heures du soir, dans la salle des Fêtes, à la mairie du XIe arrondissement, elle a exposé les deux projets dans ses plus grands détails.

A la presque unanimité, l'assemblée a décidé que la Commission d'enquête du XIe arrondissement serait priée de repousser le projet proposé par la Compagnie, et d'appuyer auprès de l'Administration le contre-projet présenté par M. Jouye, un de ses membres.

> F. GALLIMARD, ✳, *président de la Commission*; EDOUARD SALMON, *secrétaire-rapporteur*; BARIQUAND (Jules), TURQUETIL (Jules), DESPORTES, HOCHARD, ROUCHONNAT, JOUYE, ✳, C. BENGEL, *membres de la Commission*.

Paris, le 20 mars 1873.

Rapport de la Commission de la Chambre syndicale de la mutualité des propriétés immobilières du XIe arrondissement, relativement à l'établissement d'un Chemin de fer Métropolitain et de la banlieue de Paris (1).

Messieurs,

Dans l'assemblée générale extraordinaire du 29 janvier dernier, une Commission a été nommée en vue d'étudier un avant-projet présenté par la

---

(1) Nous remettons ci-joint deux plans, l'un indiquant le projet de la Compagnie, qui croit préférable que la gare soit placée au Château-d'Eau, et le contre-projet, qui placerait cette même gare au boulevard Richard-Lenoir; l'autre donnant une vue du boulevard des Amandiers, dans lequel l'ingénieur Brunfaut propose d'établir le Chemin de fer Métropolitain et de la banlieue; de cette manière, tous les intéressés jugeront en parfaite connaissance de cause la question qui, présentée par M. Brunfaut, a reçu l'approbation des notables habitants du XIe arrondissement.

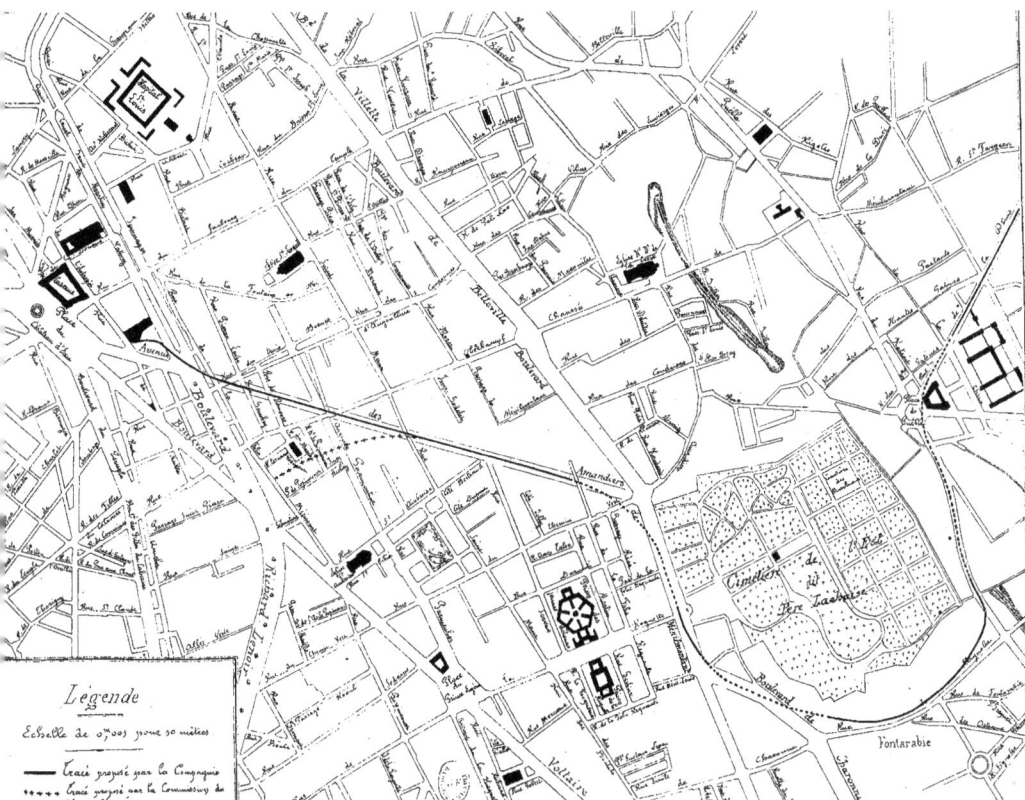

Légende

Echelle de 0^m,005 pour 50 mètres

Tracé proposé par la Compagnie
Tracé proposé par la Commission du

CHEMIN DE FER METROPOLITAIN ET DE LA BANLIEUE DE PARIS

Passage du Chemin de Fer sous les voies intérieures de Paris ayant plus de 30 mètres de large . (PROJET BRUNFAUT)

Compagnie du Chemin de fer Métropolitain devant desservir le XI⁰ arrondissement, de recueillir préalablement les explications et documents nécessaires, et de vous présenter son avis sur l'utilité du tracé projeté.

Messieurs, cette Commission, composée de MM. Avézard, Hurez, Bellanger, Larsonneau, Cochegrus et Francastel, commençait dès le lendemain sa mission.

Elle se mettait en communication immédiate avec M. Brunfaut, l'un des ingénieurs de la Compagnie, avec les membres du Conseil d'administration, et se faisait remettre les plans, profils et mémoire pouvant servir à son instruction.

Après s'être formé, par l'analyse des pièces produites, une appréciation générale du projet proposé, cette Commission, avant d'entrer dans un examen plus approfondi, a désiré rechercher et recueillir les observations des propriétaires et des industriels de l'arrondissement, en vue d'asseoir sur des bases plus certaines son jugement, et de présenter un rapport sérieux à votre approbation.

En conséquence, elle a organisé, par voie d'affiches, une publicité faisant appel à l'industrie et à la propriété dans l'arrondissement, à l'effet de recevoir, au siége du Syndicat, toutes les observations ou modifications pouvant éclairer sa religion et fortifier son avis ultérieur.

En cet état, Messieurs, nous, membres de la Commission que vous avez instituée, avons repris le cours de nos opérations en nous remettant à l'étude. Nous avons répondu à un appel qui nous avait été adressé par le Comité d'enquête fonctionnant à la mairie, et, à la suite des renseignements recueillis en vue de nous éclairer, nous avons ainsi assuré notre conviction sur un examen plus complet des plans et profils, et nous venons, en conséquence, présenter à votre observation le rapport suivant :

Rapport

Le tracé présenté par la Compagnie prend, comme vous le savez, son point de départ à la Douane (1).

« De là, il franchit, par un viaduc de 325 mètres, les rues de Malte,
« boulevard Richard-Lenoir, les rues Folie-Méricourt, d'Angoulême et de
« Gambey ;

« Après avoir laissé ce viaduc, il traverse d'abord la rue de Nemours,
« puis les rues Oberkampf, Saint-Maur, Servan et du Chemin-Vert.

« La ligne se continue ensuite sous le boulevard Ménilmontant, em-
« prunte l'avenue des Amandiers qui a une largeur de 31 mètres, établit
« deux chaussées de 12 mètres chacune, réservant 7 mètres pour le chemin
« de fer, et passant presque toujours en tranchée sur une profondeur
« de cinq mètres ; elle poursuit son parcours entre le cimetière du Père-

---

(1) Extrait du Rapport de M. l'ingénieur Brunfaut.

« Lachaise, où une station serait établie à la rue de Bagnolet, et traverse
« le chemin du Pré, le sentier des Basses-Vignes, celui de la Cloche,
« pour arriver par un souterrain à la place Puebla. »

Tel est, Messieurs, dans son vrai texte, le projet de la Compagnie, sur
l'utilité duquel nous avons à nous exprimer, tant sous le rapport des intérêts généraux de l'industrie et du commerce de notre arrondissement, que
des avantages ou inconvénients pouvant en résulter pour les propriétés de
nos quartiers, atteintes par ledit tracé.

Or, Messieurs, il est manifeste que le XI° arrondissement, déshérité
depuis bien longtemps de voies de locomotion, appelle et réclame énergiquement le secours de services d'omnibus complémentaires, de tramway,
ou de toutes lignes pouvant desservir avantageusement ses quartiers respectifs.

Il est également manifeste qu'une voie ferrée servirait utilement les
intérêts industriels et immobiliers, en apportant dans ces quartiers un essor
et un mouvement qui favoriseraient l'exploitation des usines nombreuses
y établies, mais à la condition bien entendu de faire disparaître les inconvénients ou incommodités pouvant surgir de l'établissement d'un chemin
de fer au centre de nos quartiers populeux.

En effet, il faut s'inspirer avant tout de la véritable physionomie de
l'arrondissement, consulter les intérêts sérieux de la population, et, à cet
égard, la Commission reconnaît l'utilité d'un chemin de fer venant desservir les véritables besoins de nos quartiers et en augmenter les ressources,
mais en facilitant des communications plus rapides avec les cinq grandes
Compagnies de chemin de fer et le centre de Paris.

L'utilité d'un chemin de fer réalisant ces conditions essentielles étant
ainsi reconnue, la Commission aborde l'examen du tracé de la Compagnie.

En ce qui touche la gare de départ à établir à la Douane :

« La Commission n'en admet pas l'établissement, et en propose l'instal-
« lation, soit en face de Ba-Ta-Clan, suivant le projet de la Commission
« d'enquête de notre arrondissement, soit au-delà du canal, au boulevard
« Richard-Lenoir, au droit de l'avenue des Amandiers, où ne se rencon-
« trent pas les mêmes inconvénients et les mêmes difficultés de parcours.

« Cette *gare de voyageurs* devrait être établie sur une façade de 80 mè-
« tres environ. »

La Commission supprime ensuite les viaducs et tous passages à niveau,
et propose, pour ne pas laisser subsister les désavantages pouvant résulter
pour les projets du tracé proposé par la Compagnie, les deux contre-projets
suivants, à partir des points ci-dessus indiqués :

PREMIER CONTRE-PROJET

Ce contre-projet indique le parcours de l'avenue des Amandiers en tunnel ou en tranchée à ciel ouvert en certaines parties, toujours en contre-
bas du sol de la voie publique

Dans la partie couverte, il serait établi des corbeilles d'aération avec jardinets, semblables à celles qui existent boulevard Richard-Lenoir, par lesquelles s'échapperaient la fumée et la vapeur, qui ne seraient pas perdues sous le tunnel.

Pour l'intelligence de ce contre-projet, la Commission a annexé une vue du chemin de fer en perspective, indiquant une partie complémentaire de l'avenue des Amandiers, qui doit prendre naissance au boulevard Richard-Lenoir pour donner accès aux anciens boulevards extérieurs.

DEUXIÈME CONTRE-PROJET

Au lieu d'avoir de chaque côté deux voies latérales,

« Établissement de deux lignes de construction ayant vue sur la voie.

« Le parcours se continuerait, suivant le tracé de la Compagnie, jusqu'au « Père-Lachaise, dans les terrains vagues avoisinant les boulevards de « Charonne et de Philippe-Auguste, où s'établirait une gare de marchan- « dises, laquelle permettrait tout autour la création de vastes usines reliées « à la voie ferrée.

« Cette gare qu'on construirait, desservirait à la fois les XIᵉ et XXᵉ arron- « dissements, et même une partie du XIIᵉ.

« Ce chemin de fer parcourrait ainsi l'arrondissement sur une voie « spéciale, bordée de chaque côté de maisons dont les façades principales « auraient vue sur des rues nouvelles, et les façades postérieures sur le « tunnel du chemin de fer, comme à la gare Saint-Lazare (place d'Europe) « et d'autres gares analogues (1).

« Ensuite on contournerait le Père-Lachaise, toujours d'après le tracé de « la Compagnie qui suit la rue Puebla, dont on pourrait utiliser également « les vastes terrains. »

Pour l'intelligence de ce contre-projet, une coupe transversale est également annexée.

Tels sont les deux contre-projets que la Commission a dressés en vue de faire disparaître les dommages matériels que le passage projeté du chemin de fer dans l'arrondissement amènerait fatalement, comme nous l'avons dit précédemment.

Ces contre-projets, présentant certains avantages similaires, seraient d'une grande utilité au point de vue pratique :

1° La circulation ne serait pas entravée et les accidents seraient, par suite, évités ;

2° On atténuerait au moins, si on ne la supprimait pas, la fumée, qui se perdrait en partie sous les tunnels ;

3° Les usines seraient desservies plus utilement ; le transport serait plus rapide, le développement des intérêts industriels et commerciaux serait plus assuré.

(1) Ce projet diffère de celui proposé par notre ingénieur, M. *Brunfaut.* (Voir le plan.) Il entraînerait une dépense considérable d'achat de terrains.

A l'appui de cette dernière considération, la Commission croit devoir s'en rapporter :

A l'approbation unanime du Syndicat général du Commerce et de l'Industrie, organe des Chambres syndicales du département de la Seine ; et, à cet égard, s'empresse de vous déclarer que, si elle s'est inspirée de l'utilité du chemin de fer proposé,

Elle y a été vivement sollicitée par l'unanimité des adhésions de ces Chambres syndicales et des Comités d'enquête des arrondissements de Paris, saisis de l'étude des avant-projets présentés à leur examen.

Nous avons fait ainsi valoir les avantages de ces deux contre-projets, qui méritent vos méditations.

Nous ferons seulement observer que le contre-projet n° 1, celui qui indique le Chemin de fer sous l'avenue des Amandiers et dans tout son parcours, ne nécessitera aucun frais d'expropriation, si ce n'est ceux prévus par le percement de cette avenue, décrétée depuis si longtemps (1).

Il a paru à la Commission nécessaire de concilier les intérêts de la Ville et ceux de la Compagnie, et de satisfaire les vœux de la population, réclamant depuis longtemps cette avenue des Amandiers, qui aurait le caractère d'une promenade publique, avec deux larges voies de circulation, comme au boulevard Richard-Lenoir.

A la vérité, le contre-projet n° 2 offre le mérite de ne point paraître sur aucune voie publique et d'être complétement isolé des propriétés par une cour de 15 mètres de largeur.

Mais il nécessiterait des dépenses considérables, devant lesquelles reculerait l'administration, et cette considération puissante nous oblige à adopter notre projet n° 1.

La Commission vous propose de voter, si vous les approuvez, les conclusions de son rapport, tendant à la création, dans le XIᵉ arrondissement, de voies ferrées en tunnel par la Compagnie du Chemin de fer Métropolitain, d'après notre contre-projet portant le n° 1.

Sous réserve, bien entendu de toutes autres dispositions analogues que pourrait combiner ladite Compagnie, sans porter préjudice à nos quartiers respectifs et aux propriétés immobilières dont l'amélioration est poursuivie par notre Chambre syndicale, en vue de rester fidèle au programme imposé par ses statuts, c'est-à-dire de ne traiter les questions d'intérêts généraux et privés que dans la mesure de sa compétence et de l'appréciation désintéressée et impartiale des véritables intérêts de l'arrondissement.

Les membres de la Commission :

Signé : AVÉZARD, *président ;* LÉON COCHEGRUS, *secrétaire-rapporteur ;* HUREZ ; FRANCASTEL ; BELLANGER ; LARSONNEAU.

(1) Projet Brunfaut.

OPINION DES INGÉNIEURS

Nous avons dit, dans notre premier Mémoire, que le Chemin de fer de la banlieue de Paris devait être métropolitain par ses rentrées dans Paris.

Nous avons dit que, pour que le Chemin de fer pût rendre des services, il devait constituer un ensemble complet, sans solution de continuité, et qu'il devait toujours avoir pour premier objectif de desservir un intérêt matériel.

Le transport des voyageurs jouera incontestablement le rôle principal comme recettes, mais il faut surtout se préoccuper d'amener à notre industrie parisienne des wagons pour transporter économiquement ses produits ouvrés ou non.

Dans ces conditions, la gare du Château-d'Eau, d'après nous et d'après les avis si éclairés des membres des Chambres syndicales du département de la Seine, doit être le point central le plus commode pour l'industrie parisienne.

Le Château-d'Eau, cette place qui, lorsqu'elle sera terminée, par sa grandeur et ses voies de dégagement sera sans rivale, a sur une de ses façades un palais immense inoccupé ; il est vrai que son appropriation en gare demande une reconstruction complète, par conséquent, une grande dépense, mais sa situation est parfaite pour recevoir ces innombrables colis qui forment l'industrie dite parisienne, et qui s'expédient dans le monde entier.

Rappelons-nous ce que disait un de nos plus honorables fabricants de Paris, dans une de nos réunions publiques :

« Il faut que notre Chemin de fer Métropolitain vienne relier un point
« central d'expédition dans Paris à tous nos chemins de fer ; il faut que
« nous ne soyons plus astreints à perdre notre temps à courir à nos gran-
« des gares, qui atteindront bientôt le département de Seine-et-Oise, pour
« recevoir ou expédier une caisse de fleurs, de bijoux, etc., etc.; il faut,
« Messieurs, disait avec raison cet industriel, que nous songions aux pe-
« tits; nous qui connaissons notre industrie, nous savons bien que ce sont
« les petits qui réalisent, qui travaillent. Or, dans l'état actuel des choses,
« peuvent-ils se déranger de leurs établis pour courir à la Villette, à Bercy

« .à Ivry, etc.?... Non, il faut qu'ils passent par *intermédiaire*..... toujours
« *l'intermédiaire*, ce parasite rongeur, quand il leur serait facile, si une
« gare au *Château-d'Eau* existait, d'envoyer *par un apprenti* une caisse,
« un rien, pour la France, pour Saint-Pétersbourg, pour n'importe où.

« Oui, ajoutait-il encore, il faut que nous donnions notre concours pour
« que le projet présenté par M. Brunfaut se réalise, car il rétablira les
« choses dans l'état où elles se trouvaient sous Louis-Philippe. N'avions-
« nous pas, à cette époque, nos douanes au centre de chez nous? songeait-on
« à nous faire courir dans la banlieue?

« Mais, chose incroyable, Messieurs, on nous a démoli nos douanes, en
« nous disant : Autre temps, autres mœurs ; nous avons aujourd'hui les
« chemins de fer. *Vous irez les trouver.*

« *Vous irez les trouver.* Oui, Messieurs, nous avons des chemins de fer,
« qu'il faut aller rencontrer. Lorsque nos voisins font arriver les chemins
« de fer à eux, nos économistes, nos administrateurs trouvent plus com-
« mode de surcharger l'industrie et notre travail, de frais de camionnage,
« d'intermédiaires, de perte de temps.

« Pour moi, Messieurs, je vote pour le Chemin de fer Métropolitain ; je
« vote pour qu'il vienne au *Château-d'Eau*, parce qu'il permettra à notre
« artisan, à notre ouvrier en chambre, à notre industrie parisienne en un
« mot, de pouvoir faire des économies, et, par là, arriver à améliorer son
« sort, celui de sa femme, de ses enfants, et enrichir la France. »

En présence de cette unanimité de vues, M. l'ingénieur Brunfaut devait
insister près des Commissions du XIᵉ arrondissement pour que la gare fût
placée au Château-d'Eau.

Les Commissions croient que son emplacement est mieux au boulevard
Richard-Lenoir. Comme ingénieur, nous n'avons pas grande objection à
faire, mais cet emplacement remplira-t-il bien les conditions demandées
par le commerce et l'industrie de Paris?

Personne ne conteste l'importance du XIᵉ arrondissement, mais n'y a-t-
il pas lieu de tenir compte des vœux exprimés par Paris entier, qui préfé-
rera, nous semble-t-il, prendre le chemin de fer au Château-d'Eau qu'à la
place s'ouvrant en face de Bataclan?

VILLE DE PARIS

XXe ARRONDISSEMENT

Rapport de la Commission d'examen, nommée par les Notables, les Commerçants et les Industriels du XXe arrondissement.

EXPOSÉ

M. le Président du Conseil d'administration du Chemin de fer Métropolitain de la banlieue de Paris adressait, au commencement du mois de décembre dernier, une lettre de convocation, à l'effet de réunir à la mairie du XIXe arrondissement les notables industriels et commerçants des XIXe et XXe, dans le but de nommer une Commission chargée d'étudier les trois tracés compris dans la section n° 5.

Mais les industriels des deux arrondissements précités n'étant pas similaires, il fut décidé que chacun d'eux opérerait isolément.

En ce qui concerne le XXe, une nouvelle convocation fut faite pour une réunion qui eut lieu à la mairie, le 29 du même mois.

Il fut décidé, dans cette réunion, qu'on nommerait deux membres par chaque quartier, afin que l'arrondissement fût représenté au point de vue de ses intérêts généraux.

Ont été nommés :

QUARTIER DE BELLEVILLE

MM. Toussaint, ingénieur civil, ancien président de la Commission d'artillerie de Saint-Etienne ;

Houdard, propriétaire, notable commerçant.

QUARTIER DE CHARONNE

MM. Chassin, entrepreneur de travaux publics ;

Pillet,   id.

QUARTIER DU PÈRE-LACHAISE

MM. de Job, propriétaire ;

Courtin, propriétaire, notable commerçant.

QUARTIER SAINT-FARGEAU

MM. Morda, ingénieur civil ;
Voisin, propriétaire.

Il a été procédé ensuite à l'élection d'un président et d'un secrétaire.
Ont été nommés :
Président : M. Heret, architecte.
Secrétaire : M. Louis Lazare, rédacteur en chef du *Courrier municipal.*

La Commission d'examen ainsi constituée s'est réunie à trois reprises différentes chez son président; neuf membres sur dix ont exprimé leur opinion en faveur du projet n° 2. Le seul opposant, après des observations formulées par ses collègues, s'est rallié au tracé qui avait obtenu la préférence; aujourd'hui, l'unanimité est complète.

Les principales dispositions du rapport étant déterminées, la rédaction en a été confiée à M. Lazare.

Description sommaire des trois tracés.

Tous indiquent le même parcours, entre la place du Château-d'Eau et le Père-Lachaise; mais, à partir de ce cimetière, les études sont différentes et complètement hostiles.

Le premier tracé contourne le Père-Lachaise jusqu'à la nouvelle mairie du XX° arrondissement, passe en souterrain sous la rue de la Dhuis et vient aboutir au chemin circulaire de la banlieue à la commune des Lilas.

Le deuxième tracé épouse le précédent tracé jusqu'à la nouvelle mairie du XX° arrondissement ; il prend ensuite la grande rue de Puebla, la rue de la Vera-Cruz, traverse les carrières d'Amérique et se rattache au Chemin de fer de la banlieue au Pré-Saint-Gervais.

Le troisième tracé suit les anciens boulevards extérieurs, arrive à la hauteur de la Villette, rejoint le chemin de fer Circulaire à Pantin, soit en épousant la route d'Allemagne, soit en contournant les Buttes-Chaumont.

Observations contraires aux tracés n°ˢ 1 et 3.

Le premier tracé ne donne au XX° arrondissement qu'une seule gare, près de la mairie en construction, et se dérobe ensuite sous la rue de la Dhuis. Il n'est donc profitable qu'au seul quartier de Charonne, ne renfermant avant l'annexion que 1,200 habitants, tandis qu'il laisse en dehors, dans un isolement complet, une agglomération de 57,000 âmes formant le groupe de Belleville.

Le troisième tracé est l'exclusion fâcheuse du XX° arrondissement : les quartiers de Charonne, Belleville, des Buttes-Chaumont ne sont plus desservis.

Ce tracé, spécial à la Villette, prend pour y arriver les anciens boulevards extérieurs dont il déchire le sol.

Ces boulevards, établis à la fin du dernier siècle par les fermiers généraux pour arrêter les progrès de la contrebande, ont été, lors de l'extension des limites de Paris en 1860, réunis aux chemins de ronde ; la largeur de ces boulevards ainsi augmentée est supérieure à celle des boulevards intérieurs, qui ont été faits sur l'emplacement des anciens remparts de Paris.

Les boulevards extérieurs ne sauraient sans doute prétendre à l'étonnante prospérité dévolue au grand boulevard intérieur. Mais leur transformation n'en est pas moins certaine; elle s'opérera naturellement, sûrement, par le seul fait de l'agrandissement de la capitale qui les rapproche du centre de la ville, du mouvement, de l'activité des affaires.

Déjà les boulevards Rochechouart, de Clichy, de Batignolles et de Courcelles se sont notablement améliorés depuis douze années. Si ceux qui sont situés au nord-est de Paris sont restés stationnaires; si les boulevards côtoyant le XXᵉ arrondissement n'ont pas progressé, c'est que les travaux d'embellissement, qui ont fait tant de bien aux boulevards du nord et de l'ouest, se sont arrêtés à la rue de Meaux, c'est-à-dire à l'endroit où commencent nos quartiers pauvres.

Ajoutez à cette infériorité la privation de la ligne d'omnibus, dite du boulevard extérieur, qui se brise à la grande rue de Belleville, laissant ainsi en dehors de tous moyens de locomotion économique la plus grande partie du XXᵉ arrondissement.

En dépit de cette inégalité choquante, les anciens boulevards extérieurs ont une physionomie particulière qui tend chaque jour à s'embellir.

A quoi bon compromettre leur avenir ? pourquoi gâter cette physionomie, la mutiler par une voie de fer ?

Si le tracé n° 3 est nuisible aux boulevards extérieurs, il ne saurait profiter à la Villette.

Il apporterait une perturbation profonde dans la valeur riveraine des boulevards extérieurs.

La tranchée du chemin de fer sera tout aussi infranchissable que l'était le mur d'octroi.

Ce chemin de fer apportera, en outre, le bruit et la fumée, au lieu du calme et de l'air que la grande largeur des boulevards donne actuellement aux habitants.

Les grandes voies de Ménilmontant, des Trois-Couronnes et du Temple, qui relient l'ancienne zone de Paris à la nouvelle, seraient toutes coupées par des ponts, ce qui cause aux routes, et principalement à celles aussi fréquentées que les trois désignées, un état d'amoindrissement que l'on cherche toujours à éviter; et les plus fortes parties des nombreuses voies intermédiaires entre les grandes, qui aboutissent aux boulevards, seraient privées de communications directes. Pour aller d'un côté à l'autre de la zone, les habitants devraient faire de longs détours avant d'arriver aux points où ils vont directement aujourd'hui ; il s'ensuivrait une dépréciation générale, sans compensation aucune, de la propriété sur toute la longueur de la ligne des boulevards traversée par la voie ferrée.

En quittant le boulevard de la Villette pour joindre la route d'Allemagne, qui est bâtie sur tout son parcours, la ligne passerait encore par la rue de Meaux, aussi totalement bâtie, où tout serait bouleversé sans donner la moindre plus-value à ces quartiers, qui ont déjà sur leur sol la quantité normale d'habitants des quartiers bien peuplés de Paris.

Ainsi, au point de vue des intérêts généraux de la ville de Paris, le tracé n° 3 compromet la ligne des anciens boulevards extérieurs, dont il faut respecter le rayonnement ; sous le rapport du XIXe arrondissement, son exécution serait la cause d'un encombrement qui lui serait préjudiciable.

Le Tracé n° 2, ses avantages en ce qui concerne la transformation du XXe arrondissement

Pourquoi le XXe arrondissement at-t-il été condamné, jusqu'ici, à subir une infériorité vraiment affligeante?

La cause primitive résulte de sa configuration.

On ne peut y accéder que par trois voies difficiles à gravir, les rues de Bagnolet, de Ménilmontant et de Belleville.

Le premier avantage de la voie de fer, qui contournera le Père-Lachaise, sera d'épargner au XXe arrondissement cette montée si fatigante. En face de ce cimetière, vis-à-vis de la rue des Amandiers, sera établie une station dont l'utilité est saisissante. Sans doute, de nouveaux cimetières seront créés en dehors de Paris; mais le Père-Lachaise, placé sous la sauvegarde de la piété des familles, est appelé à devenir une véritable nécropole ; il sera le Campo-Santo de la capitale, surtout lorsque ses abords seront plus faciles.

La 2e station, que nous appelons la gare Puebla, se trouve à 1,734 mètres de la première, dont 1,020 mètres en trois tunnels, et 714 mètres en tranchées.

Cette station, qui touche pour ainsi dire à la nouvelle mairie du XXe arrondissement, est voisine de l'hôpital Ménilmontant. Elle dessert principalement le quartier de Charonne, elle est à la disposition du groupe de Ménilmontant, qui est très peuplé. Dans la traversée, entre la gare du Père-Lachaise et la place de Puebla, aucune voie publique n'est atteinte, sauf le boulevard Ménilmontant. A ce sujet, la Commission demande s'il serait possible de couvrir cette voie comme on a fait pour une partie du canal Saint-Martin.

De la station de Puebla, que le projet porte à 16 mètres au-dessous du sol, la ligne se continue jusqu'au marché, près duquel est indiquée une troisième station que nous nommons gare de Belleville. Entre la deuxième et la troisième station, le parcours est de 800 mètres et la voie reste souterraine; mais, de la gare de Belleville, elle emprunte sur toute sa longueur, jusqu'au parc des Buttes-Chaumont, la rue Puebla.

La Commission croit devoir faire remarquer l'importance capitale que la rue de Puebla a pour le XXᵉ arrondissement; l'obligation absolue qu'il y aura de causer à cette voie publique le moins de dommage possible.

En effet, la rue de Puebla est la grande voie médiane du XXᵉ arrondissement, de l'est à l'ouest.

De notre mairie, aujourd'hui en construction, part un rayonnement complet de voies projetées ou commencées, dont la réalisation nous assure la transformation du XXᵉ arrondissement.

Le principe de cette transformation, dans la partie culminante du XXᵉ principalement, c'est la rue Puebla, surtout lorsqu'elle sera rectifiée entre la rue de Bagnolet et la nouvelle mairie.

Cette grande artère n'est pas seulement précieuse pour nos quartiers pauvres, elle intéresse encore au plus haut degré l'ensemble de la circulation dans une grande partie de la ville de Paris.

Chez nous, dans notre XXᵉ arrondissement, elle commence au cours de Vincennes, traverse ou longe nos quatre quartiers, pénètre dans le XIXᵉ, et forme ensuite, avec la rue de Lafayette et le boulevard Haussman, une voie de communication de premier ordre. Cette voie ne doit pas être défigurée, et c'est pourquoi nous demandons que la ligne de fer passe souterrainement dans la plus grande longueur, à cette fin que le XXᵉ bénéficie de deux voies, l'une sur le sol respecté de la rue Puebla, l'autre au-dessous.

Bien que la 4ᵉ station, que nous appellerons gare des Buttes-Chaumont, soit en dehors du XXᵉ, comme ce parc est une des beautés de la ville de Paris, notre arrondissement doit s'en préoccuper à l'égal des autres.

Cette 4ᵉ station doit être établie dans le parc lui-même, jusqu'en bordure de la rue de la Vera-Cruz. Ainsi placée, elle permettra d'arriver commodément à cette magnifique promenade, si merveilleusement destinée et d'où se développe fièrement un splendide panorama qui sera beaucoup plus apprécié qu'il ne l'est aujourd'hui, lorsque, grâce au chemin de fer, il sera possible de s'y rendre de presque tous les points de Paris.

En quittant les Buttes-Chaumont, le tracé est à peu près parallèle à la rue de Belleville, qui longe les carrières d'Amérique; puis il traverse les fortifications, entre les bastions nᵒˢ 20 et 21, près de la porte des Prés-Saint-Gervais, pour aller se souder au Chemin Circulaire de la banlieue.

Tel est, dans son ensemble, le tracé qui sauvegarde le mieux le XXᵉ arrondissement.

Nous avons cru devoir nous abstenir de discuter cette question au point de vue technique, parce que nous sommes certains que les ingénieurs, si expérimentés de la Ville et de la Compagnie feront en sorte que nos stations soient établies, dans notre sol montagneux, le moins profondément possible pour faciliter l'accès de nos gares.

Mais, sans sortir des limites que nous avons dû nous imposer, qu'il nous soit permis, en terminant, d'exprimer un vœu:

Il est du plus grand intérêt qu'à l'arrivée dans Paris la grande gare de la section n° 5 ne s'éloigne pas de la place du Château-d'Eau.

En effet, cette place aux vastes proportions, où viennent converger les boulevards du Temple, Saint-Martin, de Magenta, bientôt celui des Amandiers, ainsi que la rue et le Faubourg-du-Temple, est merveilleusement disposée pour un grand établissement exigeant des abords libres et dégagés.

Où trouver ailleurs un pareil emplacement au point de vue de l'ensemble des créations dans Paris, un rayonnement de voies publiques aussi complet pour faciliter l'arrivée et l'écoulement instantanés des voyageurs?

Cette grande gare, placée là, n'est pas seulement saisissante d'utilité publique, en ce qui concerne les artères dont nous venons de parler, son action bienfaisante s'étend encore jusqu'au centre de la ville : par la rue de Turbigo, distante de moins de 200 mètres, elle plonge pour ainsi dire jusqu'aux Halles de Paris.

Nous faisons des vœux pour la réalisation de ce beau et utile projet de Chemin de fer Métropolitain, d'abord en ce qu'il reliera entre elles toutes les communes suburbaines, lesquelles, isolées aujourd'hui et faute de communications, se sentent paralysées dans leurs développements, dans leur commerce et dans leur industrie, ensuite parce qu'il apportera dans notre XXe arrondissement, dont plus de la moitié est inanimée, morte, le mouvement qui féconde et le travail qui moralise.

> *Le Président,*
> Signé : Héret.

> *Le secrétaire-rapporteur,*
> Signé : Louis Lazare.

CHAUMONT

BUTTES

DES

BELLEVILLE

Route de Déple Gaus

Porte de Montreuil...

Porte de Bagnolet

L'égende

Echelle de 0^m,003 pour 30 mètres

———— Tracé proposé par la Compagnie

+++++ tracé proposé par la Commission du 20e arrond.^t

Dressé par l'Ingénieur soussigné

OPINION DES INGÉNIEURS

Nous avions remis à la Commission du XX⁰ arrondissement, trois projets pour le passage du chemin de fer, de la place du Château-d'Eau aux Prés-Saint-Gervais.

Ces tracés sont indiqués sur le plan ci-joint.

Nous sommes d'accord, avec les membres de cette Commission, que la gare d'arrivée dans Paris doit être située à la place du Château-d'Eau et non sur le boulevard Richard-Lenoir.

Les raisons développées par la Commission sont bien celles que nous présumions devoir être faites par les divers arrondissements de Paris au projet présenté par celles du XI⁰.

La Commission décide que le parcours dans le XX⁰ arrondissement doit s'exécuter sous l'avenue Puebla, c'est, dit-elle, le seul tracé qui peut apporter une voie de communication utile aux habitants de Belleville.

Ce projet a été étudié très attentivement par nous, et voici ce que nous en disions à la Commission nommée par le Conseil général.

« A partir de la place Puebla, où nous établirons une station pour les « besoins des habitants de Charonne, on peut emprunter toute l'avenue « Puebla, mais alors il faudra suivre, pour l'établissement de la voie, un « mode semblable à celui indiqué par nous pour la traversée de l'avenue « des Amandiers. -

« Pour y parvenir, il sera indispensable que, partout où cela deviendrait « nécessaire, c'est-à-dire partout où nous ne serons pas en souterrain, la « largeur de l'avenue Puebla, qui n'est que de 20 mètres, soit portée à une « largeur de 31 mètres.

« Ce parcours n'est pas considérable :

« De la station de Puebla à celle de Belleville, il y aurait.	850 mètres
« De Belleville aux Buttes Chaumont................	1.120 —
Total............	1.970 mètres

Nous ne pouvons pas être hostiles à l'opinion émise par la Commission; car comment dénier que ce trajet est celui qui seul peut amener la prospérité de Belleville? Nous n'avons qu'à ajouter : « Ce travail est possible, « son exécution n'entraînera pas de dépenses trop considérables. Pour au- « tant que cette transformation s'effectue sans plus tarder, les immeubles « actuellement construits ne sont pas nombreux, ils le deviendront de jour « en jour davantage et qui pourrait songer alors à élargir l'avenue Puebla, « il ne resterait plus qu'un seul chemin, celui du souterrain sous l'avenue « de la Dhuis, que nous avons également proposé. »

VILLE DE PARIS

VIIe ARRONDISSEMENT

Réunion du 20 janvier 1873, à la Mairie, sous la prési-
sidence de M. Frébault, Conseiller général de la Seine,
de MM. les Notables de cet arrondissement.

La séance est ouverte à huit heures et demie du soir.

M. Frébault, conseiller général de la Seine, accepte le fauteuil de la présidence.

M. Delzant, conseiller général; M. Letermelier, représentant de la Compagnie du Chemin de fer Métropolitain; M. Brunfaut, ingénieur de la même Compagnie, prennent place au bureau.

M. le président ouvre la séance en remerciant l'assemblée d'avoir accédé à sa demande, et regrette l'absence de quelques ingénieurs qui n'ont pu, ce soir, lui prêter son concours.

Il rappelle que ce qu'a décidé le Conseil général, dès l'ouverture de sa session, c'est de créer pour la ville de Paris, pour le département de la Seine, de nouvelles voies de transport, et, pour les voyageurs et pour les marchandises, afin d'amener une diminution sensible dans les frais de main-d'œuvre et d'améliorer ainsi la condition des fabricants et des travailleurs.

Le 10 novembre 1871, dans sa délibération, le Conseil général traçait un programme de railway et de tramway.

M. le conseiller général, après avoir lu le texte de cette délibération, entre dans des considérations élevées et détaillées sur les avantages sans nombre qui doivent résulter de l'exécution de ce programme.

Il montre que les omnibus sont insuffisants, que les moyens de se rendre économiquement dans la banlieue manquent complétement, et, chose bien plus grave, que, par suite de l'annexion d'une partie de la banlieue à Paris, en 1860, nos fabriques, faute d'être reliées avec les chemins de fer, sont accablées de frais considérables.

M. le Préfet de la Seine nomme une Commission composée de ses principaux ingénieurs, chargée de trouver le remède à cette situation. Bien des projets lui furent soumis. Quatre surtout, après un long examen, ont été retenus par elle, et, parmi eux, celui que présente M. Brunfaut.

Mais la Commission, composée pourtant d'hommes savants, montra une préférence marquée en faveur des tramway et négligea les railway.

Si les omnibus sont aujourd'hui insuffisants, les tramway le deviendront bientôt; donc, partout où il sera possible de faire un railway, il faut lui donner la préférence. Aussi y a-t-il lieu de regretter qu'on ait accepté un tramway au lieu de choisir le projet Vautier, qui plaçait un chemin de fer sur les quais et sur les boulevards.

La Commission a proposé des chemins de fer souterrains; il faut penser qu'ils ne sont pas possibles, puisque personne ne veut se charger de l'exécution.

Quant au chemin de fer en question en ce moment, ajoute M. le conseiller général, M. Brunfaut expliquera son tracé ; pour moi, je dois vous dire, Messieurs, que ce projet a été favorablement accueilli par le Conseil général, qui l'a renvoyé à la Commission des routes et chemins. Sur son rapport, il a approuvé le projet qui, aujourd'hui, en est à la première phase de l'enquête publique, puisque M. le Ministre des travaux publics vient de charger un inspecteur des ponts et chaussées de l'étudier et de lui présenter son rapport.

Ce chemin de fer, Messieurs, relie entre elles les principales communes, les raccorde avec les grandes lignes de chemins de fer et entre dans Paris par quatre points différents.

Il est à traction de locomotive ; donc, il est bien supérieur aux tramway par sa rapidité et par ses prix. Le capital-vapeur est, comme vous le savez, quant à son installation, plus cher que le capital-cheval ; mais, quant à son exploitation, il est bien plus économique.

M. le conseiller général explique tous les avantages matériels apportés par les chemins de fer aux pays qu'ils traversent. Le projet de M. Brunfaut serait parfait, s'il venait s'unir au projet de M. Vautier, qui aboutira sûrement, car il répond à des besoins vrais et sérieux.

L'embranchement qui nous intéresse plus particulièrement, continue M. le conseiller général, est celui de la 2ᵉ section, qui part de la place des Invalides et suit les quais d'Orsay, de Grenelle et de Javel. Je regrette de ne pas voir ici mon collègue et ami, M. Emile Chevalier, car je lui aurais fait le reproche de ne pas nous avoir convoqué aux réunions qu'il a présidées dans le XVᵉ arrondissement, mais je dois le remercier pour l'initiative qu'il a prise pour les études techniques qu'il a fait faire. C'est à nous d'en faire autant pour le VIIᵉ. Aussi, Messieurs, je viens vous proposer la nomination d'une Commission de sept membres, qui aura à faire un rapport sur l'utilité des Chemins de fer et sur les rectifications à demander sur le tracé préparé par la Compagnie à travers notre arrondissement.

M. Brunfaut, sur l'invitation de M. le Président, explique le tracé général du Chemin de fer et donne le détail de son parcours du Champ-de-Mars aux Invalides.

Si nous avons, dit M. l'ingénieur, choisi de préférence à toute autre voie le passage sur le quai d'Orsay, c'est que nous avons pour objectif de desservir les établissements militaires, la manufacture des tabacs. Nous pourions encore pénétrer plus avant dans Paris, mais nous reculons devant la dépense énorme qu'il y aurait à faire.

Pour la partie que nous vous indiquons, nous venons, Messieurs, réclamer votre concours; nous venons vous prier d'élucider tous les points de détail que vous êtes à même de mieux connaître que nos ingénieurs, afin que nous puissions satisfaire à tous les besoins, à tous les intérêts de la population du VIIe arrondissement.

M. le Président demande si quelque membre de l'assemblée à des objections à formuler, des questions à poser à M. l'ingénieur.

Un Membre voudrait savoir quelle est l'opinion de M. Cail sur le tracé proposé, quelle est celle des ingénieurs de Fives-Lille.

M. le Président répond qu'elles sont en faveur du projet, puisque, d'une part, M. Cail est le principal promoteur du Chemin de fer pour son tracé sur le quai de Grenelle et de Javel, et, d'autre part, MM. les ingénieurs de Fives-Lille ne refuseront pas de faire partie de la Commission du VIIe arrondissement.

M. le Président met ensuite aux voix la nomination de la Commission. A l'unanimité, il est décidé qu'elle sera nommée séance tenante.

M. le Président met aux voix, les uns après les autres, les noms suivants des membres de la Commission technique du VIIe arrondissement :

MM. Salgues,
     de Beauregard,
     Vigouroux,
     Bizewski,
     Mithouard,
     Seyeux,
     Hardy.

Avant de lever la séance, M. le Président constate la présence de :

MM. Barby (Alfred), 103, rue de l'Université;
     Baron, 165, rue Saint-Dominique;
     de Beauregard, 9, avenue Bosquet;
     Bignon, 23, rue du Bac;
     Bugniet, 51 *bis*, avenue de Ségur;
     Cane, secrétaire de l'administration;

MM. Dameron, 3, rue Malar;
Dupuis jeune, 225, rue Saint-Dominique;
Felle, 14, rue de Grenelle-Saint-Germain;
Hardy, 6, avenue de La Mothe-Piquet;
Hugon, 30, rue des Saints-Pères;
Huguet, 170, rue de Grenelle-Saint-Germain;
Judissé, 223, rue Saint-Dominique;
de Laroche, 23, rue Bertrand;
Lhuillier, 17, rue Rousselet;
Mathieu, 147, rue de l'Université;
Mithouard, 17, rue Eblé;
Michalon, 96, rue de l'Université;
Poincloux, 227, rue Saint-Dominique;
Roquières, 21, rue Cler;
Rougelot, 88, avenue de Latour-Maubourg;
Sabattier, 36, rue du Bac;
Sottas, 168, rue Saint-Dominique;
Solvet, 116, rue de Grenelle-Saint-Germain;
Stolz, 33, avenue de Saxe;
Viller, 17, rue Rousselet;
Vigouroux, 7, avenue Duquesne;
Seyeux, 199, rue Saint-Dominique;
Bizewski, 190, rue Saint-Dominique.

On renvoie au jeudi 23 courant, à huit heures du soir, à la mairie, la première séance de la Commission technique du VII° arrondissement.

Commission technique du VII° arrondissement, nommée dans la réunion tenue à la Mairie par MM. les Notables, Industriels et Commerçants de l'arrondissement, le 20 janvier 1873, pour l'examen et l'étude d'un projet de Chemin de fer devant relier l'esplanade des Invalides à un Chemin de fer de la banlieue de Paris.

Première séance, du 23 janvier 1873.

Présidence de M. Frébault, membre du Conseil général de la Seine.
La séance est ouverte à huit heures et demie du soir.

Sont présents :

MM. Frébault, président;
Salgues, ingénieur;
Bizenski, rentier;

MM. De Beauregard, architecte;
Vigouroux, architecte;
Mithouard, entrepreneur de charpente;
Seyeux, entrepreneur de serrurerie.

M. Brunfaut, ingénieur de la Compagnie du Chemin de fer de la banlieue de Paris, assiste à la séance. Il dépose sur le bureau :

1° Un plan de Paris et de la banlieue, sur lequel est indiqué le tracé du
Chemin de fer Circulaire avec ses embranchements dans Paris ;

2° Un tracé en plan de l'embranchement, depuis l'esplanade des Invalides
jusqu'à sa jonction avec le Chemin Circulaire de la banlieue;

3° Une coupe en long dudit embranchement ;

4° Un cahier de profils en travers du même embranchement.

M. le Président donne la parole à M. Brunfaut pour qu'il explique à la
Commission le tracé du chemin de fer et notamment son parcours sur le
VIIe arrondissement.

M. l'ingénieur Brunfaut commence par faire la description du projet
adopté par la Commission technique du XVe arrondissement.

La voie doit être établie à niveau du sol sur tout le parcours des quais de
Grenelle et de Javel, mais de manière à laisser un libre accès aux ports de
ces deux quais ; une gare serait établie sur l'emplacement de l'ancienne
gare de l'Exposition et une autre à Javel. Les usiniers et les industriels
ne tiennent pas à une gare de marchandises ; ils préfèrent l'établissement
d'une voie de garage qui se raccorderait avec leurs établissements au
moyen d'embranchements particuliers.

A partir de Grenelle, la voie traverserait en tranchée le quai au-devant
du Champ-de-Mars, et suivrait ensuite le promenoir du quai d'Orsay à
niveau jusqu'en face la manufacture des tabacs, où elle rentrerait en tranchée, traverserait l'esplanade sous un pont de 150 mètres et arriverait à
son terme sur les quinconces de gauche.

M. Brunfaut ajoute : « Depuis que notre projet a vu le jour, il nous a
été fait des observations au sujet de l'emplacement de la gare sur l'esplanade; nous avons reconnu les difficultés qu'il rencontrerait, et je demande
à la Commission de vouloir bien fixer elle-même l'endroit où elle préfère
que la gare soit placée. »

M. le Président, propose à cet effet, les terrains situés entre les avenues
Rapp, de Labourdonnaye et la rue Desgenettes, où l'on pourrait établir une
gare pour les voyageurs et pour les marchandises.

MM. Mithouard èt *Seyeux* appuient cette proposition.

M. Salgue la combat. Il dit qu'il ne faut pas créer un chemin de fer d'intérêt local, mais bien d'intérêt général. En plaçant une gare dans les ter-

rains de l'avenue Rapp, on aurait en vue l'intérêt du Gros-Caillou seulement; cette gare serait trop éloignée des quartiers de la rive droite et ne répondrait pas au but qu'elle doit avoir. Il n'est pas partisan non plus d'une gare de marchandises qui, suivant lui, n'a qu'une utilité restreinte; le quartier du Gros-Caillou ne pourrait pas lui fournir un tonnage suffisant.

Plusieurs Membres proposent d'établir une gare de voyageurs sur le quai d'Orsay, non loin du pont des Invalides, sans préjudice de la gare de marchandises, à placer ailleurs.

Un Membre propose l'établissement de la voie en tranchée et démontre les avantages de cette disposition.

Un autre Membre préférerait que le chemin de fer passât en tunnel jusqu'à Grenelle, pour ne pas modifier la promenade du quai d'Orsay.

M. l'ingénieur Brunfaut demande la parole ; il dit que la dépense serait trop considérable pour construire un tunnel jusqu'à Grenelle, l'établissement de la voie tranchée découverte lui paraît préférable et ne nuirait pas à l'aspect du promenoir ni à la circulation, puisque l'on pourrait couvrir la tranchée en face des ponts et des rues principales aboutissant au quai d'Orsay.

M. Salgues dit qu'il préférerait que le Chemin de fer passât en tunnel, mais qu'il reconnaît, comme M. l'ingénieur Brunfaut, que la dépense serait trop considérable. Il n'admet pas la voie en tranchée, parce que cela nuirait à l'aspect des quinconces et coûterait aussi fort cher; il propose d'établir la voie ferrée à niveau, dans tout son parcours, comme le moyen le plus simple.

M. de Beauregard demande comment on pourrait faire passer la voie à l'emplacement de l'égout collecteur, si le projet en tranchée était adopté.

M. l'ingénieur Brunfaut répond que la modification de l'égout serait nécessaire au moyen du prolongement du syphon, et que cela ne serait pas d'une grande importance comme dépense.

M. le Président propose de renvoyer la discussion au 6 février prochain, à huit heures, afin que chaque membre puisse étudier particulièrement le projet proposé par M. l'ingénieur Brunfaut. Cette proposition est adoptée.

La séance est levée à dix heures et demie.

———

Commission technique du VIIe Arrondissement

Deuxième séance, du 6 février 1873.

La séance est ouverte à 8 heures 1/2 du soir.

MM. Frébault, membre du Conseil général de la Seine, président ;
Salgues,
De Beauregard,
Mithouard,
Hardy,
Vigouroux.

M. le Président donne la parole à M. Vigouroux, secrétaire de la Commission, pour la 'lecture du procès-verbal de la dernière séance.

M. Hardy s'excuse de n'avoir pu assister à la dernière séance,pour cause d'indisposition, ensuite le procès-verbal est adopté.

Sur la demande de M. le Président, la Commission passe à l'examen des plans et profils déposés sur le bureau.

Suivant les propositions faites [dans la dernière séance, la Commission décide que le projet d'une gare sur l'esplanade des Invalides doit être écarté, que le projet de M. l'ingénieur Brunfaut doit être modifié,.et que le projet du passage à niveau, proposé par un membre, doit être repoussé.

M. Mithouard demande que la gare des voyageurs soit placée sur le promenoir du quai d'Orsay, à l'alignement de la rue Surcouf et en face de la Manufacture des tabacs ; que la double voie soit établie en tranchée avec des parties couvertes en face des ponts et des principales voies, comme il a été dit dans la séance précédente, et qu'enfin elle passe en tunnel devant le Champ-de-Mars.

Cette proposition est appuyée par plusieurs membres.

M. Hardy propose de faire passer la voie ferrée sur les terrains bordant la rue de l'Université, côté des numéros impairs.

Cette proposition est repoussée.

M. Salgues revient sur son projet de faire passer la voie à niveau du sol ; il énumère les avantages de ce système au point de vue de la dépense et à celui de la facilité de se raccorder avec les établissements riverains du quai.

Plusieurs Membres combattent ce projet, dont la réalisation créerait des embarras considérables à la circulation.

M. Salgues signale les inconvénients des tranchées ; il dit qu'elles devront être construites étanches, si l'on ne veut pas qu'elles soient envahies par les eaux du fleuve dans les grandes crues, et alors il demande quel sera le moyen de se débarrasser des eaux pluviales.

La Commission décide qu'elle entendra M. l'ingénieur Brunfaut, pour avoir des éclaircissements sur les différents systèmes ; M. le secrétaire de la Commission lui écrira pour le prier d'assister à la prochaine séance, qui est fixée au jeudi 13 février, à 8 heures du soir.

La séance est levée à 10 heures et demie.

Commission technique du VIIe Arrondissement.

Troisième séance, du 13 février 1873.

Sont présents :

MM. Frébault, membre du Conseil général de la Seine, président;
De Beauregard ;
Vigouroux ;
Mithouard ;
Seyeux ;
Hardy.

M. Brunfaut, ingénieur de la Compagnie du chemin de fer, assiste à la séance. M. le Président ouvre la séance à huit heures et demie.

Le procès-verbal est lu et adopté.

M. le Président signale à M. Brunfaut divers inconvénients que la Commission a reconnus dans son projet; il lui fait ensuite connaître plusieurs systèmes proposés par divers membres, et l'invite à donner son avis à ce sujet.

M. l'ingénieur Brunfaut est disposé à étudier toutes les modifications que la Commission lui proposera. A cet effet, il demande que toutes les propositions soient formulées par écrit, et il promet de donner les explications dans la prochaine séance.

La Commission décide que les propositions suivantes seront communiquées à M. l'ingénieur Brunfaut :

1° Etablissement de la voie ferrée en tunnel devant le Champ-de-Mars. Cette disposition permet-elle le raccordement de la voie avec les terrains de l'avenue Rapp, où la Commission voudrait qu'il fût créé une gare de marchandises?

Permet-elle aussi le raccordement de la voie avec les établissements militaires du quai et la Manutention?

2° Continuation de la voie en tranchée, depuis le Champ-de-Mars jusqu'aux terrains en face la manufacture des tabacs, avec ponts en face des rues principales, ou construction d'un tunnel couvrant toute la voie, avec trémies d'aération et d'éclairage, comme sur le canal Saint-Martin au boulevart Richard-Lenoir.

Cette dernière disposition est préférée par la Commission.

Rien n'étant plus à l'ordre du jour, la Commission s'ajourne au 21 février, à huit heures et demie précises du soir.

La séance est levée à dix heures et demie.

/

Commission technique du VIIe arrondissement

Quatrième séance, du 21 février 1873.

Sont présents :

MM. Frébault, membre du Conseil général de la Seine, président;
   Hardy;
   Seyeux;
   De Beauregard;
   Salgues;
   Vigouroux.

M. Brunfaut, ingénieur de la Compagnie du chemin de fer, assiste à la séance.

. La séance est ouverte à huit heures trois quarts, par la lecture et l'adoption du procès-verbal de la dernière séance.

M. le Président donne la parole à M. l'ingénieur Brunfaut.

M. Brunfaut dit qu'il a examiné les divers systèmes proposés par les membres de la Commission, et que, s'inspirant de ces systèmes, il a étudié un projet qui satisfera, il l'espère, la Commission. Il le lui communiquera dans la prochaine séance, ce délai lui étant nécessaire pour faire dessiner les profils et les plans; mais il combat le projet d'une gare de marchandises au Gros-Caillou. Il énumère un grand nombre d'obstacles qui s'opposent à sa réalisation, et conclut en proposant l'établissement de la gare de marchandises sur les terrains anciennement occupés par la gare de l'Exposition universelle de 1867.

Quant au projet de chemin de fer de voyageurs, M. Brunfaut a été sur place; il s'est rendu compte des difficultés signalées par la Commission sur le passage de la voie à niveau, mais il trouve que la construction d'un tunnel, dans tout le parcours, nécessiterait de trop grands frais; il propose de faire passer le chemin de fer en tunnel devant le Champ-de-Mars, ensuite en tranchée jusqu'au pont de l'Alma, puis en tunnel devant ce pont et les avenues Rapp et Bosquet; ensuite la voie s'élèverait sur une rampe très douce pour arriver à niveau dans la gare, à l'alignement de la rue Surcouf ou du pont des Invalides.

M. Seyeux combat le projet de la gare de marchandises à la Cunette. Il dit que les jours de revue au Champ-de-Mars, l'accès de cette gare serait impossible. De là, retards préjudiciables aux intéressés.

Plusieurs Membres appuient les observations de M. Seyeux.

M. Salgues est d'avis que la Commission devrait adopter purement et simplement le premier projet de la Compagnie. Il craint qu'en exigeant trop, la Commission n'obtienne rien. Suivant lui, il serait préférable d'avoir un chemin de fer à niveau, avec les embarras qu'il pourrait causer, que de n'en pas obtenir en présentant un projet trop coûteux.

MM. Hardy et *Vigouroux* soutiennent, au contraire, qu'il vaut mieux pour notre quartier n'avoir pas de chemin de fer que d'en avoir un présentant d'aussi grands inconvénients pour la circulation que celui préconisé par M. Salgues.

Plusieurs Membres appuient cette observation.

M. Brunfaut est aussi d'avis que le passage à niveau devant le pont de l'Alma serait une cause de gêne pour la circulation. Il enverra à M. le président les profils de son nouveau projet pour que la Commission les examine.

M. Salgues maintient son projet pour le passage à niveau et demande que son opinion soit consignée au procès-verbal.

La Commission ayant besoin des profils du nouveau projet de M. Brunfaut pour continuer ses études, renvoie sa prochaine séance au 27 février courant.

La séance est levée à dix heures trois quarts.

Commission technique du VIIe arrondissement.

Cinquième séance, du 27 février 1873.

Sont présents :
MM. Frébault, membre du Conseil général de la Seine, président ;
Mithouard ;
Seyeux ;
Hardy ;
de Beauregard ;
Vigouroux ;
Chevalier, membre du Conseil général de la Seine ;
Brunfaut, ingénieur de la Compagnie du Chemin de fer ;
Letermelier, pour la même Compagnie.

La séance est ouverte à huit heures trois quarts, par la lecture et l'adoption du procès-verbal de la dernière séance.

M. Chevalier communique à la Commission un plan du tracé du Chemin de fer entre le viaduc du Point-du-Jour et le Champ-de-Mars, adopté par la Commission du XVe arrondissement.

M. le Président se fait l'interprète de tous les membres, en remerciant M. Chevalier de sa communication et du concours qu'il est venu apporter à la Commission.

M. l'ingénieur Brunfaut dépose sur le bureau de nouveaux plans et un profil en long du Chemin de fer entre Grenelle et le pont des Invalides ; il donne toutes les explications désirables sur le nouveau tracé et en signale les avantages ; il conclut en combattant, comme dans la dernière séance, le projet de la Commission tendant à établir une gare de marchandises sur les terrains de l'avenue Rapp. Il propose à nouveau une gare à la Cunette.

M. Seyeux défend le projet de la Commission. Il rappelle que, dans la séance précédente, il a signalé les inconvénients très graves pour les industriels établis dans l'intérieur de Paris, qui ne pourraient arriver à la gare de la Cunette, les jours de grandes manœuvres ou revues au Champ-de-Mars, et que son observation a été appuyée par la majorité de la Commission.

M. le Président insiste pour qu'il soit établi une gare de marchandises à l'avenue Rapp ; il développe avec une grande justesse de vues toutes les raisons qui plaident en faveur de ce projet et les avantages que nos quartiers peuvent en retirer, et il engage vivement la Commission à le maintenir.

M. Brunfaut combat les arguments de M. le président. Ses objections portent principalement sur le tonnage qui, suivant lui, serait insuffisant ; sur le difficile accès des terrains, sur les frais de construction, et enfin sur la question de savoir si le Conseil général admettra que la nécessité d'une gare de marchandises est assez impérieuse pour le décider à céder les terrains nécessaires.

M. Chevalier émet l'avis que la Commission doit maintenir cette partie de son projet ; il ajoute que, si le Conseil général reconnaît l'utilité d'une gare de marchandises au Gros-Caillou, il n'hésitera pas à voter la cession des terrains nécessaires, et si cela arrive ainsi, la Compagnie du Chemin de fer ne pourra plus apporter aucune objection sérieuse contre le projet. Quant à lui, il reconnaît l'utilité de la gare à l'avenue Rapp, et il promet, de concert avec son collègue, M. Frébault, de parler en faveur du projet lors de la discussion devant le Conseil général.

Ces paroles sont accueillies par de nombreuses marques d'approbation.

M. de Beauregard propose le projet suivant : En quittant le tunnel du Champ-de-Mars, la voie monterait sur une rampe pour arriver à niveau en face le Garde-Meuble environ, mais elle descendrait afin de passer en tunnel devant le pont de l'Alma. Au point où la voie serait à niveau, on établirait des embranchements qui permettraient d'amener les trains de marchandises dans la gare de l'avenue Rapp en faisant une courbe de 75 mètres de rayon dans le jardin des écuries nationales.

Après avoir été examiné, ce projet a été écarté en raison des trop fortes rampes qu'il faudrait établir.

M. Vigouroux fait observer que le nouveau projet de M. l'ingénieur Brunfaut indique la gare de voyageurs à l'alignement de l'avenue Latour-Maubourg; cette disposition lui paraît fâcheuse, car la gare masquerait deux hôtels privés qui ornent l'entrée du boulevard, et puis l'opposition des propriétaires de ces hôtels pourrait peut-être compromettre la réussite du projet.

M. Mithouard et *plusieurs Membres* expriment le même avis que M. Vigouroux.

M. le Président dit que, suivant lui, il ne faut pas s'inquiéter des considérations particulières, et qu'il trouve la gare de voyageurs parfaitement placée à l'endroit indiqué sur le plan de M. Brunfaut.

La Commission n'ayant rien décidé à ce sujet, la question reste réservée.

La Commission charge MM. Seyeux et Mithouard de s'informer du tonnage que pourraient fournir les commerçants et industriels de l'arrondissement, puis elle s'ajourne au jeudi 6 mars, à huit heures et demie du soir.

La séance est levée à dix heures et demie.

Le 6 mars 1873, la Commission n'étant pas en nombre pour délibérer, M. le président renvoie la séance au lundi 10 courant, à huit heures et demie du soir.

Commission technique du VIIe arrondissement.

Sixième séance, du 10 mars 1873.

Sont présents :
MM. Frébault, président ;
Vigouroux ;
de Beauregard ;
Mithouard ;
Hardy ;
Seyeux.

La séance est ouverte à huit heures et demie du soir, par la lecture et adoption du procès-verbal de la dernière séance.

MM. Mithouard et *Seyeux* rendent compte des renseignements qu'ils ont pris au sujet du tonnage.

Ils sont allés chez de nombreux commerçants et industriels et ils évaluent à plus de 500 tonnes par jour ce que pourra fournir le quartier du Gros-Caillou actuellement.

En présence de ces résultats, la Commission maintient son projet, à l'unanimité des membres présents.

Après une courte discussion, la Commission décide que la gare de voyageurs sera construite à l'alignement de la rue Surcouf, sur le promenoir, en face la manufacture des tabacs.

M. le Président déclare la discussion close, après avoir consulté la Commission. Ensuite il propose de nommer le rapporteur séance tenante, ce qui est adopté.

Le dépouillement du vote donne le résultat suivant :

Membres présents........... 6

Bulletins au nom de M. Mithouard..... 2
— — de M. Vigouroux....... 4

En conséquence, M. Vigouroux est nommé rapporteur.

Il convoquera les membres de la Commission quand son rapport sera terminé.

Septième séance, du lundi 7 avril 1873.

Sont présents :

MM. Frébault, président ;
Mithouard ;
Seyeux ;
De Beauregard ;
Hardy ;
Vigouroux.

La séance est ouverte à huit heures trois quarts du soir.

M. le Président donne la parole à M. Vigouroux pour la lecture du rapport.

Rapport fait au nom de la Commission technique instituée par MM. les Notables, Industriels et Négociants du VIIe arrondissement de la ville de Paris, pour l'étude d'un projet de chemin de fer devant relier le quartier du Gros-Caillou à un Chemin de fer Circulaire de la banlieue de Paris,

Par M. Vigouroux, architecte, rapporteur de la Commission.

Messieurs,

La Commission que vous avez nommée, dans votre réunion du 20 janvier 1873, à l'effet d'examiner et d'étudier un projet de chemin de fer présenté par M. l'ingénieur Brunfaut, au nom de la Compagnie qu'il représente, a terminé ses travaux; elle m'a chargé de vous rendre compte du résultat de ses études.

Le projet qui nous occupe comporte l'établissement d'un chemin de fer qui, partant d'un point du VIIe arrondissement, doit suivre les quais d'Orsay, de Grenelle et de Javel, franchir l'enceinte fortifiée, continuer à suivre la rive gauche du fleuve jusqu'au Bas-Meudon, et là se raccorder avec un Chemin de fer Circulaire à créer dans la banlieue de Paris. Avant de sortir de Paris, l'embranchement en question doit aussi se raccorder avec le Chemin de fer de Ceinture actuel.

Dans sa séance du 25 octobre 1872, le Conseil général de la Seine a délibéré qu'il serait fait les études nécessaires pour arriver à la création d'un chemin de fer départemental dans la banlieue de Paris, avec des embranchements qui entreraient dans l'intérieur de la ville. C'est pour entrer dans les vues du Conseil général que M. l'ingénieur Brunfaut a présenté son projet au nom de sa Compagnie, et que vous avez chargé votre Commission d'étudier le tracé de l'embranchement qui intéresse plus particulièrement notre arrondissement.

Les études de votre Commission devaient nécessairement s'arrêter au point où se trouvait la gare de l'Exposition universelle de 1867, attendu qu'une Commission nommée par les industriels et négociants du XVe arrondissement avait préalablement étudié et adopté un projet déterminant le parcours de l'embranchement depuis l'avenue de Suffren jusqu'à sa jonction avec le Chemin de fer de Ceinture actuellement existant.

Avant d'aborder la partie du projet soumise à nos études, nous allons vous indiquer le tracé définitivement adopté par la Commission technique du XVe arrondissement, afin que vous puissiez juger le projet dans son ensemble.

A partir de l'avenue de Suffren, le chemin de fer suivra les quais de Grenelle et de Javel dans toute leur longueur; une double voie ferrée sera établie à niveau du sol, sauf en face le pont de Grenelle, où elle devra passer souterrainement, et en différents points où elle passera sur des ponceaux, de manière à laisser un libre accès aux ports de Grenelle et de

Javel ; à partir de la rue Leblanc, une rampe courbe lui permettra de se raccorder avec le Chemin de fer de Ceinture, en un point très rapproché de la gare actuelle de voyageurs de Grenelle.

Sur ce projet, aucune gare de marchandises n'a été prévue, la Commission n'en ayant pas reconnu la nécessité pour les quartiers de Grenelle et de Javel ; mais, à côté de la double voie principale, elle a indiqué une voie d'évitement ou de garage, avec aiguillage la raccordant à cette double voie, et devant servir à recevoir les wagons des divers établissements riverains, qui seront raccordés avec elle par des voies particulières rentrant dans ces établissements.

Voilà, Messieurs, l'ensemble du projet pour le XVe arrondissement ; nous ne faisons que l'indiquer, sans en examiner les détails, pour ne pas empiéter sur les attributions de la Commission qui en est l'auteur.

Pour la partie du projet qui nous concerne, nous avons d'abord examiné s'il répondait à un besoin réel, si sa réalisation serait utile à nos quartiers et quels seraient les avantages qu'il y apporterait.

L'utilité d'un chemin de fer dans nos quartiers a été reconnue à l'unanimité ; l'absence de tout moyen de transport les a placés jusqu'ici dans un état d'infériorité que nous souhaitons voir cesser.

L'exemple nous démontre que le voisinage d'une gare de chemin de fer devient en peu de temps un centre d'activité, où les établissements de toutes sortes se groupent de préférence, et où la population augmente parce qu'elle y trouve le bien-être par le travail ; nous avons donc le droit d'espérer ces résultats par la création d'un chemin de fer qui relierait notre arrondissement avec les chemins Circulaires, et de là avec toutes les grandes lignes de France. Ce serait, pour le commerce et l'industrie de nos quartiers et des quartiers environnants, une source de prospérité inconnue jusque alors, et un bienfait pour tous les habitants, particulièrement pour les classes travailleuses.

La partie technique a été étudiée ensuite, mais nous n'avons pas été unanimes au sujet des voies et moyens pour l'établissement du chemin de fer. Plusieurs projets ont été successivement proposés, étudiés et discutés ; nous allons vous énumérer les principaux, puis nous vous ferons connaître celui que la majorité de votre Commission a adopté et qu'elle vous propose d'approuver.

L'avant-projet présenté par M. l'ingénieur Brunfaut comportait l'établissement d'une gare assez considérable sur l'esplanade des Invalides ; cette gare devait occuper une grande partie des quinconces, du côté de la rue d'Iéna ; pour arriver à ce point, le chemin de fer devait passer sous un pont courbe de 150 mètres de longueur, couvrant la tranchée dans le milieu de l'esplanade. Certes, il y avait là un emplacement convenable, assez vaste pour faire face aux besoins du service des voyageurs et des marchandises.

Néanmoins, nous avons dû repousser ce projet, et voici pourquoi : L'esplanade des Invalides est citée, avec juste raison, comme une des plus belles promenades de Paris ; sa disposition, sa situation, sa perspective, les jardins de l'hôtel et l'hôtel lui-même, forment un ensemble grandiose et magnifique, et en font un des nombreux ornements de la capitale.

Or, la construction des bâtiments nécessaires au service d'un chemin de fer, la construction des voies et des quais pour les marchandises, entraîneraient la suppression d'une grande partie des arbres, détruiraient la perspective et la symétrie indispensables pour conserver à l'esplanade son harmonie et son caractère de grandeur.

Si cette considération n'avait pas suffi pour nous déterminer à repousser la construction de la gare sur l'esplanade, une autre nous y eût contraints.

Vous savez, Messieurs, que l'esplanade des Invalides sert presque tous les jours de champ de manœuvres à l'armée ; il est donc évident que l'autorité compétente ne consentirait pas à l'aliénation d'une partie de son domaine pour la création d'une gare de chemin de fer.

En présence de ces difficultés, votre Commission a écarté le projet de gare sur l'esplanade, et a décidé, en principe, qu'elle devait être placée sur le quai d'Orsay et ne pas dépasser le pont des Invalides.

M. l'ingénieur Brunfaut avait indiqué, sur son premier projet, la voie passant en tranchée découverte en quittant l'esplanade ; elle suivait ainsi la promenade du quai d'Orsay avec les parties couvertes, en face l'avenue de Latour-Maubourg et la rue Surcouf, puis s'élevait graduellement, avec une rampe de 104 millimètres par mètre pour arriver à niveau dans l'axe du carrefour formé par la rencontre des avenues Bosquet et Rapp, en face le pont de l'Alma ; elle continuait ensuite à niveau sur le milieu du promenoir, dans une longueur de 700 mètres, et passait en tranchée découverte devant le Champ-de-Mars, entre l'avenue de Labourdonnaye et l'avenue de Suffren. La tranchée n'était couverte qu'en face le pont d'Iéna, sur une longueur de 40 mètres.

Cette disposition, qui avait l'avantage de permettre le raccordement de la voie avec les établissements de l'État, nous a paru défectueuse dans plusieurs de ses parties. Ainsi, la voie ferrée, passant à niveau devant les deux grandes avenues Bosquet et Rapp, et le pont de l'Alma, nous a semblé un obstacle considérable à la circulation des piétons et des voitures. Il aurait fallu protéger cette voie par des barrières, dans une longueur de 60 mètres, barrant complétement la circulation à l'arrivée et au départ des trains, et ouvertes, dans les intervalles de leur passage, en face le pont de l'Alma seulement.

Sur les observations que nous lui avons faites à ce sujet, M. l'ingénieur Brunfaut s'est rendu sur place, il a reconnu les graves inconvénients que nous lui signalions et a proposé la modification de son projet primitif.

Le passage en tranchée découverte devant le Champ-de-Mars n'a rencontré que des adversaires, car nous avons reconnu que cette disposition en fermerait l'accès du côté de la Seine. Il est vrai qu'un pont de 40 mètres devait couvrir la tranchée en face le pont d'Iéna, mais il aurait été tout à fait insuffisant pour livrer passage aux troupes, les jours de revue, et cette insuffisance, immédiatement remarquée par l'autorité militaire, aurait déterminé celle-ci à s'opposer à l'établissement du chemin de fer dans ces conditions.

Au cours de la discussion, un des membres de votre Commission a proposé le projet d'établir la voie à niveau du sol, dans tout son parcours, depuis le pont des Invalides jusqu'à Grenelle. Ce moyen était simple et moins dispendieux que tous les autres, et il permettait de raccorder la voie avec tous les établissements de l'État riverains du quai d'Orsay, et avec la Manutention militaire (conditions nécessaires à la réussite du projet).

A l'appui de sa thèse, notre collègue citait comme exemples différentes villes manufacturières du Nord, où des chemins de fer existent dans de semblables conditions, et il faisait remarquer qu'à Paris même, au rond-point de la porte de la Chapelle, la voie ferrée traversait l'avenue, une des plus importantes de la capitale comme circulation.

Tout en appréciant ces considérations, votre Commission a dû, néanmoins, écarter ce projet, un examen sérieux lui en ayant démontré les inconvénients. Nous avons signalé plus haut ceux qu'entraînerait le passage à niveau devant le pont de l'Alma et les deux avenues Bosquet et Rapp; nous ajouterons qu'un pareil état de choses serait plus nuisible qu'utile au développement de la prospérité du quartier du Gros-Caillou, en créant un obstacle à la circulation, en l'isolant, pour ainsi dire, des quartiers de la rive droite et en déparant l'entrée de deux de ses avenues, dont l'une est appelée, dans un avenir prochain, à devenir une importante artère parisienne.

L'exemple de l'avenue de La Chapelle n'a pu nous convaincre, car une différence notable existe entre la voie ferrée qui la traverse et celle à créer dans nos quartiers.

A La Chapelle, en effet, les rails traversent la voie publique sans être protégés par aucune barrière, car ils ne servent qu'à porter des wagons de marchandises poussés la plupart du temps par des hommes d'équipe et quelquefois remorqués par des locomotives qui marchent avec une lenteur qu'il est impossible d'admettre pour des trains de voyageurs comme ceux qui nous occupent.

Un autre projet proposé était celui de faire passer la voie ferrée en tunnel dans tout son parcours jusqu'à Grenelle, avec des trémies placées de distance en distance dans la voûte, comme celles qui éclairent le canal Saint-Martin sur le boulevard Richard-Lenoir. Ce projet avait l'avantage de conserver au quai d'Orsay son aspect actuel et même de l'embellir par les jardins qui auraient entouré les trémies d'éclairage, et aussi de ne pas gêner la circulation.

M. l'ingénieur Brunfaut, invité à donner son avis au sujet de cette disposition, en a, comme nous, reconnu les avantages incomparables ; mais il a ajouté que les frais de construction d'une pareille voie seraient si considérables qu'il doutait qu'une Compagnie, et particulièrement celle qu'il représente, voulût se charger de l'entreprendre. Devant ces arguments, nous avons renoncé, non sans regrets, à ce projet, préférable aux autres sous bien des rapports.

Après des discussions de détail qu'il serait trop long d'énumérer ici, le projet auquel votre Commission s'est définitivement ralliée est le suivant :

La gare de voyageurs serait située à l'alignement de la rue Surcouf, sur le milieu du promenoir du quai, en face la manufacture des tabacs. Il serait établi une double voie partant à niveau de cette gare et s'enfonçant en tranchée avec une pente de 0,0104 m. par mètre, pour pouvoir passer en tunnel devant les avenues Bosquet et Rapp. Les égouts de ces avenues seraient abaissés, pour déboucher en syphon dans le grand collecteur du quai dont le radier se trouve à 27 mètres au-dessus du niveau de la mer ; en sortant du tunnel, la voie continuerait en tranchée découverte dans l'axe du promenoir jusqu'à l'avenue de Labourdonnaye ; là, elle rentrerait dans un tunnel de 400 mètres devant le Champ-de-Mars, qui se trouverait ainsi dégagé dans la presque totalité de sa largeur, et il ne resterait plus à franchir qu'une tranchée très courte pour atteindre l'avenue de Suffren, où elle serait couverte, et la gare de voyageurs de la Cunette.

La voie aurait une largeur totale de 7 mètres et la gare serait construite dans l'axe du promenoir, qui a 32 mètres de largeur d'une bordure à l'autre ; les quais et la voie latérale resteraient entièrement libres.

On avait proposé de faire arriver la voie en tranchée jusqu'à la gare, pour faciliter l'accès des rues Jean-Nicot et Malar ; mais il aurait fallu déplacer l'égout collecteur, travail énorme et très coûteux ; ou placer la gare et le commencement de la voie en dehors de l'axe du promenoir, ce qui aurait produit un médiocre effet.

Au reste, l'inconvénient pour les rues Jean-Nicot et Malar est presque nul, puisqu'elles n'ont en face d'elles que les parapets de la Seine ; les voitures venant de ces rues trouveront leur passage sur la chaussée latérale, près des maisons, et pourront arriver au pont de l'Alma et au pont des Invalides sans avoir plus de chemin à parcourir qu'actuellement. Pour les piétons, on construirait des passerelles au-dessus de la voie.

Nous aurions désiré que notre projet ne modifiât en rien l'aspect du promenoir et que tous les arbres fussent conservés ; malheureusement cela n'est pas possible ; il est indispensable d'en sacrifier une rangée, depuis la gare jusqu'à l'avenue Bosquet ; car, dès que la voie commence à s'enfoncer en tranchée, il faut qu'elle biaise pour passer à côté de l'égout collecteur, et la tranchée enlève une rangée d'arbres ; mais, après avoir franchi le tunnel devant le pont de l'Alma, elle revient dans l'axe du promenoir, car, à partir de ce point, il n'y a plus d'égout qui gêne, et tous les arbres peuvent être conservés.

Pour éviter l'envahissement des tranchées et des tunnels par les eaux du fleuve pendant les grandes crues, il faudra nécessairement les construire étanches, afin que le service ne soit jamais interrompu pendant tout le temps des hautes eaux.

16

Ce qui vient d'être dit n'a trait qu'au service des voyageurs; la suite de ce rapport est relative à un projet de gare de·marchandises dans le VII° arrondissement, comme complément indispensable pour assurer à nos quartiers le développement de leur industrie et de leur commerce, et leur permettre de rivaliser avec les quartiers plus favorisés qu'eux comme moyens de transports.

Mais où placer cette gare de marchandises ?

En jetant les yeux sur le plan, on voit de suite l'impossibilité de la placer avec la gare des voyageurs sur le quai d'Orsay ; aussi, avons-nous cherché un emplacement dans les environs et aucun ne nous a semblé plus apte à remplir les conditions voulues que les terrains appartenant à la ville de Paris, situés près du Champ-de-Mars et circonscrits par les avenues Labourdonnaye et Rapp ; ces terrains ont la forme d'un grand triangle et leur surface est de 25,000 mètres, surface suffisante pour faire face aux besoins du service des marchandises.

Pour faire arriver les wagons dans cette gare, nous avions d'abord pensé à établir les embranchements en face le dépôt des marbres, près l'avenue de Labourdonnaye, ou en face les écuries nationales, près l'avenue Rapp; mais les courbes qu'on pouvait leur donner auraient été d'un trop faible rayon pour permettre d'y faire passer des trains entiers. Le moyen qui nous a semblé le plus pratique est celui d'établir l'aiguillage de l'embranchement dans la tranchée en face les magasins du campement militaire. L'embranchement passerait en tunnel sous les avenues Bosquet et Rapp, avec une courbe d'au moins 160 mètres de rayon et s'élèverait graduellement dans les terrains vagues qui bordent le côté droit de l'avenue Rapp, pour arriver à niveau dans la gare de marchandises, avec une pente de 160 millimètres par mètre.

Les wagons seraient refoulés jusqu'à la gare par la locomotive, laquelle se trouverait toujours en tête pour le départ, sans qu'il soit besoin de la faire manœuvrer sur les plaques tournantes.

Pour le service des établissements de l'État, des rails morts, posés à niveau du sol, permettraient de les raccorder tous avec la gare de marchandises, où leurs wagons seraient pris et ramenés à traction de chevaux, comme cela doit se pratiquer à Grenelle pour les établissements industriels.

M. l'ingénieur Brunfaut a combattu vivement ce projet, qu'il a déclaré impraticable, ou tout au moins rempli d'obstacles, entre autres, que notre gare serait d'un accès difficile, les frais d'établissement très grands, et que le tonnage serait insignifiant et hors de proportion avec les dépenses premières et courantes.

Nous croyons que les obstacles naturels peuvent être surmontés sans grands efforts au moyen du système que nous avons indiqué, et les frais de construction du tunnel peuvent être ramenés à une moyenne ordinaire, si l'on considère le peu d'importance de ceux à faire pour l'établissement du reste de l'embranchement jusqu'à la gare.

La dépense pour l'acquisition des terrains pourrait être un obstacle; mais il ne faut pas oublier qu'ils sont la propriété de la ville de Paris ; or, si le Conseil général reconnaît comme nous l'utilité de notre projet, nous avons tout lieu d'espérer qu'il concédera à la Compagnie du chemin de fer les terrains en question, qui sont inoccupés et qui n'ont qu'une faible valeur actuellement, en raison de leur situation.

Quant au tonnage qui, disait-on, serait insignifiant, nous sommes en mesure de déclarer que c'est là une erreur. Nous sommes allés à des sources certaines, chez les négociants et les industriels du Gros-Caillou, et les renseignements que nous avons obtenus nous permettent d'évaluer à 500 tonnes par jour ce que pourra fournir ce seul quartier, dans un court délai.

Ce chiffre n'est pas exagéré, et ce n'est pas tout, car nous n'avons pu voir les industriels des autres quartiers de notre arrondissement, près desquels il aurait été utile de nous renseigner. Ce chiffre de cinq cents tonnes par jour ne peut qu'augmenter, et la contradiction sur ce point n'est pas soutenable.

M. l'ingénieur Brunfaut nous proposait l'établissement d'une gare de marchandises sur les terrains qu'occupait la gare de l'Exposition universelle de 1867, et trouvait cet emplacement préférable à celui que nous préconisions.

Si Grenelle avait demandé une gare de marchandises en cet endroit, nous aurions trouvé justes les arguments de M. l'ingénieur Brunfaut et peut-être nos prétentions auraient été exagérées en demandant une gare semblable dans notre arrondissement ; mais Grenelle ne veut pas de gare de marchandises, sa voie de garage suffit à tous ses besoins; or, nous ne voyons pas les avantages qu'il y aurait à faire une gare à la Cunette, elle ne serait pas utile à Grenelle, et elle serait incommode pour notre arrondissement et pour les quartiers environnants ; elle serait de moitié moins grande que la nôtre et, les jours de revues au Champ-de-Mars, la circulation étant interrompue, elle serait inabordable aux voitures, ce qui pourrait, dans certains cas, causer de grands préjudices aux intéressés. Par ces motifs, nous avons maintenu l'ensemble de notre projet. Nous espérons que vous l'approuverez.

CONCLUSIONS :

Considérant que la création d'un Chemin de fer dans le VIIe arrondissement serait d'une grande utilité pour le commerce, l'industrie et les habitants, votre Commission vous propose d'approuver son projet portant une gare de voyageurs sur le quai d'Orsay, en face la manufacture des tabacs, et une gare de marchandises sur les terrains situés entre les avenues de Labourdonnaye et Rapp, conformément aux indications données plus haut dans le présent rapport.

Après la lecture du rapport, plusieurs membres indiquent quelques changements que le rapporteur devra y apporter.

Le rapport est ensuite adopté.

La Commission décide que les procès-verbaux des séances et le rapport seront communiqués à M. l'ingénieur Brunfant, et qu'ensuite on convoquera les industriels et commerçants de l'arrondissement pour lire le rapport et en faire voter les conclusions.

La séance est levée à onze heures.

OPINION DES INGÉNIEURS

Nous sommes heureux de pouvoir constater l'accord entre l'ingénieur, auteur du projet, et MM. les membres de la Commission du VIIe arrondissement.

VILLE DE PARIS

XIX⁰ ARRONDISSEMENT

RAPPORT

A Monsieur le Préfet du département de la Seine.

Monsieur le Préfet,

La Commission nommée par les habitants du XIX⁰ arrondissement, convoqués à la mairie à l'effet de se prononcer sur les projets présentés par la Compagnie du Chemin de fer Circulaire de la banlieue de Paris, a l'honneur de vous soumettre les résultats de l'examen qu'elle a fait de la partie de ces projets qui intéresse la population dont elle est l'organe.

Composé en grande partie de l'ancienne commune de La Villette, le XIX⁰ arrondissement a, comme principal élément d'activité, le bassin dit de La Villette.

Ce bassin, ou plutôt ce port, est non-seulement le premier, au point de vue de la navigation intérieure, mais encore il n'est inférieur comme tonnage qu'à deux ports français.

Cette importance est due à sa situation dans l'intérieur de Paris et à ce qu'il offre aux bateaux un grand développement de quais, un lieu très étendu de garage et une sécurité qu'ils ne trouveraient pas au même degré en rivière.

Ces avantages avaient fait de La Villette, avant l'établissement des chemins de fer, le point principal des arrivages pour l'approvisionnement de Paris (en dehors des liquides) et des entrepôts pour les marchandises lourdes ou encombrantes; de nombreuses industries, notamment celles qui opèrent sur des poids considérables comme matière première et combustible, se sont placées à proximité; enfin, le bassin de La Villette était le point naturel où devaient rompre charge les marchandises qui, dans la direction du nord et de l'ouest, peuvent être transportées à peu de frais jusqu'à Paris sur les rivières ou les canaux à grande section, mais qui nécessairement arrivent du midi ou sont expédiées par un autre mode, attendu que ces conditions favorables y font défaut à la navigation.

Cette situation privilégiée avait donné à l'ancienne commune de La Villette une prospérité telle qu'une même génération en a vu la population décupler; si cette progression heureuse s'est ralentie dans ces dernières années, la cause n'en est pas seulement dans l'annexion à Paris de l'ancienne banlieue; nous croyons qu'elle réside surtout dans les conditions stationnaires où est resté le port de La Villette, isolé du réseau des chemins de fer, et dépourvu d'aménagements en rapport avec sa destination naturelle.

Les chemins de fer ont pris une telle importance dans le mouvement général des affaires, que tout ce qui reste en dehors de leur action est nécessairement frappé de décadence, et le bassin de La Villette est malheureusement resté dans cette situation ; il sera bientôt le seul port de France qui n'ait pas un rail sur ses quais.

Alors qu'ailleurs on créait de toutes pièces : bassins, docks, agencements spéciaux pour la réception de toutes les natures de marchandises, notamment pour les liquides, le bassin de La Villette restait, sauf l'exception des magasins brûlés sous la commune, avec les quelques hangars établis lors de la fondation.

Et, ici, nous devons dire que l'industrie privée n'est pas, en ce cas, coupable d'inertie; les terrains qui bordent le bassin ont été abandonnés à la Compagnie concessionnaire, qui ne les loue à bail que très exceptionnellement, de sorte qu'il ne peut s'y former d'établissement important.

Nous ne perdons pas de vue qu'à partir du canal il existe deux chemins de fer : celui de l'Est et celui de Ceinture; mais cela ne rend que plus inexplicable pour nous qu'une voie n'en ait pas été détachée pour desservir le bassin.

La proximité d'une gare a été un avantage; mais, avec le progrès des moyens de transport, et, quand il s'agit d'un centre comme celui qui nous occupe, la proximité n'est plus qu'un état relatif d'infériorité; le coût du camionnage annule, dans une proportion considérable, la réduction des prix de transport. Cet effet est d'autant plus marqué qu'à mesure que les prix de transport diminuent, le coût du camionnage augmente. Il y a trente ans, le transport d'une tonne de houille, d'Anzin à Paris, coûtait 20 francs, et le camionnage, dans Paris, 2 francs. Aujourd'hi, le même transport coûte 6 francs, et le même camionnage 4 francs. On le voit, l'ancien équilibre est rompu, et le camionnage est devenu, plus que par le passé, un élément important des prix de revient de l'industrie et du commerce.

En dehors du déboursé principal, d'autres inconvénients accompagnent la nécessité du camionnage : la détérioration des colis lors du chargement et du déchargement; les pertes de route, surtout pour les liquides; le danger des détournements, etc.

Il ne s'agit donc plus pour les grandes usines, les grands entrepôts, de se placer à portée des chemins de fer ; les trains qui passent et s'arrêtent à quelques rares stations ne suffisent plus : ce sont des branchements qu'il faut sur chaque point de quelque importance et pour le port de La Villette, qui, s'il avait accompli sa destinée, serait un immense entrepôt, cette nécessité est naturellement plus frappante que pour tout autre établissement; nous ne doutons pas que si ce complément était donné au port de la Villette, en même temps que les installations perfectionnées pour l'emmagasinage qui ont été établies ailleurs, sa prospérité reprenne bien vite une marche croissante, que la création d'un entrepôt d'octroi doive s'ensuivre dans un délai rapproché et qu'on arrive ainsi à donner une compensation à un des points qui ont souffert de l'annexion de la banlieue.

Etude du tracé.

Les considérations qui viennent d'être exposées expliquent l'étonnement qu'a éprouvé la population du XIX⁰ arrondissement quand elle a eu connaissance d'un projet de tracé qui, laissant à l'écart le bassin, c'est-à-dire le troisième port de France, part du village des Lilas pour pénétrer dans Paris en côtoyant le cimetière du Père-Lachaise; cela semblait être un parti pris contre nous.

La Compagnie parlait bien accessoirement d'un autre tracé passant au bas des buttes Chaumont, mais ce tracé laissait encore le port de côté, ne desservait aucune usine et ne faisait que répéter ce que la ligne de l'Est est sur une autre limite de l'arrondissement.

Hâtons-nous de le dire, dans le cours des pourparlers que nous avons eus avec elle, la Compagnie a paru modifier ses idées, ou plutôt son oubli du port de La Villette, et nous la croyons aujourd'hui disposée à tenir compte des considérations que nous lui avons soumises, et qui, du reste, sont parfaitement d'accord avec ses intérêts, si elle devient concessionnaire.

Après avoir exposé les raisons qui, suivant nous, rendent indispensable la mise en communication du port de La Villette avec le réseau des chemins de fer, nous avons à indiquer les conditions qui nous ont paru les meilleures pour cette communication.

D'abord, il faut remarquer qu'on ne pourrait placer sur le quai une voie pour le passage des trains, à moins d'exproprier la Compagnie concessionnaire pour la jouissance à laquelle elle a droit jusqu'à la fin de la concession. Du reste, la juxtaposition de la voie et du quai ne nous a pas paru être la meilleure combinaison ; l'éloignement, à une distance qui permet de placer des magasins entre la voie d'eau et la voie de fer, nous a semblé préférable. Cet espace pouvant d'ailleurs être toujours traversé par les wagons, au moyen de plaques tournantes.

La pénétration d'un chemin de fer dans une ville comme Paris est toujours une chose difficile, mais cette difficulté nous a paru être moins grande dans le XIX⁰ arrondissement que partout ailleurs.

Nous ne pouvons penser pourtant à emprunter une des voies existantes, aucune n'a une largeur suffisante pour le permettre, et il faudrait plutôt songer à donner plus d'espace à la circulation qui, actuellement, y est à chaque instant entravée.

Faire épouser au chemin de fer des rues d'importance secondaire, en se mettant dans la nécessité d'exproprier deux rangs de propriétés en façade, c'était déplacer un grand nombre d'intérêts et rendre l'opération coûteuse ; nous avons cru qu'il fallait de préférence se placer en dehors des rues qui existent, et en évitant, autant que possible, les propriétés bâties.

Comme niveau, nous acceptons résolûment celui du sol. Qu'en général on proscrive les passages à niveau, nous le comprenons, mais ici nous devons en accepter les inconvénients. Nous désirons faire de notre quartier un vaste entrepôt ; nous croyons que sa destination naturelle est d'être le point central, le point de jonction le plus favorable entre le réseau des chemins de fer et un réseau non moins considérable de voies navigables. Voulant la fin, nous devons en admettre les moyens. Nous sommes dans un milieu de travailleurs, de commerçants et d'industriels : ceux qui y circulent ne peuvent se plaindre de ce qui fera la fortune du travail, du commerce et de l'industrie. Nous ferons même cette observation : maintenant que la locomotive va partout ou plutôt qu'on l'appelle partout, ne devons-nous pas nous familiariser avec elle, comme cela a lieu dans d'autres pays, où le public a accès sur tous les points des chemins de fer, et où on lui laisse le soin de se préserver ? Un peu d'habitude remplace alors les précautions qui sont prises chez nous, et les accidents ne sont pas plus nombreux.

Le tracé que nous avons en vue permet de se rapprocher à volonté du bassin, mais nous admettons qu'une distance de 50 à 100 mètres serait la plus convenable. Elle permettrait de mettre dans l'intervalle une ou plusieurs voies de service, des magasins et de conserver une rue (existant actuellement) desservant à la fois le port et le chemin de fer.

Nous allons maintenant préciser le tracé que nous recommanderions.

Ce tracé franchit les fortifications sur la rive gauche du canal Saint-Denis, passe sous la ligne de l'Est, dessert l'établissement du gaz et les Magasins-Généraux ; il traverse en biais le bief qui se trouve entre le pont du chemin de fer de l'Est et le pont de Flandre, passe à niveau sur la route de Flandre, suit la berge jusqu'à l'embouchure du canal de l'Ourcq en desservant les Abattoirs et le marché aux bestiaux. A cet endroit, une minime portion de la gare circulaire est remblayée pour ramener les dimensions du pont à établir, à la section du canal de l'Ourcq. Notons en passant qu'on pourrait profiter de ce travail pour offrir à la circulation générale un passage entre le quai de la Marne et le quai de la Charente qui, aujourd'hui, sont deux impasses, et donner ainsi, ce qui est vivement réclamé, un moyen de communication qui manque complétement, dans cette région, entre la grande et la petite Villette.

La ligne franchit sur un pont fixe le petit bras qui conduit au dépotoir, le passage des bateaux spéciaux attachés au service du dépotoir pouvant s'effectuer sous le pont, ce qui a lieu d'ailleurs actuellement.

Une courbe commencée après la traversée de l'Ourcq vient se terminer à l'est de la rue de Thionville, en écornant les terrains où sont établies les forges de M. Lagoutte ; la ligne passe ensuite sous le chemin de Ceinture, traverse à niveau la rue de Crimée, passe derrière l'Ecole des filles de la ville de Paris, arrive en ligne droite à la Rotonde, près l'entrepôt des Magasins-Généraux, suit ensuite le boulevard de La Villette jusqu'à la rue Claude-Villefaux, et de là se dirige vers le centre.

Ce tracé laisse à sa droite, et sur toute la longueur du bassin, une bande qui, dans notre pensée, serait destinée à devenir, avec le développement des affaires, une immense gare pour l'échange des marchandises, entre la voie de fer et la voie d'eau, pour l'emmagasinage libre ou pour l'entrepôt réel de douane et d'octroi. En l'expropriant d'abord, en tout ou en partie, on pourrait mettre ensuite en adjudication les emplacements qui s'approprieraient le mieux aux destinations que nous venons d'indiquer, et il n'est pas douteux qu'il se présente alors de grandes Compagnies pour profiter de cette position exceptionnelle.

Sauf la traversée de la rue de Crimée, où la ligne rencontre quelques masures, et son arrivée vers la Rotonde, le tracé ne fait tomber aucune construction qui ait de la valeur, il traverse des terrains de fond en partie inoccupés.

Ainsi, au point de vue de l'expropriation, la dépense est ainsi réduite au minimum ; ensuite, le tracé ne nécessite des travaux d'art qu'aux abords du pont de Flandre, et il présente la ligne la plus courte pour se diriger vers le centre de Paris, conditions encore très importantes d'économie.

Notre examen devait s'arrêter aux limites de l'arrondissement; nous nous contenterons de faire remarquer qu'au-delà des fortifications notre tracé a son prolongement naturel vers Saint-Denis, en suivant la rive gauche du canal et en desservant les usines si nombreuses et si importantes établies sur la commune d'Aubervilliers.

Le tracé que nous proposons n'est pas le seul possible. Nous n'avons pas voulu prolonger ce Mémoire, déjà bien étendu, en y traitant des autres passages qui pourraient être donnés à une ligne traversant l'arrondissement. Mais, si le projet auquel nous avons donné la préférence comptait des difficultés que nous n'avons pas prévues, nous demandons à être appelés, d'abord pour essayer de donner notre solution, et ensuite pour être à même de formuler d'autres propositions.

Nous joignons, d'ailleurs, à la présente un plan de l'arrondissement, où les différents tracés ont été indiqués comme suit :

Teinte bleue. Tracé n° 1 (dit Projet Quéruel), du boulevard de la Chapelle à Aubervilliers.

Teinte orange. Tracé n° 2 (dit Projet Maujean), de la Bastille à Saint-Denis, en traversant La Villette.

Teinte rose. Tracé n° 3, avec variante n° 4 (dit Projet Bréhier), du Château-d'Eau à Saint-Denis; ce dernier projet est celui que recommande la Commission et qui est décrit ci-avant.

Telles sont, Monsieur le Préfet, les études très imparfaites que nous prenons la confiance de vous soumettre, et les vœux sur lesquels, au nom de nos concitoyens, nous appelons votre bienveillante sollicitude.

Nous avons l'honneur d'être, Monsieur le Préfet, vos très humbles serviteurs.

Les membres de la Commission :

Signé : COUVREUR, BRÉHIER fils, QUÉRUEL, COTTIN, E. LAPOSTOLET, P.-G. POTTIER, CHAMEROY, DÉTOUCHE, MASSOU, HALOUZE, MOUSSY.

Pour copie conforme :

Le Secrétaire :

P.-G. POTTIER.

OPINION DES INGÉNIEURS

M. l'ingénieur Brunfaut a demandé à l'autorité préfectorale de la Seine les permis nécessaires pour les études d'un chemin de fer qui partirait de la station de Saint-Denis et aboutirait au quai Saint-Bernard, à l'Entrepôt des liquides.

Ce projet suivrait le canal de l'Ourcq, se relierait aux rails du chemin de fer de Ceinture, aux Magasins généraux et à l'établissement du gaz, suivrait les bords du canal et du bassin de La Villette, desservirait les Magasins de la Rotonde, longerait le canal Saint-Martin, le boulevard Richard-Lenoir, passerait sous la Bastille, sur le pont à construire du quai Saint-Bernard ; en un mot, épouserait, quant aux intérêts spéciaux de La Villette, le projet n° 2 dont parle le rapport de la Commission.

Nous partageons complétement les idées de la Commission ; nous croyons, comme eux, qu'un port qui n'est pas relié *effectivement* avec des chemins de fer est un outil mal agencé, et qu'il faut, au plus tôt, parer à cet état de choses, si on veut soulager l'industrie et le commerce parisien des droits si exorbitants d'un camionnage qui serait rendu inutile par la création du chemin de fer dont les permis d'études sont demandés à M. le Préfet.

CONSEIL GÉNÉRAL DE LA SEINE

SESSION ORDINAIRE DE 1872

Séance du 9 octobre.

DÉPOT PAR M. LESAGE D'UN PROJET DE CHEMIN DE FER D'INTÉRÊT LOCAL

M. Lesage dépose un projet de chemin de fer circulaire, destiné à desservir les communes du département. Il donne lecture de l'art. 2 de la loi du 12 juillet 1865, relative aux chemins de fer d'intérêt local et de quelques considérations du rapporteur de cette loi, dont il tire cette conséquence, que les Conseils généraux ont un droit d'initiative incontestable, en ce qui touche l'établissement de chemins de fer d'intérêt local, et peuvent statuer sur une question de cette nature sans avoir été saisis par l'autorité préfectorale.

L'honorable membre demande la nomination d'une Commission spéciale chargée d'examiner son projet.

M. Saglier exprime l'avis que ce projet doit être renvoyé à la Commission des vœux.

M. Lesage, s'appuyant sur les textes qu'il a cités, insiste pour la nomination d'une Commission spéciale, à moins que son projet ne soit soumis à l'examen de la Commission des routes et chemins.

Il ne veut pas préjuger l'accueil qui sera fait par le Conseil à sa proposition, mais il croit que personne ne peut contester l'utilité du chemin de fer dont il demande la création, et, en ce qui touche l'opportunité de l'exécution actuelle de ce travail et d'un nouvel appel au crédit public qui en serait la conséquence, il fait remarquer que l'emprunt national n'a retenu que 7.88 0/0 des sommes qui avaient été versées dans les caisses de l'État.

M. le Préfet explique qu'il a adressé au Conseil un Mémoire relatif à un chemin de fer de camionnage, entre Neuilly et Pantin, et demandé un crédit de 600,000 fr. pour acquisition de terrains; que ses propositions, soumises à la Commission des routes et chemins, *donnent en partie satisfaction* aux intérêts que M. Lesage a eu en vue; mais que l'Administration n'a en aucune façon l'intention de s'opposer à ce que le Conseil délibère sur le projet qui vient d'être déposé.

M. Lesage demande l'impression du Mémoire de M. le Préfet.

M. le Préfet fait observer que, à raison des projets d'acquisitions qu'il mentionne, il y aurait peut-être quelque inconvénient à donner de la publicité à ce document.

Sur la proposition de *M. le Président*, le Conseil décide que la Commission des routes et chemins fera un rapport sur la convenance de cette impression.

M. Béclard pense que la construction d'un chemin circulaire, reliant les communes du département de la Seine et les grandes lignes ferrées qui aboutissent à Paris, n'est contestée par personne ; mais la question d'opportunité de cette entreprise est plus délicate, et celle de la compétence du Conseil doit être examinée avec la plus grande attention. Si, à certain point de vue, ce chemin peut être considéré comme un chemin de fer d'intérêt local, à d'autres égards il a les caractères d'un chemin d'intérêt général.

M. Béclard propose de renvoyer le projet de M. Lesage à la Commission des routes et chemins, qui examinerait la question au triple point de vue qu'il vient d'indiquer, de l'utilité, de l'opportunité et de la compétence du Conseil.

M. le Préfet de la Seine dit que la question de compétence soulevée par M. Béclard est très grave; que la loi n'a pas défini le chemin de fer d'intérêt local et qu'il en est résulté de nombreux conflits entre les administrations locales et l'administration centrale. Mais il croit savoir que le Conseil d'État est appelé à donner sur ce point un avis doctrinal et se prononcera sous très peu de jours. Il ajoute que l'établissement d'un chemin de fer autour de Paris intéresse la défense de cette place de guerre, et qu'on ne saurait, dès lors, considérer un tel chemin comme étant, *ipso facto*, un simple chemin d'intérêt local.

Séance du 25 octobre.

CRÉATION D'UN CHEMIN DE FER INDUSTRIEL ENTRE NEUILLY ET PANTIN

La parole est donnée à *M. Sueur* pour faire, au nom de la Commission n° 2, un rapport sur les propositions formulées dans le Mémoire de M. le Préfet de la Seine, coté n° 70, et ayant pour objet la création, entre Neuilly et Pantin, d'un chemin de fer industriel pour le transport des marchandises dites encombrantes.

M. le Rapporteur s'exprime ainsi :

« Messieurs,

« Votre Commission, déjà très surchargée, a été saisie du projet d'une voie ferrée, dite *chemin de fer industriel*, et a été appelée à donner son avis sur l'ouverture d'un crédit de 600,000 fr. pour continuer les études et faire par prévision des acquisitions de terrains.

« Si la somme à voter est importante, les conséquences d'une détermination prise trop précipitamment peuvent être graves. Il ne faut pas se dissimuler que, sous tous les aspects, la question soumise à votre appréciation est très délicate.

« Votre deuxième Commission, Messieurs, après avoir pris connaissance du rapport des ingénieurs, de celui de M. le Préfet, après avoir entendu ses explications et les observations de nos honorables collègues de la banlieue, ne saurait entrer complétement dans la voie qui lui est ouverte par l'Administration.

« Dans votre session extraordinaire du mois d'avril dernier, une Commission spéciale était chargée de faire les études : 1° d'un chemin de fer Métropolitain ; 2° de lignes de tramway, facilitant les rapports entre Paris et sa banlieue, et enfin d'un chemin circulaire reliant entre elles toutes les communes suburbaines, et pouvant mettre en rapport tous les groupes industriels avec les grandes lignes de chemin de fer.

« Votre honorable collègue, M. Callon, terminait son rapport sur les études de la Commission par ces mots :

« Votre Commission émet le vœu que, pour hâter l'épanouissement du réseau départemental, l'Administration poursuive les études de lignes de chemins de fer, entreprises au point de vue particulier des besoins de la banlieue (projets Brunfaut, et autres).

« Ce vœu, résumé des études de la Commission du Conseil général, en ce qui concernait les projets incomplets présentés pour le service des communes du département de la Seine, encourageait évidemment de nouvelles études.

« Les municipalités du département se sont vivement préoccupées de la possibilité d'avoir un chemin de fer Circulaire, apportant dans les centres industriels les matières premières, et emportant dans toutes les directions les produits fabriqués. Des Commissions ont été nommées, les tracés primitifs ont été modifiés, de nouveaux plans ont été produits. Un projet qui paraît complet, vous est présenté par notre honorable collègue M. Lesage, projet appuyé par les vœux de presque toutes les communes du département de la Seine.

L'Administration, de son côté, s'inspirant du vœu de votre Commission spéciale, n'est pas restée inactive. M. le Préfet, préoccupé des intérêts de l'industrie, persuadé qu'il y avait urgence de réduire, dans une certaine mesure, les charges que fait peser sur elle le transport à prix coûteux des matières premières et notamment de la houille, a confié aux ingénieurs du département la première étude d'un chemin de fer *industriel de camionnage*, pour lequel il réclame aujourd'hui votre sanction.

« L'Administration propose de pourvoir au transport des marchandises encombrantes provenant ou en destination des usines situées au nord de Paris, par la création d'un chemin de fer industriel, allant de Neuilly à

Pantin, qui servirait de souche aux embranchements particuliers que les usiniers voudraient établir, et relierait entre elles les lignes du Nord, de l'Est et de l'Ouest.

« Elle vous demande l'autorisation d'acquérir dès à présent, en traitant à l'amiable avec les propriétaires, les terrains nécessaires aux gares et lieux de dépôt à établir sur ce chemin de fer.

« La ligne qui vous est proposée aurait pour point de départ la gare du Nord, à Saint-Denis. La partie comprise entre Saint-Denis et Pantin serait construite à travers champs, le reste presque tout entier serait prévu sur un des bas-côtés ou au milieu de la route départementale N° 11 (route de la Révolte).

« La traction pourrait se faire immédiatement par machines, d'un côté jusqu'à Aubervilliers, de l'autre sur la route de la Révolte jusqu'à Saint-Ouen ; le reste du parcours jusqu'à Neuilly ne pourrait permettre, quant à présent, qu'une organisation de traction par chevaux. Dans cette hypothèse, on opérerait le transbordement des marchandises, des wagons des grandes lignes dans de petits wagons pouvant circuler sur une partie du parcours, et sur les tramway qui seraient raccordés avec la ligne projetée.

« Ce chemin se relierait, sur divers points, aux tramway déjà concédés.

« L'établissement de ce chemin de fer donnerait lieu, dans une de ses parties, à une dépense de 1,900,000 fr., soit 211,000 fr. par kilomètre ; dans l'autre, à une dépense de 1,800,000 fr., soit 257,000 fr. par kilomètre. L'établissement des gares entraînerait à une dépense de 300,000 fr., soit 4,000,000 pour la construction de la ligne.

« Dans la longueur du parcours, huit grandes gares et dépôts seraient prévus et donneraient lieu à une dépense de 1,000,000 de francs pour acquisition de terrains. Le projet total atteindrait donc, sauf les imprévus, à 5,000,000 de francs.

« Le projet que je soumets à votre examen, dit M. le Préfet dans son rapport, n'est pas grandiose, mais il a le caractère industriel et pratique qui vous paraîtra sans doute intéressant : l'avenir ne serait pas compromis par son exécution. Le jour où des besoins plus considérables permettront d'aborder des travaux d'un ordre plus difficile, on serait toujours libre de le faire, mais on peut du moins, sans immobiliser trop de capitaux, préparer la solution d'un problème très important pour l'industrie des communes suburbaines.

« M. le Préfet, dans son Mémoire au Conseil général, termine l'exposé succinct de ce projet par cette phrase :

« Quant au projet définitif et au mode de construction et d'exploitation, « vous examinerez dans une prochaine session s'il convient d'organiser « une régie départementale ou de s'entendre pour la traction avec une « entreprise quelconque. »

« Votre Commission s'est demandé, Messieurs, si l'emploi d'un million

pour l'acquisition de terrains (en prévision), si ces projets de régie départementale n'engageaient pas considérablement le département et la respon-
sabilité du Conseil général, et s'il ne serait pas plus sage, les études faites,
si le chemin de fer de camionnage projeté réunissait toutes les conditions de
convenances et d'avenir, d'en faire la concession à une Compagnie, comme
vous l'avez fait pour les tramway.

« Votre Commission s'est ensuite posé cette question : Le projet répond-
il complétement au vœu exprimé par l'honorable M. Callon et aux aspirations, aux besoins des communes du département?

« La section proposée de Pantin à Neuilly-sur-Seine, en donnant satisfaction, dans une certaine mesure, à quelques groupes industriels des
plus importants, permet-elle aux autres parties, aux autres groupes, d'espérer être un jour reliés à ce premier tronçon de ligne ferrée? Les termes
du rapport de M. l'ingénieur en chef peuvent permettre d'en douter.

« Il restait donc pour l'arrondissement de Sceaux, dit le rapport, à
établir trois embranchements sur le chemin de Ceinture, par Montreuil,
le haut d'Ivry, Gentilly et Arcueil (s'ils ne sont pas impossibles, car ils
exigeront de nouvelles coupures dans les fortifications); ils seraient au
moins difficiles et coûteux. Il ne faut pas toutefois négliger de s'en occuper.

« Vous voyez, Messieurs, que le projet qui vous est soumis ne regarde,
quant à présent, que la partie du département de la Seine comprise entre
Neuilly et Pantin, et encore en se rapprochant singulièrement dans son
parcours, sur la route de la Révolte, des fortifications de Paris pour
aboutir sur les talus mêmes à la porte Maillot.

« Dans l'étude et le tracé qui vous sont présentés, il reste donc bien peu
d'espoir pour la création d'une ligne circulaire desservant toutes les communes industrielles du département.

« Votre Commission pense qu'il y a mieux à faire que de relier au
chemin de fer de Ceinture trois communes de l'arrondissement de Sceaux :
une étude plus approfondie pourrait amener, en empruntant le chemin de
Ceinture à partir de la gare projetée à Aubervilliers, et faisant une seule
coupure dans les fortifications entre la porte Charonne et celle de Montreuil, à reprendre le tracé sur le territoire de l'arrondissement de Sceaux,
comme on l'a fait sur l'arrondissement de Saint-Denis.

« Des considérations d'un ordre général supérieur font penser à l'Administration qu'une entreprise considérable, faisant appel aux capitaux,
n'aurait aucune chance d'obtenir l'autorisation de l'Etat en ce moment.

« Si les études nouvelles que nous réclamons décidaient l'approbation,
soit du chemin circulaire proprement dit avec pénétrations dans Paris,
projet présenté par M. Lesage, soit d'un projet dans le genre de celui de
M. le Préfet, mais étudié en vue d'une extension dans tous les centres industriels de la banlieue, n'y aurait-il pas moyen, l'ensemble étant adopté,
*de n'exécuter que par partie et d'arriver ainsi, tout en agissant avec la
plus grande prudence, à donner presque immédiatement satisfaction à la*

partie industrielle la plus importante, tout en laissant aux autres parties l'espoir que, dans un avenir plus ou moins rapproché, elles pourraient jouir des bienfaits d'une ligne circulaire ?

« Votre Commission, Messieurs, est d'avis : 1° De renvoyer le projet Brunfaut, déposé par M. Lesage, à M. le Préfet, pour subir un examen technique approfondi, pouvant servir de base à des propositions à faire au Conseil ;

« 2° D'inviter M. le Préfet à faire procéder à des études complètes du projet, qui n'a été présenté par l'Administration qu'à l'état de tracé indicatif.

« Ce projet devra être établi en vue d'une extension de la ligne ferrée dans tous les centres industriels du département, de telle façon que, lorsqu'il sera présenté au Conseil général, il réponde, en principe et dans la plus large mesure possible, aux vœux si énergiquement exprimés par tous les Conseils municipaux du département.

« Le crédit de 600,000 francs restant sans emploi, la Commission est d'avis de le remplacer par la somme de 40,000 francs, pour couvrir les frais nécessités par les études demandées par le Conseil général.

« La Commission, en conséquence, propose à votre approbation la délibération suivante : »

LE CONSEIL GÉNÉRAL,

Vu le Mémoire, en date du 30 septembre 1872, par lequel M. le Préfet de la Seine propose :

1° La création d'un chemin de fer industriel pour le transport des marchandises dites encombrantes, allant de Neuilly à Saint-Denis, et de Saint-Denis à Pantin, se raccordant avec les lignes de l'Ouest, du Nord et de l'Est, et offrant aux usiniers la possibilité de créer des embranchements particuliers ;

2° L'ouverture d'un crédit de 600,000 francs pour continuer les études et acquérir, par traités amiables, les terrains nécessaires aux gares et lieux de dépôt à établir sur ledit chemin de fer industriel ;

Vu les rapports de l'ingénieur en chef du département, en date des 9 et 27 septembre 1872 ;

Vu le projet d'un chemin de fer Circulaire dans la banlieue de Paris, dressé par M. Brunfaut, et renvoyé à la 2ᵉ Commission, sur la proposition de M. Lesage ;

Ouï le rapport de la 2ᵉ Commission ;

Considérant que la création de chemins de fer dans la banlieue, reliant les communes entre elles, les rattachant au réseau général et pénétrant dans Paris, a été l'objet d'un vœu émis par le Conseil dans sa dernière session ; que cette création est demandée par la plupart des communes du département ;

Considérant que les besoins à satisfaire comprennent aussi bien le transport des personnes que le camionnage des marchandises, matières premières, combustibles et produits fabriqués ;

Que des raccordements nombreux doivent être ménagés avec les railway existants, de même qu'avec les tramway à construire ;

Que le chemin de fer de la banlieue semble devoir être disposé de manière à faciliter, au point de vue industriel, l'insertion des embranchements particuliers, pénétrant dans les usines et les reliant au besoin avec les voies navigables, et, au point de vue stratégique, la jonction des voies ferrées de service devant alimenter les forts utiles à la défense de Paris ;

En ce qui concerne le projet présenté par M. le Préfet,

Considérant que ce projet ne donne qu'une faible satisfaction aux désirs exprimés par les communes et par le Conseil lui-même ;

Qu'on ne voit pas comment il pourrait se rattacher à une conception d'ensemble ;

Qu'il convient de demander sur ce point des études générales complètes, et autant que possible comparatives entre les diverses solutions qui peuvent se produire ;

Que pour assurer le service des études, la somme de 40,000 fr. est jugée nécessaire ;

Considérant qu'en attendant le travail des ingénieurs et la présentation d'un projet complet et définitif, accompagné d'un cahier des charges pour la concession éventuelle du chemin en projet, il n'y a pas lieu d'engager l'opération, ni par un commencement d'exécution, ni par des acquisitions de terrains qui seraient prématurées ;

Considérant que les voies et moyens doivent être, au contraire, absolument réservés jusqu'au moment de la décision à intervenir après production et examen du projet définitif;

En ce qui concerne le projet Brunfaut, présenté par M. Lesage :

Considérant que le Conseil ne peut apprécier, au point de vue technique, le mérite de ce projet ; qu'il doit, avant de statuer, s'éclairer de l'avis de l'Administration ;

Délibère :

Art. 1er. — L'Administration est invitée à faire procéder à des études complètes pour arriver à la réalisation d'un chemin de fer Circulaire départemental à créer dans la banlieue de Paris.

Art. 2. — Le projet Brunfaut, présenté par M. Lesage, est renvoyé à M. le Préfet, pour être soumis à l'examen de l'Administration et devenir, ainsi que le projet de l'Administration, l'objet d'une instruction, d'une enquête, s'il y a lieu, et d'un rapport au Conseil.

Art. 3. — Un crédit de 40,000 fr. est ouvert au budget départemental de 1873, sous-chap. xiv, art. 24 *bis*, pour couvrir les frais d'études.

M. Lesage déclare que, en demandant avec instance la création d'un chemin de fer industriel autour de Paris, il ne fait que se conformer au vœu formel de ses électeurs. Le mouvement des marchandises dans le canton de Courbevoie, qu'il représente, dépasse 100,000 tonnes, et les chemins de fer qui le desservent ne peuvent en transporter que 840. Aussi les usiniers appuient-ils de tous leurs vœux la réalisation du projet de M. BRUNFAUT.

On a parlé des inconvénients qu'il y aurait à faire actuellement appel au crédit pour l'exécution de grands travaux. Il n'y a pas à s'arrêter devant une considération de cette nature, car on offre de n'employer dans cette opération que des capitaux exclusivement étrangers.

La construction du chemin de fer qu'il propose donnerait du travail aux ouvriers, l'œuvre entreprise serait productive, cela est incontestable ; on offre de faire le capital exclusivement en actions ; l'orateur espère donc que ses collègues se joindront à lui pour prier M. le Préfet de hâter l'enquête qui doit être faite de façon que le Conseil puisse, dans une session extraordinaire, se prononcer définitivement à l'égard de la création de cette voie ferrée, dont l'exécution lui méritera la reconnaissance des populations.

M. le Préfet de la Seine dit que tout le monde est d'accord sur le but à atteindre, qui est de donner satisfaction aux besoins de l'industrie. Il s'agit de savoir quel est le meilleur moyen.

A son avis, c'est de commencer par exécuter le projet qu'il a soumis au Conseil.

Le problème à résoudre consiste à mettre les usiniers en communication avec certains points qui serviront de dépôt aux marchandises et aux matières premières à transporter. La solution est difficile à trouver, mais non pas impossible.

Le projet dressé par l'Administration, et dont M. le Préfet fait la description détaillée, peut, dès aujourd'hui, donner satisfaction aux intérêts des usiniers de cette partie de la banlieue située au nord de Paris, et dont Aubervilliers est le centre, et cela sans exiger une grande dépense.

La Commission paraît désirer que la question du chemin de fer industriel autour de Paris soit traitée d'ensemble ; mais au sud, du côté de Sceaux, on rencontre de très grandes difficultés, et si l'on veut qu'elles soient résolues avant de rien entreprendre, on ajourne la réalisation de l'opération à une époque tout à fait indéterminée. Est-il sage, parce que l'on ne peut donner immédiatement satisfaction à tous les usiniers de la banlieue, de refuser cette satisfaction à ceux à qui on peut l'accorder ?

Il ne faut pas non plus oublier, dit M. le Préfet, que si le projet prend une grande importance, il faudra de gros capitaux et, à raison de l'état général du marché, le gouvernement pourra présenter des objections. Le gouvernement pourra aussi contester à ce chemin le caractère de chemin d'intérêt local et évoquer l'affaire comme intéressant la défense militaire de Paris.

M. Cantagrel regrette d'avoir à combattre la proposition de l'Administration.

M. le Préfet a montré qu'il était facile de construire le chemin de camionnage qu'il propose; la Commission le reconnaît et ne partage pas le préjugé qui n'admet pas que l'on fasse circuler des machines sur les routes ordinaires. Elle est aussi d'avis qu'on ne refuse pas à quelques-uns la satis-faction qu'on peut leur donner, par ce motif seul qu'on n'est pas en mesure d'accorder à tous le même avantage, et elle aurait donné son approbation au projet de l'Administration si elle n'avait été arrêtée par d'autres considérations.

Il a paru à la Commission que le projet de l'Administration aurait pour résultat de servir, non des intérêts généraux, mais un certain nombre d'intérêts particuliers; que le chemin de camionnage ne serait guère qu'un prolongement et une annexe des lignes du Nord et de l'Est, desservant quelques groupes d'usines situées dans son voisinage, et alors il lui a semblé qu'il ne devait pas être exécuté avec les fonds départementaux, car, s'il est sans utilité, pourquoi engager dans cette entreprise les ressources du département, et s'il est utile, pourquoi les intéressés, Compagnies de chemins de fer et usiniers, ne se syndiqueraient-ils pas pour l'exécuter?

L'orateur ajoute que le projet de l'Administration exige l'immobilisation de sommes importantes, qui pourraient être plus utilement employées à procurer du travail aux ouvriers. Il passe ensuite à l'examen des difficultés financières qu'entrevoit M. le Préfet, si l'on élargit la question et si l'on parle d'entreprendre d'ensemble le chemin Circulaire réclamé par l'industrie.

M. Cantagrel fait remarquer que l'Administration elle-même ne semble pas croire que ces difficultés soient insurmontables, puisqu'elle a manifesté l'intention d'émettre un emprunt municipal de 53 millions.

D'ailleurs, dans cinq ou six mois, l'état du marché financier sera vraisemblablement modifié, et le gouvernement n'aura plus d'objections à faire à cet appel au crédit. A cette époque, aussi, les pouvoirs du Conseil général qui vont expirer auront sans doute été renouvelés pour un certain temps. Que l'Administration emploie ce délai à poursuivre des études commencées, de façon à saisir, vers le mois de mai de l'année prochaine, le Conseil général d'un projet plus complet que celui qui a été soumis à l'examen de la Commission.

M. Cantagrel termine en disant que, à son avis, la situation n'est pas telle que l'on doive suspendre d'une manière absolue tous les grands travaux. Il n'est pas partisan, en médecine, du régime de la diète absolue, et il croit que, dût la ville de Paris accroître encore sa dette dans une certaine proportion, il est nécessaire d'achever certains travaux de voirie commencés et certains percements demandés par la population.

M. le Préfet, sans vouloir rentrer dans la discussion, déclare qu'il ne peut laisser sans réponse quelques-unes des paroles de M. Cantagrel, qui ont trait au budget de la ville de Paris.

Le Conseil sait que le budget municipal est très difficile à équilibrer. Certaines dettes, telles que les bons de la Caisse des Travaux et la dette immobilière, viennent à échéance à très bref délai, elles nécessitent un emprunt spécial de 23 millions. Il est en outre indispensable de consolider la moitié de la dette flottante de 60 millions, qui n'a été autorisée par la loi que jusqu'au 31 décembre prochain. C'est pour arriver à cette consolidation que l'Administration a proposé un emprunt de 53 millions.

M. Cantagrel voudrait voir continuer les grands travaux dans Paris. Mais il ne faut pas perdre de vue que ces travaux ne pourraient être continués qu'au prix d'une aggravation d'impôts déjà trop lourds pour la population parisienne. Il y a d'ailleurs, dans l'ensemble du budget de la ville de Paris, soit pour constructions scolaires, soit pour la dérivation des eaux de la Vanne et l'établissement du réservoir de Montrouge, soit pour diverses opérations de voirie et achèvement, reconstruction, réparation d'édifices municipaux, 40 millions consacrés à des travaux, et si l'on tient compte des sommes considérables qui seront accordées pour réparation des dommages résultant de la guerre et de l'insurrection, et qui atteignent le chiffre de 50 millions, on voit que, relativement à la somme des travaux exécutés à titres divers dans Paris, la situation est à peu près ce qu'elle était aux jours les plus prospères : la seule différence, c'est qu'on dépense beaucoup moins en indemnités d'expropriation.

Il ne faut faire que les dépenses que les ressources de la Ville de Paris permettent d'acquitter, et assurer l'équilibre du budget. Plus tard, quand on aura des excédants de recettes, on pourra examiner s'il y a lieu d'emprunter et de faire des travaux, ou s'il est préférable de consacrer ces ressources à alléger les charges des contribuables. Aujourd'hui, l'Administration n'a pas cette liberté de choix.

M. Lesage réitère la déclaration qu'il a faite relativement aux capitaux étrangers, sur lesquels on est en droit de compter, et rappelle que cette abondance de capitaux a été signalée par M. le Préfet de la Seine dans un Mémoire déjà ancien. Il établit ensuite que la ligne pojetée par l'Administration ne sera utile qu'au chemin de fer du Nord, et il insiste sur la nécessité de donner satisfaction à tous les intérêts sans exception.

M. Vauthier défend la proposition de la Commission; il fait ressortir les besoins de toutes les communes du département, qui demandent à être reliées entre elles par des moyens de transport rapides et économiques. L'étude d'un projet d'ensemble a été décidée par le Conseil dans une précédente session : ce vœu n'est pas rempli. L'adoption de la proposition de M. le Préfet engagerait l'avenir d'une manière fâcheuse, parce que le projet soumis actuellement au Conseil n'est pas suffisamment étudié.

D'autre part, des projets ont été proposés en dehors de l'Administration;

sont-ils bons? La Commission ne peut se prononcer, mais ils révèlent des études considérables et méritent d'être examinés attentivement.

D'autres questions doivent être étudiées et résolues préalablement. Il y a lieu de rechercher s'il convient que le département prenne à sa charge l'entreprise, et s'il serait bon ou mauvais que les Compagnies de chemins de fer intervinssent; enfin, si la ligne projetée doit donner des produits, et à quel chiffre ces produits peuvent s'élever.

Pour ces divers motifs, *M. Vauthier* demande qu'une enquête publique soit ouverte et prie le Conseil de voter les conclusions de la Commission.

M. Félix Dehaynin demande qu'une décision soit prise le plus tôt possible à l'égard du chemin industriel qui doit relier les diverses communes de la banlieue de Paris. Cette ligne ferrée, à son avis, est indispensable, car le chemin de fer de Ceinture, situé *intra muros*, n'a pas de gare de marchandises, et son tarif est tellement élevé qu'il est plus dispendieux de faire transporter des charbons sur cette ligne que de les faire camionner à l'aide de voitures traînées par des chevaux.

Quand le chemin Circulaire qu'il sollicite sera construit, les usiniers de Paris et de la banlieue pourront employer indistinctement les houilles d'Angleterre, d'Allemagne, de Belgique et du midi de la France, et on ne verra pas se reproduire dans les gares les encombrements fâcheux dont le Conseil s'est ému l'année dernière.

M. le Rapporteur fait connaître que la Commission a été unanime dans l'adoption des conclusions proposées, et qu'il les maintient en son nom.

M. Binder demande pourquoi on ne prendrait pas en considération le projet de l'Administration, en examinant s'il ne pourrait pas être compris ultérieurement dans le projet d'ensemble adopté en principe. La Commission ne paraît pas avoir étudié la question à ce point de vue.

Divers Membres font observer que la Commission a émis un avis sur ce point dans son rapport.

La clôture de la discussion est prononcée.

M. Sueur relit le projet de délibération proposé par la Commission.

M. Lavocat trouve dangereux de renvoyer à l'Administration le projet de M. Lesage, parce que l'on peut voir dans ce projet un chemin d'intérêt général. Il propose donc de surseoir à statuer sur les propositions dont le Conseil a été saisi.

M. le Préfet ajoute que, si le renvoi à l'Administration est voté, il doit l'être en termes plus généraux, de, manière à ne créer aucun droit en faveur de qui que ce soit, sur le projet à exécuter définitivement.

M. Lesage demande que son projet soit visé dans la délibération.

M. Cantagrel dit que la Commission tient à ne pas inscrire dans son projet de délibération le mot ajournement, parce qu'il est dans sa pensée ; mais il est bien entendu que ce qu'elle propose de renvoyer à l'Administration, c'est le dossier dont elle a été saisie, c'est l'idée du projet d'un chemin de fer circulaire, ce n'est pas tel ou tel projet déterminé, et le renvoi ne doit créer aucun droit en faveur de qui que ce soit. Il n'y a donc aucun danger à renvoyer à l'Administration des projets, de quelque source qu'ils proviennent, en l'invitant à les examiner.

C'est une demande d'étude sérieuse sur une opération qui répond à des besoins pressants, et M. Cantagrel prie le Conseil de la voter.

M. Lavocat ne s'oppose pas à un vote dans le sens d'une étude générale, et propose la suppression de l'art. 2 du projet de délibération.

M. Perrinelle demande le maintien de l'art. 2. Il trouve qu'adopter la proposition de M. Lavocat, ce serait faire trop bon marché des études qui ont été faites.

M. Hérisson parle dans le même sens. A son avis, la suppression de l'article 2 équivaudrait à la suppression du droit d'initiative des membres du Conseil.

A la suite de ces observations, les divers articles du projet de délibération sont successivement mis aux voix et adoptés, ainsi que l'ensemble de la délibération.

Par suite de ce vote, le crédit porté au projet de budget 1873, sous-chapitre II, art. 13, est supprimé.

OPINION DES INGÉNIEURS

Nous avons donné, après chacune des délibérations des Commissions, nos observations.

En les lisant, on a pu se convaincre que nulle part des dissentiments sérieux existent entre les ingénieurs et les Commissions; il y a bien sur quelques points divergence pour les emplacements des gares; ce ne sont que des détails que l'enquête publique se chargera de résoudre.

Ce qui est incontestable, c'est l'unanimité de toute la population des arrondissements de Paris et des communes suburbaines pour que la création du Chemin de fer Métropolitain et de la banlieue de Paris, décrétée par le Conseil général, ait lieu le plus tôt possible.

Depuis que les rapports, que nous remettons dans cette deuxième partie ont été faits, des adhésions nouvelles se sont produites, adhésions qui ont d'autant plus d'intérêt à être reproduites par nous, qu'elles émanent du premier corps de l'Etat, nous voulons parler de **l'Assemblée nationale.**

En effet, nous trouvons dans les travaux de la Commission d'enquête sur les chemins de fer, qu'elle vient confirmer, une fois de plus, *l'indispensabilité de la création du Chemin de fer Métropolitain et de la banlieue de Paris.*

Nous lisons dans le rapport de M. Césanne :

« .... Si, laissant de côté les crises proprement dites, qui fourniront à
« là polémique une abondante matière pour les amplifications passion-
« nées, sans offrir cependant de raisons suffisamment déterminantes, on
« examine l'état normal des chemins de fer, on est obligé de reconnaître
« que le réseau français réclame de nombreuses et prochaines améliora-
« tions. On y remarque tout d'abord un grand nombre de lacunes, c'est-
« à-dire de régions non desservies et, en outre, certaines régions desservies
« incomplétement; mais ce qui frappe surtout dans cet examen, c'est que
« l'insuffisance est concentrée sur certains points, qui forment dans l'en-
« semble du réseau des passages étroits ou défilés, sujets à encombrement,
« et dont l'obstruction se fait sentir au loin sur toutes les lignes
« affluentes.

« ..... Reporter les ateliers hors de Paris, afin de livrer aux marchan-
« dises l'espace qu'ils occupent; établir en dehors des fortifications une
« puissante gare de triage et de transbordement, afin de débarrasser la
« gare de La Chapelle de l'encombrement du transit; relier plus commo-
« dément les lignes extérieures avec le chemin de fer de Ceinture; **enve-**
« **lopper Paris d'une ceinture extra-muros ;** telles sont les principales
« mesures toutes locales, et relativement peu dispendieuses, qui augmente-
« räient considérablement la capacité de transport du réseau du Nord et,
« l'on peut dire, de tout le réseau français, pour lequel Paris est un lieu de
« passage obligé et trop sujet à encombrement. Le commerce français est
« surtout intéressé à ces mesures, car, dans les moments difficiles, les
« gares de Paris sont en partie obstruées par une circulation étrangère à
« Paris même. »   .

Dans le rapport de M. Alfred Monnet, au nom de la même Commission,
nous trouvons une accentuation des plus énergiques pour les services qu'est
appelé à rendre l'établissement du Chemin de fer Métropolitain et de la
banlieue de Paris.

Cela était rationnel, la question y était apportée par une partie des membres composant la Commission du XV⁰ arrondissement, Commission présidée par M. le conseiller général H.-Emile Chevalier (1), l'un de ceux qui
se sont le plus occupés des intérêts matériels du département, qui nous a
aidé le plus, et qui avait, à ces différents titres, une connaissance approfondie de la matière.

Cette partie de la Commission du XV⁰ arrondissement adressa, sous forme
de pétition, à l'Assemblée nationale, un rapport constatant la nécessité de
construire une gare de marchandises à Grenelle, et de construire une partie ·
du Chemin de fer Métropolitain et de la banlieue de Paris, partie comprise
entre le chemin de fer de Ceinture et le Champ-de-Mars.

C'est, comme nous l'avons vu dans le rapport de cette Commission, un
des points du département de la Seine qui réclame le plus énergiquement
contre l'isolement où, depuis 1867, les chemins de fer l'ont laissé.

C'est aussi pour nous un des points sur lequel nous nous sommes le
plus étendu, pour prouver la nécessité du Chemin de fer Métropolitain,
et c'est aussi, comme le faisait très bien remarquer M. le rapporteur de la
Commission des routes et chemins près le Conseil général, lorsqu'il
développait cet argument, *qu'il faut à l'industrie et au commerce de la
Seine un chemin de fer reliant non-seulement Grenelle, mais toutes les
communes entre elles, les rattachant au réseau général, pénétrant dans
Paris, afin de satisfaire aux besoins qui comprennent aussi bien le transport des personnes que le camionnage des marchandises, matières premières, combustibles et produits fabriqués.*

Nous donnons un extrait du rapport de M. Monnet :

_____

(1) Ces membres étaient MM. E. Richomme, P. Cail, A. Chenu, Chevrier.

« Nous n'avons point à démontrer l'utilité du chemin de fer de Ceinture, destiné à relier entre elles toutes les voies ferrées qui aboutissent à Paris. Les événements de ces dernières années ont prouvé que, non-seulement il est toujours utile, mais que, dans certaines circonstances, il peut devenir insuffisant.

« Les industriels des quartiers de Grenelle et de Javel n'ont cessé de se plaindre depuis cette époque de ce que cette voie qui, aux premiers jours, semblait devoir devenir pour eux un auxiliaire si utile, ne leur est en réalité d'aucun secours et ne dessert en rien leurs intérêts.

« Les hommes les plus étrangers à ces questions peuvent facilement constater quelle extension a prise, depuis dix ans, cette partie de Paris, au point de vue commercial ; les industries les plus importantes s'y sont établies, et lorsque l'on voit les immenses terrains qui sont encore libres, dans la vaste plaine qui fait face au viaduc du Point-du-Jour, on ne peut douter du développement considérable que l'avenir réserve encore à ce quartier ; le jour où un chemin de fer commercial viendra se relier au fleuve, ce développement sera sans limites.

« On est étonné à bon droit lorsque l'on apprend que, depuis 1867, le chemin de Ceinture, rive gauche, décrit ses courbes au milieu de tous les établissements, passe indifférent auprès de tous ces intérêts qu'il devait vivifier, sans être pour eux cet utile auxiliaire qui devait leur ouvrir une ère nouvelle de prospérité ! Et pourtant il est bien vrai et nous devons constater que, depuis 1867, date de la mise en exploitation de la rive gauche, le chemin de Ceinture existe seulement pour les voyageurs et qu'il ne transporte pas de marchandises.

« Ce n'est point là, Messieurs, une question restreinte à des intérêts locaux, mais bien une question d'intérêt public, **dans laquelle celui des grandes Compagnies n'est peut-être pas assez sérieusement engagé, pour les rendre favorables au projet.** Elles savent, en effet, que les transports qui leur sont destinés ne peuvent leur être enlevés, et que forcément ils arriveront toujours à leurs gares. Les difficultés de transbordement, les frais de camionnage ne touchent pas à leurs intérêts, mais seulement à ceux des industriels. Nous n'hésitons pas à dire que le monopole concédé aux Compagnies ne devrait jamais avoir pour conséquence d'assujettir le commerce à des obligations gênantes, et qu'il n'est tolérable qu'à la condition de l'aider et de le servir.

« Si nous examinons la question à un autre point de vue, nous trouvons que le chemin de Ceinture devait produire le résultat important de diminuer, dans une proportion considérable, la circulation effrayante, dangereuse, du roulage, que le développement de toutes nos industries rend si active et si encombrante sur certains points de Paris. Lorsqu'à la porte des grands établissements industriels de Grenelle passe une voie ferrée parcourue d'heure en heure par des trains de voyageurs s'arrêtant successivement à toutes les stations qui entourent Paris, on a peine à comprendre que les lourds chargements que ces établissements expédient aux gares les plus éloignées de l'Est, de Lyon, d'Orléans, etc., soient encore obligés de traverser tout Paris.

« La police a dû s'émouvoir de cet état de choses ; de là des prescriptions sévères, mais sages, qui obligent les industriels à ne transporter leurs lourds colis qu'en suivant un itinéraire obligé, et à des heures déterminées.

« La grande maison Cail et Cie, dont les rapports commerciaux s'étendent au monde entier, et qui, dans le quartier de Grenelle, occupe environ 3,000 ouvriers, expédie parfois des machines, locomotives ou autres d'un poids effrayant, et alors elle éprouve de grandes difficultés de camionnage pour arriver, par les rues de l'intérieur de Paris, aux gares qui doivent recevoir ces expéditions. Tout le monde comprend quels dangers présentent de semblables chargements lorsqu'ils doivent traverser une ville comme Paris. — La voie urbaine en est inévitablement détériorée, de là un entretien plus constant et une augmentation de dépense.

« Dans ce quartier, il existe aussi un atelier considérable pour la construction des wagons, qui de là sont expédiés à toutes les grandes Compagnies de chemins de fer. Eh bien, au lieu de pouvoir arriver sur les rails qui sont là, à quelques centaines de mètres de l'atelier, et qui si facilement porteraient ces wagons aux destinations les plus lointaines, il faut avoir recours à un camionnage dispendieux et toujours dangereux lorsqu'il s'agit d'expéditions aussi considérables en volume et en pesanteur.

« Le quai de Javel vient d'être construit à grands frais et disposé pour l'embarquement et le débarquement des marchandises. Le port est fait, il n'y a plus qu'à lui donner la vie, qu'une voie ferrée peut seule lui apporter, et alors seulement ce travail utile ne restera pas improductif et frappé de stérilité.

« Cette voie descendant jusqu'à la Seine, en contournant le terrain sur lequel sera construite la gare des marchandises, apportera dans les quartiers de Grenelle et de Javel une activité industrielle dont il n'est pas possible d'apprécier aujourd'hui l'importance.

« C'est là le complément obligé, évident du projet, et à lui seul il suffit à en démontrer la nécessité (1).

« Messieurs, sans entrer dans plus de détails, et par les motifs qui précèdent, que nous n'avons pu que sommairement énoncer, votre Commission a pensé que la réclamation dont l'examen lui a été confié doit être prise en sérieuse considération ; elle a pensé que, lorsque le traité intervenu entre l'État et la Compagnie de l'Ouest, sanctionné par un vote du Corps législatif, dit que le chemin de Ceinture devra transporter des marchandises aussi bien que des voyageurs, il importe de voir l'État se mettre en mesure de rendre possible l'exécution de cette clause.

« Cette gare au bord du quai, avec lequel elle se reliera intimement, est

_____

(1) Voir les projets de la Compagnie, voir les travaux de la Commission du XVᵉ arrondissement pages 156 et suivantes.

appelée par sa position topographique à rendre les plus grands services; sa construction est donc une œuvre urgente. En effet, elle desservira le commerce de la partie occidentale de Paris, Auteuil et Passy-compris ; les commune adjacentes, soit Vanves, Issy, Billancourt; la lisière si voisine du département de Seine-et-Oise, composée de Meudon, Sèvres, Saint-Cloud. Les habitants de ces localités n'auront plus de distances énormes à parcourir pour recevoir ou livrer leurs colis dans les différentes grandes gares situées à la Chapelle, Charenton, Ivry, etc. La gare de Javel centralisera tous ces besoins de l'industrie et du commerce auxquels il est urgent de venir en aide. »

Après les quelques considérations générales que nous avons cru utile de joindre à celles qui accompagnent la première partie de notre Mémoire ; après les délibérations des Commissions des arrondissements et des cantons desservis par le Chemin de fer projeté, après nos observations, les Commissions ont cru qu'il était indispensable de réunir leurs efforts et de clôturer leurs travaux en nommant parmi elles une délégation composée de 38 membres, qui auraient pour mission d'appuyer, près du conseil général, près de M. le préfet du département de la Seine, près du gouvernement, la mise à exécution du Chemin de fer Métropolitain et de la banlieue de Paris.

Nous remettons les procès-verbaux des délibérations qui ont institué cette Commission.

CHEMIN DE FER

MÉTROPOLITAIN

ET DE LA

BANLIEUE DE PARIS

RÉUNION du 4 juin 1873, a deux heures de relevée, au grand hôtel du Louvre, des membres composant les Commissions des huit cantons du département de la Seine, des dix arrondissements de Paris traversés par le Chemin de fer Métropolitain, et des Chambres syndicales parisiennes du commerce et de l'industrie,

SOUS LA PRÉSIDENCE DE M. H.-ÉMILE CHEVALIER,

CONSEILLER GÉNÉRAL, PRÉSIDENT DE LA COMMISSION DU QUINZIÈME ARRONDISSEMENT

Avant d'ouvrir la séance, M. le président prie l'assemblée de vouloir bien faire le choix du bureau parmi ses membres.

Ce choix est fait parmi les conseillers généraux présents.

Sont nommés à l'unanimité :

Président, M. H.-Emile Chevalier ;

Assesseurs, MM. les conseillers généraux Codur et Houdard.

M. Lesage remplit les fonctions de secrétaire.

M. le comte de **Vauvineux**, président du conseil d'administration de la Compagnie demanderesse en concession; M. Letermelier, architecte; M. Brunfaut, ingénieur, se tiennent à la disposition de l'assemblée pour tous les renseignements qu'elle pourrait désirer.

M. le Président déclare la séance ouverte, et dépose sur le bureau diverses lettres, entre autres de M. Littré, qui regrette de ne pouvoir assister à la réunion, étant obligé d'être à l'Académie française pour sa réception.

M. le Président prend la parole :

« Messieurs, je vous remercie de l'accueil que vous avez fait à mon invitation; cette nombreuse assemblée est un sûr garant que notre chemin de fer continue à être une de vos grandes préoccupations.

« Je n'entrerai point dans le mérite de la question, que vous connaissez aussi bien que moi. Abordons donc tout de suite le motif de cette réunion.

« Nous avons ici, Messieurs, les représentants de la Compagnie Brunfaut, qui sollicite la concession du chemin de fer ; nous la remercions de ses travaux et de ses efforts, mais nous entendons bien conserver à notre projet toute son indépendance. Tant mieux si M. Brunfaut devient concessionnaire, puisqu'il a eu l'initiative ; ce que nous voulons surtout, cependant, c'est que le chemin de fer Métropolitain et de la banlieue de Paris se fasse par une Compagnie honorable (quels que soient, d'ailleurs, son nom et sa raison sociale), afin de desservir nos besoins industriels et commerciaux.

« Mon but, je le répète, n'est pas, Messieurs, de ramener vos esprits à la discussion de l'idée; je ne vous apprendrais rien; vos Commissions, non-seulement ont étudié le chemin dans son ensemble, mais aussi dans tous ses détails.

« Vous êtes convoqués, Messieurs, pour résumer vos travaux ; et, pour ce faire, je vous soumettrai la motion suivante :

« Qu'une Commission, composée de..... membres, dont fera partie
« le moteur, et choisie parmi les membres des diverses Commis-
« sions, formée, pour presser l'adoption et l'exécution du projet de

« ce chemin de fer, soit nommée par l'Assemblée présente, avec mis-
« sion spéciale de faire devant le Conseil général de la Seine,
« l'Assemblée nationale et le gouvernement, toutes les démarches
« et toutes les diligences nécessaires pour arriver aussi prompte-
« ment que possible à ce résultat unanimement désiré par toutes
« les communes du département de la Seine. »

Mise aux voix, la proposition est adopté à l'unanimité.

M. Lesage demande s'il n'y aurait pas lieu, avant de nommer
la Commission, de savoir ce qu'est devenue cette affaire de chemin de fer si intéressante pour la prospérité du département, chemin que le Conseil général a accueilli à l'unanimité, et pour l'étude
duquel il a voté 40,000 francs. Ne serait-il pas indispensable de
faire connaître à la réunion, préalablement à toute décision, l'état
actuel de la question ?

Si personne ne peut renseigner sur *cet état de la question*, l'orateur tâchera d'y suppléer.

Plusieurs Membres font observer que M. l'ingénieur Brunfaut
est plus à même que qui que ce soit de fournir des renseignements
à l'assemblée.

M. le Président prie M. Brunfaut de prendre la parole.

M. Brunfaut, en quelques mots, explique qu'après la décision
du Conseil général, MM. les Ministres des travaux publics, de l'intérieur et de la guerre ont revendiqué l'étude du chemin, le considérant comme étant, par son importance, d'intérêt général.

« Comme auteur du projet, continue l'ingénieur, je ne puis que
rappeler que c'est sur l'initiative du Conseil général que je me
suis mis à l'étude. Nous étions quarante-sept auteurs de projets :
les uns sillonnant Paris, les autres Paris et la banlieue. Le projet
du Chemin de fer Métropolitain et de la banlieue de Paris est aujourd'hui le seul qui ait survécu. Nous, nous n'avons pas qualité
pour discuter si le Chemin de fer est d'intérêt local ou d'intérêt
général ; ce que nous pouvons dire, c'est que M. le Ministre des
travaux publics est d'accord avec le Conseil général : que ce Chemin est indispensable. Ce que nous pouvons vous apprendre, c'est

que ce Ministre l'a renvoyé à un des inspecteurs généraux des ponts et chaussées, pour qu'il soit l'objet d'un rapport. Enfin, nous pouvons vous rappeler que la Commission d'enquête des chemins de fer près l'Assemblée nationale a conclu, comme la Commission des chemins près du Conseil général, en déclarant, par l'*organe* de M. le député Césanne, « qu'une voie ferrée *extra muros* était indispensable » ; et par l'*organe* de M. le député Dietz-Monin, « qu'une partie de notre Chemin de fer, celle qui relie les quais de « Javel et de Grenelle, devait être construite immédiatement. »

« Enfin, Messieurs, pour satisfaire aux vœux du Conseil exprimés par son rapporteur, *M. Sueur;* pour rassurer M. le préfet de la Seine, nous avons proposé à M. le Ministre des travaux publics de commencer le tronçon du chemin de fer Métropolitain, celui qui relierait le petit chemin de fer de Saint-Ouen à Saint-Denis, à Neuilly et à Notre-Dame-de-Lorette. »

M. Lévy. — Des explications fournies, il résulte pour moi et pour vous, Messieurs, que le chemin de fer est revendiqué par le gouvernement; il y a là un danger qu'il faut conjurer; j'ai peur des grandes Compagnies : nous n'avons qu'elles pour ennemi. Notre chemin de fer est un chemin essentiellement d'intérêt local, c'est un chemin de camionnage. Or, que fait aux grandes Compagnies le plus ou moins de frais de camionnage de notre industrie? Gagneront-elles plus? Non. Et c'est pourquoi, je le répète, elles n'ont aucun souci de l'industrie parisienne. (Applaudissements.)

Plusieurs Membres demandent le vote sur la proposition déposée par le Président.

M. Larry, membre de la Commission du XVIIIᵉ arrondissement. — « Il me semble que, puisque l'on aura à construire le chemin de fer par sections, et que l'on commencera par la première, celle qui va de Notre-Dame-de-Lorette à Issy et à Suresnes, les membres qui doivent composer la Commission doivent appartenir exclusivement à celles qui comprennent le IXᵉ et le XVIIIᵉ arrondissements, le canton de Neuilly et celui de Courbevoie. »

La proposition du préopinant, mise aux voix par M. le président, est repoussée sur cette considération, faite par M. le président, qu'il faut traiter pour un réseau complet, et que, par conséquent, toutes les sections ont un intérêt d'ensemble.

Après le vote, M. le Président reprend la parole et dit : « Tous nous voulons le chemin de fer, mais nous le voulons entier, nous le voulons, comme le Conseil général l'a voté : — dans son intégrité absolue ; or, en repoussant la proposition, vous avez bien fait. C'est ainsi, Messieurs, que, comme vous le disait M. Brunfaut, l'Assemblée nationale est saisie du chemin de fer de Javel-Grenelle; c'est un embranchement qui longera les quais, s'arrêtant au Champ-de-Mars et se reliant au chemin de fer de Ceinture.

« Ce chemin rendra de grands services à l'industrie de mon quartier ; je puis dire que c'est grâce aux travaux de la Commission du XVᵉ, que j'ai eu l'honneur de présider, que ce résultat sera dû. Mais, Messieurs, *il nous faut plus;* non-seulement en votant ce petit tronçon seul, notre industrie de Grenelle serait à la merci du chemin de fer de l'Ouest; mais Issy, mais Montrouge, mais le VIIᵉ arrondissement, qui veulent, — et ils ont raison, — que le chemin aille rejoindre leurs territoires pour se terminer aux Invalides et non au Champ-de-Mars, obtiendront-ils une satisfaction? Non. Donc nous aurons à dire au gouvernement : Cela ne nous contente pas. Nous aurons à faire valoir nos droits, et c'est pour cela, Messieurs, qu'en nommant votre Commission, il vous faut surtout songer à l'intérêt général qui nous relie, qui solidarise le commerce, l'industrie, la population du département tout entier.

« C'est un intérêt national, je n'hésite pas à le dire. » (Applaudissements.)

M. Héret, président de la Commission du XXᵉ arrondissement, applaudit aux paroles du président et propose que chaque Commission nomme un membre. Car, ajoute-t-il, à la suite des travaux de cette Commission générale, peut-être serons-nous amenés à faire changer l'ordre de construction proposé par la Compagnie.

M. le Président demande qu'on vote sur le nombre des membres qui devront composer la Commission.

Un des Membres croit que trois membres par section seraient suffisants.

Un autre Membre désirerait que tous les présidents des Commissions en fissent partie.

Un autre Membre. — Les rapporteurs aussi.

M. Gallimard, président de la Commission du XIe arrondissement, explique que le travail des Commissions a consisté jusqu'ici *à tracer*, à travers le canton, à travers l'arrondissement, le Chemin de fer projeté; *à prouver* que ce Chemin de fer est indispensable pour les intérêts matériels du département de la Seine.

« Que reste-t-il à faire, Messieurs ? C'est que nous proclamions à l'unanimité que ce Chemin, tel que nous l'avons tracé, tel que nous avons prouvé son indispensabilité, est nécessaire.

« C'est ce que je vous demande de faire; puis nous nommerons la Commission demandée, qui portera nos vœux, notre volonté, soit au Conseil général, soit au Gouvernement.

« Je propose une Commission de quinze membres; ce nombre me paraît suffisant. Le grand nombre n'améliore pas la besogne. »

M. le Président fait remarquer que tout le monde, Commissions, Conseil municipal, Conseil général, Gouvernement, est d'accord sur le Chemin, et renouvelle sa demande :

« De combien de membres la Commission se composera-t-elle ? »

Un Membre croit qu'il serait bon de demander à M. l'ingénieur Brunfaut, la cheville ouvrière du chemin de fer, son opinion sur la question de savoir s'il faut que chaque Commission nomme un ou deux membres, ou s'il faut, au contraire, qu'il soit nommé un nombre de... par sections.

M. le Président reconnaît tout le mérite de M. Brunfaut; il désire, il le répète, qu'il soit rétribué de ses efforts, mais il ne peut admettre la proposition faite par l'honorable préopinant. « Nous voulons et nous devons faire nos affaires nous-mêmes. M. l'ingénieur Brunfaut a été appelé ici, parce qu'il est l'auteur du projet, et à ce titre pour nous fournir des explications sur le chemin de fer, mais il ne doit avoir aucune action, aucune part dans nos délibérations. » (Approbation.)

M. Héret opine pour que la Commission ne dépasse pas : 1 membre par chaque canton, soit 8 ; 1 membre par chaque arrondissement à desservir, soit 10.

M. Dumesnil. — Et les Chambres syndicales ?

M. le Président. — Le concours que nous ont apporté et nous apporteront encore les Chambres syndicales, représentant si bien les intérêts du département, est trop hautement apprécié pour que nul de nous ait jamais eu la pensée d'en exclure la représentation dans votre Commission.

Un Membre voit avec peine que l'on semble se préoccuper médiocrement que ce soit par le Conseil général ou par le Gouvernement que le chemin de fer soit construit.

« *Qu'il se construise, c'est là le principal,* dit-on.

« Je ne puis, Messieurs, partager cette manière de voir, et il me semble que je dois vous le dire.

« Si c'est le département qui concède, il en aura les bénéfices, puisque le chemin lui fera retour, la concession expirée ; si c'est le gouvernement qui concède, on peut craindre que la construction et l'exploitation en soient confiées à un syndicat des grandes Compagnies qui le feront à leurs convenances propres, le département et les communes en auront les charges, et les charges, Messieurs, sont les terrains que nous donnerons pour l'emplacement des gares ; mais, après la concession, ils n'en auront pas les bénéfices, puisque le retour se fera à l'État.

« A ces titres, il faut que le chemin de fer reste ce qu'il est réellement, d'intérêt local. La Commission que vous allez former nommera, à son tour, des sous-Commissions qui, faisant flèche de tout bois, provoqueront l'intervention et des conseillers généraux près du préfet, et des députés de la Seine près du gouvernement.

« Votre Commission, Messieurs, doit être composée de notabilités industrielles et commerciales, comme, par exemple, cette grande

maison Cail qui vous a offert ses locaux, ainsi que tant d'autres
que je vois dans cette assemblée, et qui sont les leviers les plus puis-
sants pour atteindre notre but.

« L'honorable M. Lévy a fait remarquer avec beaucoup trop de
raison, hélas! que notre ennemi, c'était la féodalité nouvelle;
l'obstacle est là, en effet, et pour le vaincre, il vous faut le concours
des individualités dont je vous parle.

« Voilà deux ans que nous travaillons; sans le préfet d'alors, nous
aurions notre chemin de fer, et pourquoi ne l'avons-nous pas eu?
Parce que, dans ce préfet, il y avait un des administrateurs du
Nord. » (Approbation.)

Plusieurs Membres. — « Oui, oui; c'est vrai. »

M. le Président. — « Je ne puis approuver, dans une réunion
comme la nôtre, que l'on descende aux personnalités. Je blâme
cette manière de discuter, et je ramènerai l'assemblée à son ordre
du jour, en priant M. le secrétaire de donner une nouvelle lecture
de la proposition que j'ai eu l'honneur de faire. » (Très bien!)

Le précédent orateur. — « J'obéis à l'observation de M. le président, et je me résumerai en disant que la moëlle est une excellente
chose, mais que, pour l'atteindre, il faut avoir le courage de rompre
l'os. »

M. Gallimard fait observer que la Commission du XI⁰ arrondissement, un des plus industrieux, a eu bien soin de s'éclairer de
l'avis des négociants, des industriels, et même des propriétaires.
Or, il est à croire que cela s'est fait partout ainsi. En conséquence,
la Commission qu'on va nommer sera une représentation fidèle de
ce que l'orateur qui vient d'abandonner la parole recommandait.

M. Codur, conseiller général, se plaît à faire remarquer l'unanimité des vues des Commissions, et si, dans son canton, on a quelques objections encore à faire au projet, on sait que l'enquête
publique les relèvera, et on est unanime à le considérer, par son
ensemble, de première nécessité.

M. Pompée, conseiller général. — Nous avons, Messieurs, huit cantons, dix arrondissements dans Paris traversés par le Chemin de fer, et les Chambres syndicales. Je propose de nouveau un membre par chacune de ces divisions, cela nous fera dix-huit membres. Nous n'avons pas intérêt à être plus nombreux ; nous ferons meilleure besogne.

M. le Président. — Je mets aux voix la proposition de mon honorable collègue, M. Pompée.

La proposition n'est pas adoptée.

M. Dumesnil, président d'une des Chambres syndicales. — « Je suis, Messieurs, président de la Commission du chemin de fer pour le XIII⁰ arrondissement, je propose que les membres du Conseil général fassent partie de la Commission. »

M. Gallimard. — Ils ne peuvent être juges et parties.

M. le Président s'élève avec force contre cette observation ; les conseillers généraux ont présidé jusqu'ici toutes les réunions, ils sont ainsi juges éclairés.

Quant à être *parties,* ils n'ont d'autre intérêt que celui de remplir le mandat qu'ils ont accepté de leurs concitoyens : protéger leurs intérêts, les défendre au besoin. (Approbation générale.)

M. Chevalier (de la maison Chevalier-Cheylus). — Je partage l'opinion de M. le président, M. H.-E. Chevalier, mon homonyme mais non mon parent. Il a présidé la Commission du XV⁰ arrondissement comme conseiller municipal et conseiller général ; et il l'a fait à la satisfaction de tous ; aussi ne verrions-nous pas sans regret que ses collègues au Conseil général et lui fussent exclus de la Commission que nous nous proposons de former.

M. le maire de Romainville. — Je partage les opinions de M. le président et de M. Chevalier-Cheylus, car nous sommes tous juges et parties ; est-ce que nous maires, est-ce que nous conseillers communaux, nous n'avons pas toujours fait partie naturellement des premières Commissions ? Nous continuerons notre tâche.

M. Pompée. — Je suis un de ceux, Messieurs, dont le concours n'a pas été marchandé à notre chemin de fer, et si je n'ai fait plus, c'est mon état de santé qui s'y est opposé. Eh bien ! il ne faut pas qu'un seul de nous, soit maire, soit conseiller général ou communal, abandonne la mission qu'il a acceptée.

Nous ferons donc partie de la Commission, si ceux qui sont appelés à la nommer nous en jugent dignes.

Et pourquoi ne devons-nous pas abandonner la cause ? Parce que nous ne voulons pas qu'on fasse des *tronçons.* Nous voulons le Chemin de fer dans tout son ensemble ; nous voulons un Chemin de fer Circulaire qui desserve toutes nos fabriques.

M. Codur. — Aucun de nous n'a d'autre intérêt personnel que sa part rationnelle dans l'intérêt général du pays. Que fera la Commission ? Notre projet ayant déjà la sympathie unanime du Conseil général, il faudra tout d'abord qu'elle exerce son action sur ce Conseil, et l'invite d'une manière pressante à lui donner une solution à sa prochaine session.

M. le Président. — Et si mes informations sont exactes, ce sera vers la fin de ce mois.

M. Houdart, conseiller général. — Je propose, Messieurs, que le nombre des membres qui auront à faire partie de cette Commission soit de quarante, afin de pouvoir y donner place aux conseillers généraux, et en même temps aux membres des anciennes Commissions.

MM. Pompée, le Maire de Maisons-Alfort, un Membre de la Commission de Pantin, M. Huet, le Maire d'Aubervilliers, prennent successivement la parole, les uns pour admettre, les autres pour combattre la proposition de l'honorable M. Houdard, qui est mise aux voix par M. le président, et votée à une très grande majorité.

M. le Président. — Nous avons maintenant, Messieurs, à décider comment se fera la répartition des quarante membres.

M. Dupont. — Je propose deux membres par Commissions existantes. Total, trente-six.

Mise aux voix, la proposition est acceptée.

M. le Président. — Il reste, Messieurs, quatre membres ; où les prendrons-nous ?

M. Dumesnil. — Les Chambres syndicales sont nombreuses ; je demande qu'elles soient représentées par ces quatre membres.

La proposition, mise aux voix, est adoptée à l'unanimité.

M. le Président. — Agréez, Messieurs, ma gratitude personnelle pour votre bienveillant concours ; vous faites acte de citoyens méritant bien du pays, en soutenant la question qui nous occupe. Mais remercions ensemble M. Chenu, administrateur de la maison Cail, et la direction entière de cette maison, pour l'aide précieuse que nous en recevons toujours si libéralement. (Approbation.)

Je propose que les Commissions se réunissent, avant mercredi prochain, dans leurs cantons, arrondissements et locaux respectifs, pour faire choix de leurs délégués, et que nous nous retrouvions ici dans huit jours, à la même heure.

La proposition est adoptée, et la séance est levée.

Le Secrétaire,
Signé : A. LESAGE.

Le Président,
H.-EMILE CHEVALIER.

Procès-verbal de la réunion tenue à l'hôtel du Louvre, sous la présidence de M. E. Chevalier, conseiller général de la Seine, le 11 juin 1873.

Étaient présents :

Les membres et délégués des diverses Commissions cantonales et d'arrondissement ;

MM. les conseillers généraux Mallet, Arrault, Sueur, Frébault, Pompée, Delzant ;

MM. le comte de Vauvineux, Letermelier et Brunfaut, représentant la Société demanderesse en concession.

La séance est ouverte à deux heures et demie.

Sur la proposition de M. le Président, MM. Sueur et Arraut sont désignés, comme assesseurs, et M. Lesage, conserve les fonctions de secrétaire qu'il a remplies dans la séance précédente.

L'assemblée appuie cette proposition et ces messieurs prennent place au bureau.

M. le Président déclare alors la séance ouverte et dépose sur le bureau les lettres suivantes :

1° *Du Maire des Prés-Saint-Gervais,* qui se plaint que le tracé du chemin de fer ne passe pas dans sa commune ;

2° *Du Vice-Président du Syndicat de la mutualité des propriétés immobilières de Paris,* qui fait remarquer que cette mutualité s'est occupée du Chemin de fer Métropolitain ; qu'elle a fait un rapport ; qu'elle revendique, à ces titres, une place dans la Commission ;

3° *De M. Collardeau, conseiller d'arrondissement,* qui regrette de ne pouvoir assister à la réunion, mais tient à assurer au Chemin de fer Métropolitain son concours pour le canton de Pantin ;

4° *De M. Jumelle, membre des Chambres syndicales,* qui informe l'assemblée que ces Chambres l'ont nommé membre de la Commission ;

5° *De M. Codur, conseiller général,* qui donne les noms des membres désignés pour le canton de Neuilly;

6° *De M. Pottier,* qui dit que la Commission du XIX° arrondissement, après avoir adressé son rapport à M. le Préfet, s'est dissoute, croyant que sa mission était terminée;

7° *De M. Lagore,* qui informe que M. Cochegrus est désigné, par le Syndicat du XI° arrondissement, pour le représenter à cette séance;

8° *De M. Duménil, Président de la Commission des Chambres syndicales,* informant qu'il n'a pu, les statuts des Chambres s'y refusant, accueillir la demande de la Chambre syndicale des propriétés du XI° arrondissement, tendant à avoir un délégué, sur les quatre qu'elles ont à nommer.

M. le Président invite ensuite le secrétaire à lire le procès-verbal de la séance précédente, tout en faisant observer que, s'il a cru devoir le faire imprimer, il est bien entendu que ce procès-verbal, sujet à erreurs comme toute chose en ce monde, sera modifié au cas où il s'y serait glissé quelque omission ou quelque inexactitude dans l'interprétations des idées exprimées par les orateurs.

Lecture faite, M. le Président invite les personnes qui auraient des observations à faire à prendre la parole.

M. le Représentant de la Commission de Thiais s'étonne qu'il n'ait pas été convoqué pour la nomination des délégués de ce canton.

M. Pompée. — C'est moi qui, en ma qualité de conseiller général, ai présidé la Commission cantonale de Villejuif; mais je n'ai pas cru qu'il fût bon de déranger les représentants des Commissions des communes non desservies par le chemin de fer. La Commission cantonale a antérieurement décidé le parcours actuel; il n'y a pas à y revenir aujourd'hui, car sa décision fait partie de celles sanctionnées par le Conseil général. Voilà ce qui explique pourquoi la commune de Thiais n'a pas été convoquée, pas plus que les autres des cantons de Villejuif et de Sceaux, situées en dehors du tracé.

M. le Représentant de Thiais croyant devoir entrer dans la discussion du tracé du chemin de fer, M. le Président lui fait observer que, pour le moment, il n'y a lieu que de s'occuper de l'adoption ou du rejet du procès-verbal.

M. Cochegrus demande la rectification du titre du procès-verbal par l'addition de ces mots : *et de la mutualité des propriétés immobilières du XI° arrondissement.*

M. le Président. — J'ai reçu votre réclamation ; elle viendra en son temps, lorsque nous en serons à appeler la Commission des Chambres syndicales.

M. Rault, membre des Chambres syndicales de l'Union. — Il ne faut pas qu'il y ait confusion, nous sommes un et la mutualité du XI° est toute différente de nous.

M. Gallimard, Président de la Commission du XI° arrondissement. — La Société Mutuelle est représentée, *en fait*, par notre Commission.

M. Dumesnil. — Il ne saurait y avoir de doute. C'est sur ma demande que quatre voix ont été données aux Chambres syndicales, et je suis un des présidents de ces Chambres.

Je réclame donc l'adoption du procès-verbal, tel qu'il est, et je demande que nul changement n'y soit fait sur ce point.

Il y a bien d'autres Chambres syndicales que les nôtres : qui le conteste ? Mais qui s'est occupé, comme nous, de *notre chemin de fer*, car il est nôtre. comme il est vôtre. Nous avons la prétention d'avoir fait un des meilleurs rapports, et je puis le dire sans froisser ma modestie, car cette œuvre n'est pas la mienne.

Pas d'équivoque, Messieurs, nous sommes ce que nous sommes, nous croyons être la véritable expression du commerce et de l'industrie de Paris ; nous avons quatre voix, il n'y a pas lieu de revenir sur le procès-verbal.

M. Dupont veut que le procès-verbal constate que les élections des délégués, en ce qui concerne les communes de Vanves et d'Issy, a été déposé par lui sur le bureau.

M. le Président. — Après ces explications, je crois, Messieurs, devoir mettre aux voix l'adoption du procès-verbal, en tenant, toutefois, compte de la rectification suivante :

Nous avions dit que la Commission serait composée de quarante membres, savoir :

Deux membres par canton suburbain, soit seize membres ;
Deux membres par arrondissement (nous avions calculé qu'il y en avait dix, il n'y en a que neuf); c'est donc dix-huit membres.
Nous avons dit quatre membres pour les Chambres syndicales.
C'est donc un total de trente-huit membres.
Le procès-verbal, ainsi mis aux voix, est adopté.

Le Secrétaire, sur l'invitation du Président, fait l'appel des commissaires.

Cinquième arrondissement. — M. Célerier, président de la Commission, explique que le temps a manqué pour réunir ses collègues ; cela se fera sous huitaine, et il fera tenir aussitôt le nom des deux membres.

Septième arrondissement. — M. Frébault informe que les Commissaires choisis sont : M. Frébault, conseiller municipal, 231, rue Saint-Dominique ; et M. Vigouroux, 7, avenue Duquesne.

Neuvième et dix-huitième arrondissements. — M. Larible (le procès-verbal de la séance du 4 juin porte à tort M. Larry) déclare que ces deux arrondissements réunis n'ont jamais eu qu'une Commission, dont il est le président, et que cette Commission a choisi :

MM. Larible, architecte, 95, rue Blanche ;
    Crouslé, id., 5, rue d'Hauteville ;
    Didier, ingénieur, 11, rue de Provence ;
    Berruer, boulanger, 44, boulevard de Clichy.

Onzième arrondissement. — M. Gallimard, président de la Commission de cet arrondissement, informe que les délégués nommés sont :

MM. Gallimard, 56, rue Amelot;

Rouchonnat, 75, faubourg Saint-Antoine.

Treizième arrondissement. — M. Duménil, président, remet la copie du procès-verbal qui désigne M. Combes, conseiller général, et M. Huet, ingénieur civil.

Quinzième arrondissement. — M. Chevalier (de la maison Chevalier, Cheylus et Cᵉ) remet le procès-verbal de la Commission constatant la nomination de :

MM. E. Chevalier, conseiller municipal, 19, rue de Lourmel;

Chevalier (de la maison Chevalier, Cheylus et Cᵉ), 65, quai de Grenelle.

Dix-neuvième arrondissement. — Un des membres de la Commission informe que MM. Couvreur et Brehier fils ont été désignés.

Vingtième arrondissement. — M. Héret, président de la Commission, remet la délibération indiquant que les délégués de cet arrondissement sont :

MM. Lazare, 10, boulevard du Temple;

Héret, 40, rue d'Enghien.

Canton de Saint-Denis. — M. Renard annonce que la réunion, ayant été peu nombreuse, on n'a pas cru devoir nommer les délégués.

M. le Président engage M. Renard à faire toutes les diligences possibles pour arriver à nommer les représentants de ce canton.

Canton de Pantin. — M. Genevoix, maire de Romainville, remet sur le bureau le procès-verbal qui désigne comme délégués :

MM. Genevoix, 14, rue des Beaux-Arts;

Houdart, négociant aux Lilas, 134, rue de Belleville.

Canton de Neuilly. — M. Naudot, maire de Boulogne, dépose le procès-verbal qui le désigne, ainsi que M. Marcel, adjoint au maire de Neuilly.

Canton de Courbevoie. — Les délégués nommés sont :
MM. Lesage, ancien conseiller général;
Fermé, notaire à Suresnes.

M. Hulot, de Puteaux, fait remarquer que la Commission de sa commune n'a pas été convoquée.

M. Lesage déclare avoir écrit à M. Blanche, maire de Puteaux, comme aux autres maires du canton; il a, en effet, constaté l'absence de la Commission de Puteaux dans la réunion qu'il avait été chargé de former; mais cette réunion, comprenant des représentants de cinq communes sur sept, a cru devoir passer outre et procéder à la nomination des deux délégués sus-nommés.

Un Membre propose de mettre aux voix l'acceptation des susdits délégués.

M. Lesage répond qu'il n'appartient pas à l'assemblée actuelle de valider la nomination des membres de la Commission; que ce sera à la Commission *elle-même* à vérifier les nominations et à juger les réclamations comme celle qui vient de se produire, et qu'il s'oppose à ce que la présente assemblée se prononce sur des faits en dehors de sa compétence.

M. le Président déclare que l'assemblée doit se borner à prendre note des choix qui lui sont apportés, et laisser à la Commission des trente-huit membres le soin de valider ou d'invalider les pouvoirs de ses membres.

M. Sueur, conseiller général, approuve cette manière de voir, et fait observer que lui-même a convoqué la Commission du canton de Vincennes, qui, quoique peu nombreuse, a nommé ses délégués.

M. le Président. — Je crois devoir mettre aux voix une proposition, à savoir : que la nomination des délégués des Commissions, c'est-à-dire :
Les seize membres des cantons,
Les dix-huit membres d'arrondissement,
Les quatre membres de Chambres syndicale. étant acceptée en principe par nous, sera validée ou invalidée par la Commission.

La proposition, mise aux voix, est adoptée à l'unanimité.

Canton de Vincennes. — M. Sueur, conseiller général, informe que la Commission l'a désigné, ainsi que M. Quéant.

Canton de Villejuif. — M. Mornard dit que MM. Boncorps et Sainte-Marie ont été nommés délégués du canton, mais que M. Sainte-Marie aurait refusé.

M. le Président. — Nous n'avons pas à nous en inquiéter, nous venons de décider que c'était à la Commission à valider ou invalider les nominations. Le canton doit toutefois veiller à ce que sa délégation soit complète.

Canton de Charenton. — M. le maire de Maisons-Alfort remet sur le bureau le procès-verbal désignant comme commissaires MM. Gillet et Bourguignon.

A ce procès-verbal est jointe une lettre de M. le conseiller général Béclard, dans laquelle il dit que, tout en regrettant de ne pouvoir accepter les fonctions de délégué, il n'en est pas moins un des plus chauds partisans du chemin de fer; que c'est lui, un des premiers, qui l'a soutenu au Conseil général, et qu'il le soutiendra encore.

Canton de Sceaux. — Les délégués de ce canton sont : M. Claret de Latouche, 40, rue du Cherche-Midi, et M. Chaintron, 193, route d'Orléans.

Chambres syndicales. — M. Duménil remet sur le bureau une délibération des Chambres syndicales de l'Union nationale, de laquelle il résulte que MM. Dumesnil, Rault, Ollivier et Jumelle sont nommés commissaires.

Sur la demande de *M. le Représentant* de la Chambre des propriétaires réunis du XIe arrondissement, M. le Président lit une lettre écrite par cette Chambre à M. Dumesnil, et réclamant le droit de nommer un des quatre membres accordés aux Chambres syndicales.

Après cette lecture, *M. le Président* ajoute : Les délégués sont acquis ; la Commission seule a droit de les discuter. Je serais désolé que, dans une affaire sur laquelle nous sommes tous d'accord, une polémique s'engageât pour savoir si telle ou telle Chambre syndicale doit avoir une représentation spéciale.

M. Claret de Latouche. — Il faut cependant que cette question se vide ; il y a quatre membres qui sont attribués aux Chambres syndicales ; les uns disent : Ce sont les Chambres de l'Union ; les autres : Ce sont toutes les Chambres.

M. le Président. — Je ne puis que répéter : il y a quatre membres nommés, s'il existe une contestation, elle sera portée à la Commission.

Alors s'établit entre quelques membres de l'assemblée une discussion sur le nombre, le degré d'importance et les attributions des Chambres syndicales dans le département de la Seine.

M. Célerier, Président de la Chambre syndicale des vins, fait observer que cet important Syndicat ne fait pas corps avec l'Union nationale ; sa fondation est bien antérieure, et il pourrait aussi, s'étant occupé du chemin de fer, revendiquer une place dans la Commission.

Les quatre membres attribués aux Chambres syndicales ne sauraient donc être les représentants exclusifs de l'Union nationale.

M. Dumesnil déclare que l'Union nationale, qui comporte quatre-vingt-deux chambres, ne revendique pas à elle seule l'honneur de représenter tous *les intérêts.* « Non, dit-il, nous reconnaissons tous et l'honorabilité et le mérite des Syndicats tels que ceux présidés par mon ami M. Célerier ; mais n'est-ce pas à nous que l'assemblée dernière a donné place, et si nous croyons et si vous croyez que les autres Chambres doivent être appelées, ne peuvent-elles pas l'être ? Ne serons-nous pas heureux, pour l'œuvre commune, d'avoir leur concours ? »

« Nous ne comprendrions pas, ajoute *M. Rault,* qu'on nous « discutât ; nous ne discutons personne. »

M. Cochegrus ne demande qu'une chose, c'est que les peines et les travaux du Syndicat des propriétaires reçoivent la compensation que reçoivent les travaux des autres Commissions, l'honneur d'être représenté dans la Commission.

Cette discussion, à laquelle prennent part M. Gallimard, M. Lesage, M. le Président, M. Pompée, M. Mornard, M. le maire de Romainville, M. Vigouroux, etc., etc., est l'objet de différents ordres du jour.

Avant de passer au vote, *M. Delzant,* conseiller général, s'élève contre ce débat d'intérêts particuliers. Occupons-nous donc, dit-il, de notre ordre du jour; faisons nos affaires et ne nous livrons pas à ces disputes de chambres...

M. le Président. — La discussion ne saurait se prolonger sur ce terrain et sur ce ton; je rappelle l'assemblée à son ordre du jour.

M. Mallet, conseiller général, blâme à son tour très vivement ce système de discussion. Il est étonné que, dans une assemblée composée de toutes personnes voulant le bien, on en arrive à ces querelles de clochers.

M. Frébault, conseiller général, propose l'ordre du jour suivant :

« Six membres sont accordés aux Chambres syndicales, qui « auront à s'entendre pour nommer leurs délégués; mais la Com- « mission se considère d'ores et déjà comme constituée. »

M. Naudot, maire de Boulogne, n'accepte pas cette proposition : Vous avez décidé qu'il y aurait quatre membres; vous ne pouvez vous soustraire à cette obligation.

L'Assemblée, consultée, décide que les Chambres syndicales resteront représentées par quatre membres

La discussion étant close, M. le Président invite MM. les membres qui ne sont pas les commissaires nommés à vouloir bien se retirer, afin que ceux-ci puissent constituer leur bureau.

Les personnes ainsi désignées quittent la salle, et MM. les

délégués, après avoir constaté qu'ils sont au nombre de vingt-cinq sur trente-huit devant composer la Commission, pensent qu'il y a lieu seulement de nommer un bureau provisoire chargé de trouver un local, en faisant appel à l'union des Chambres syndicales, ou à un des maires du centre de Paris, et expédier telles affaires qui pourraient se présenter jusqu'à la constitution définitive de la Commission.

Sont nommés membres du bureau provisoire.

> MM. H.-E. CHEVALIER, *Président,*
> CLARET DE LATOUCHE, *Secrétaire,*
> GALLIMARD.
> LARIBLE.

Il est décidé qu'aussitôt le local trouvé, la Commission sera convoquée.

Le Secrétaire,
A LESAGE.

Le Président,
H.-EMILE CHEVALIER.

ANNEXES

ALIÉNATION DEMANDÉE DES TERRAINS TRAVERSÉS PAR LE CHEMIN DE FER -
ET DE CEUX NÉCESSAIRES AUX GARES ET STATIONS

1° GARES ET STATIONS

Communes	DÉSIGNATION ET NATURE des Gares ou Stations	Superficie du Terrain occupé.	Prix moyen.	TOTAUX par Gare ou Station	par Commune	par Section ou partie de Section.	OBSERVATIONS
	1re Section.—*De la place des Martyrs à Issy.*						
Paris........	Place des Martyrs.						
	Voyageurs......	13.723 92	520 »	4.871.251			La valeur totale des terrains occupés par cette gare est de 7,136,138 fr. 40 c.; mais il convient d'en défalquer la valeur des surfaces qui sont actuellement à l'état de voies publiques, ce qui réduit à 4 millions 871,251 fr. le montant des terrains à acquérir.
	Montmartre.						
	Voyageurs......	2.048 »	» »	Mémoire.			Cette station devant être complétement établie au milieu de la contre-allée du boulevard de Clichy, il n'y a aucune acquisition de terrains à compter.
	Batignolles.						
	Voyageurs......	1.111 16	156 30	173.790			
	Grandes-Carrières.						
	Voyageurs......	2.871 05	400 »	1.148.420			
	Avenue de St-Ouen.						
	Voyageurs......	3.649 98	252 30	813.837	7.007.301		Valeur totale des terrains occupés par cette station, 920,890 fr. En tenant compte des surfaces actuellement à l'état de voies publiques, le montant des terrains à acquérir n'est que de 813,837 fr.
Saint-Ouen....	Docks Saint-Ouen.						
	Voyag. et marchandises.....	25.000 »	10 »	250.000	250.000		
Clichy.......	Clichy.						
	Voyag. et marchandises.....	20.000 »	10 »	200.000	200.000		
Levallois	Levallois-Perret.						
	Voyag. et marchandises.....	20.000 »	10 »	200.000	200.000		
			A reporter........		7.657.301		

Communes	DÉSIGNATION ET NATURE des Gares ou Stations	Superficie du Terrain occupé	Prix moyen.	TOTAUX			OBSERVATIONS
				par Gare ou Station	par Commune	par Section qu partie de Section.	
	Report...	....	......	.. ....	7.657.301		
Neuilly.......	Neuilly.						
	Voyageurs......	3.000 »	350 »	1.050.000			
	Marchandises...	10.000 »	200 »	2.000.000			
	Bagatelle.						
	Voyageurs......	3.000 »	200 v	600.000			
Paris........	Pont de Suresnes.			———	3.650.000		Ces deux stations seront établies dans le bois de Boulogne et ne donneront lieu à aucune acquisition de terrains.
	Voyageurs......	3.000 »	» »	Mémoire.			
	Longchamp.						
	Voyageurs.....	4.000 »	» »	Mémoire.			
Boulogne.....	Pont de Saint-Cloud			———	» »		
	Voyageurs......	5.000 »	15 »	75.000			
	Marchandises...	20.000 »	15 »	300.000			
	Boulogne.			c			
	Voyag. et marchandises.....	20.000 »	15 »	300.000			
Issy.......	Les Moulineaux.			———	675.000		
	Voyag. et marchandises.....	20.000 »	2 »	40.000	40.000		
1re Section. — Du Bois de Boulogne à Auteuil.						12.022.301	
Paris	Bois de Boulogne.						Cette station sera établie dans le bois de Boulogne et ne donnera lieu à aucune acquisition de terrains.
	Voyageurs. ...	5.000 »	» »	Mémoire.	» »		
1re Section.— De Saint-Ouen à Suresnes.							
Gennevilliers .	Gennevilliers.						
	Voyag. et marchandises.....	20.000 »	2 »	40.000 »	40.000		
Asnières.....	Asnières-Lehotville.						
	Voyag. et marchandises.....	20.000 »	2 »	40.000 »	40.000		
Colombes.. ..	Colombes-la-Garen.						
	Voyag. et marchandises.....	20 000 »	2 »	40.000 »	40.000		
Courbevoie...	Courbevoie.						
	Voyageurs......	5.000 »	2 »	10.000 »	» »		
	Marchandises. .	20 000 »	2 »	40.000 »	» »		
Suresnes... .	Suresnes.			———	50.000		
	Voyag. et marchandises.....	20.000 »	2 »	40.000 »	40.000	210.000	
	Total pour la 1re Section ..					12.232 301	

Communes	DÉSIGNATION ET NATURE des Gares ou Stations	Superficie du Terrain occupé	Prix moyen.	TOTAUX			OBSERVATIONS
				par Gare ou Station	par Commune	par Section ou partie de Section.	
2ᵉ Section. — *De l'Esplanade des Invalides à Villejuif.*							L'emplacement occupé par cette gare fait partie de l'Esplanade des Invalides, et ne donnera lieu dès lors à aucune acquisition de terrains.
Paris......	Espl. des Invalides. Voyageurs.	18.613 »	»	Mémoire.			
	Champ-de-Mars. Voyag. et marchandises.....	12.165 »	»	Mémoire.			Cette gare doit être établie dans un terrain appartenant à la Ville de Paris et situé quai d'Orsay. — Il n'y aura conséquemment aucune dépense à faire pour acquisition de terrains.
	Grenelle. Voyag. et marchandises	» »	»	Mémoire.	» »		Cette gare sera établie dans les terrains appartenant à l'État et affectés à la construction d'une gare à marchandises à Grenelle pour le service du chemin de fer de Ceinture. — En conséquence, il n'y aura pas d'acquisition de terrains à faire.
Issy	Issy. Voyag. et marchandises.....	20.000 »	2 »	40.000 »	40.000 »		
Vanves......	Vanves. Voyag. et marchandises.....	20.000 »	3 »	60.000 »	60.000 »		
Montrouge...	Montrouge. Voyageurs ..... Marchandises ..	5.000 » 20.000 »	2 » 2 »	10.000 » 40.000 »	50.000 »		
Bagneux.....	Bagneux-Châtillon. Voyag. et marchandises.....	10.000 »	1 »	10.000 »	10.000 »		
Fontenay ...	Fontenay-aux-Roses Voyag. et marchandises.....	10.000 »	2 »	20.000 »	20.000 »		
Arcueil....	Arcueil. Voyag. et marchandises.....	10.000 »	1 50	15.000 »	15.000 »		
Gentilly	Gentilly. Voyag. et marchandises.....	15.000 »	1 50	22.500 »	22.500 »		
Villejuif.....	Villejuif. Voyageurs ..... Marchandises...	5.000 » 20.000 »	1 50 1 50	7.500 » 30.000 »	37.500 »	255.000 »	
	Total pour la 2ᵉ Section...						

Communes	DÉSIGNATION ET NATURE des Gares ou Stations	Superficie du terrain occupé	Prix moyen	TOTAUX par Gare ou Station	par Commune	par Section ou partie de Section	OBSERVATIONS
2° SECTION.— *De Notre-Dame à Bonneuil.*							Le coût total des terrains occupés par cette gare serait d. 6,033,619 fr., en y comprenant les surfaces actuellement à l'état de voies publiques. En défalquant la valeur de ces surfaces, le montant des acquisitions de terrains à faire se réduit à 5,479,894 fr.
Paris........	Notre-Dame. Voyageurs......	7.695 56	784 »	5.479.894			
	Halle aux Vins. Voyageurs	3.000 »	300 »	900.000			
	Halle aux Cuirs. Marchandises...	» »	» »	Mémoire.			Cette gare sera plutôt un aiguillage qu'une station proprement dite. So but est de relier la Halle aux cuirs au chemin de fer.
	Place d'Italie. Voyageurs......	» »	» »	Mémoire			Cette station sera établie dans les terrains appartenant à la Ville, aux abords de la place d'Italie. Il n'y aura donc aucune acquisition de terrains à faire.
	Maison-Blanche. Voyageurs......	» »	» »	Mémoire.			Cette station sera commune à la ligne de banlieue et au chemin de fer de Ceinture. La station actuelle de ce dernier chemin pourra être utilisée, et il n'y aura dès lors aucune acquisition de terrains à faire.
	Quai Saint-Bernard. Marchandises...	» »	» »	Mémoire.		6.370.894	Cette gare sera établie sur les quais et ne donnera lieu à aucune acquisition de terrains.
Villejuif......	Bicêtre-Villejuif. Voyag. et March.	» »	» »	Mémoire.	» »		Cette station, établie à la jonction des 2° et 3° sections du chemin de fer, a été comprise dans le tableau de la 2° section.
Ivry........	Ivry-Vitry. Voyag. et march.	20.000 »	3 »	60.000	60.000		
Maisons-Alfort	Maisons-Alfort. Voyag. et march.	20.000 »	4 »	80.000	80.000		
Créteil.......	Créteil. Voyag. et march.	10.000 »	3 »	30.000	30.000		
Bonneuil.....	Bonneuil. Voyag. et march.	10.000 »	2 »	20.000	20.000		
	Total pour la 3° section...					6.560.894	

Communes	DÉSIGNATION ET NATURE des Gares ou Stations	Superficie du Terrain occupé.	Prix moyen.	TOTAUX			OBSERVATIONS
				par Gare ou Station	par Commune	par Section ou partie de Section.	
4e SECTION. — *De Fontenay-sous-Bois à Romainville.*							
Fontenay-s.-B.	Fontenay-sous-Bois						Cette station sera commune au chemin de la banlieue et au chemin de fer de Vincennes. La station actuelle de Fontenay-sous-Bois sera utilisée, et aucune acquisition n'est à faire.
	Voyag. et marchandises.....	» »	»	Mémoire.			
Montreuil.....	Montreuil.						
	Voyag. et marchandises.....	20.000 »	5	100.000	100.000		
Bagnolet.....	Bagnolet.						
	Voyag. et marchandises.....	20.000 »	1	20.000	20.000		
	Total pour la 4e section.......					120.000	
5e SECTION. — *Du Château-d'Eau à Saint-Ouen.*							
Paris	Château-d'Eau.						Le coût total des terrains occupés par cette gare serait de 6.903.912 fr., en y comprenant les surfaces à l'état de voies publiques. En défalquant les valeurs de ces surfaces, le montant des acquisitions de terrains à faire se réduit à 6.763.423 fr.
	Voyageurs......	11.117 41	621	6.763.423			
	Père-Lachaise.						
	Voyageurs......	3.000 »	100	300.000			
	Charonne.						
	Voyageurs......	3.000 »	40	120.000			
Les Lilas.....	Les Lilas.				7.183.423		
	Voyag. et marchandises.....	20.000 »	5	100.000	100.000		
Romainville...	Romainville.						
	Voyag. et marchandises.....	20.000 »	1	80.000	80.000		
Pantin.......	Pantin.						
	Voyag. et marchandises....	20.000 »	5	100.000	100.000		
	A reporter.....				7.463.423		

Communes	DÉSIGNATION ET NATURE des Gares ou Stations	Superficie du terrain occupé	Prix moyen.	TOTAUX			OBSERVATIONS
				par Gare ou Station.	par Commune.	par Section ou partie de Section.	
	Report...	....	......	....	7.463.423		
Aubervilliers..	Fort d'Aubervilliers						
	Voyag. et marchandises.....	10.000 »	3 »	30.000			
	Aubervillers , La Courneuve.						
	Voyageurs	5.000 »	3 »	15.000			
	Marchandises...	20.000 »	3 »	60.000			
Saint-Denis...	Saint-Denis.				105.000		
	Voyageurs......	5.000 »	10 »	50.000			
	Marchandises...	20.000 »	10 »	200.000			
Saint-Ouen...	Saint-Ouen.				250.000		
	Voyag. et marchandises.....	20.000 »	15 »	300.000	300.000		
	Total pour la 5e Section...					8.118.423	

RECAPITULATION

PREMIÈRE SECTION...................................... ..	12.232.301
DEUXIÈME SECTION..	255.000
TROISIÈME SECTION...	6.569.894
QUATRIÈME SECTION	120.000
CINQUIÈME SECTION.......................................	8.118.423
	27.295.618
Un dixième en plus environ. . .	2.704.382
TOTAL GÉNÉRAL... ...	30.000.000

2° VOIES PUBLIQUES EMPRUNTÉES

1ʳᵉ *Section.* — DE LA PLACE DES MARTYRS A ISSY

COMMUNES	DÉSIGNATION des VOIES OU TERRAINS	LONGUEUR	LARGEUR	SURFACES	OBSERVATIONS
		m.	m.	m.	
Paris.......	Boulevard de Clichy (du boulevard Rochechouart à l'avenue du Cimetière.)	765	16	12.240 »	
Clichy	Rue Traversière et chemin des Chasses	880	0 50	440 »	Voie à élargir à 30 m.
Neuilly	Boulevard de la Saussaye........	1.083	7 »	7.581 »	Voie à élargir à 30 m.
	Rue de Longchamps.	1.280	0 50	640 »	
Paris	Bois de Boulogne...	3.297	8 »	26.376 »	
Boulogne...	Boulevard longeant la Seine.........	1.362	8 »	10.896 »	
A reporter...........		»	»	58.173 »	

1re *Section*

2° DU CHEMIN DE FER DES DOCKS DE SAINT-OUEN A SURESNES

COMMUNES	DÉSIGNATION des VOIES OU TERRAINS	LONGUEUR	LARGEUR	SURFACES	OBSERVATIONS
		m.	m.	m.	
	Report			58.173 »	
Puteaux ..	Rond-point de Courbevoie.	220	8	1.760 »	
	A reporter			59.933 »	

3° DU BOIS DE BOULOGNE (PORTE DE SAINT-CLOUD)
AU CHEMIN DE FER D'AUTEUIL

COMMUNES	DÉSIGNATION des VOIES OU TERRAINS	LONGUEUR	L'ARGEUR	SURFACES	OBSERVATIONS
		m.	m.	m.	
	Report			59 933 »	
Paris	Bois de Boulogne.	275	8	2.200 »	
Boulogne..	Boulevard de Boulogne.	1.240	7	8.680 »	
	Route départementale n° 29.	1.074	7	7.518 »	
Paris	Raccordement avec le chemin de fer d'Auteuil.	240	8	1.920 »	
	TOTAL pour la 1re Section			80.251 »	

2e *Section.*—DE PARIS (ESPLANADE DES INVALIDES) A VILLEJUIF

COMMUNES	DÉSIGNATION des VOIES OU TERRAINS	LONGUEUR	LARGEUR	SURFACES	OBSERVATIONS
		m.	m.	m.	
Paris.......	Esplanade des Invalides............	126	11	1.386 »	Souterrain.
	Quai d'Orsay......	1.821	8	14.568 »	
	Quai de Grenelle...	1.159	8	9.272 »	
	Quai de Javel......	1.894	8	51.152 »	
Issy.......	Chemin de grande communication du Bas - Meudon à Paris............	1.180	8	9.440 »	
	Total pour la 2e section...			85.818 »	

3ᵉ *Section.* — DE PARIS (QUAI MONTEBELLO) A BONNEUIL

COMMUNES	DÉSIGNATION des VOIES OU TERRAINS	LONGUEUR	LARGEUR	SURFACES	OBSERVATIONS
		m.	m.	m.	
	Rue Rollin..........	73	11	803	
	Rue de la Pitié......	105	11	1.155	
Paris......	Rue Santeuil.........	175	11	1.925	
	Avenue des Gobelins..	271	11	2.981	Souterrain.
	Place d'Italie.........	190	10	1.900	id.
	Avenue d'Italie.......	1.332	10	13.320	
Villejuif....	Route d'Antibes......	1.492	10	14.920	
Ivry........	Voie des Noyers......	338	15	5.070	
Total pour la 3ᵉ section...		»	»	42.074	

4ᵉ *Section.* — DE ROMAINVILLE A FONTENAY-SOUS-BOIS

COMMUNES	DÉSIGNATION des VOIES OU TERRAINS	LONGUEUR	LARGEUR	SURFACES	OBSERVATIONS
	NÉANT				

CINQUIÈME SECTION

COMMUNES	DÉSIGNATION des Voies ou Terrains.	LONGUEUR	LARGEUR	SURFACES	OBSERVATIONS
		m.	m.	m.	
	Avenue des Amandiers...	320 »	8 »	2.560 »	»
	Id.	1.085 »	18 »	19.530 »	»
	Boulevard Ménilmontant.	110 »	11 »	1.210 »	Souterrain
	Id.	212 »	20 »	4.240 »	»
Paris....	Id.	110 »	11 »	1.210 »	Souterrain.
	Boulevard de Charonne..	320 »	11 »	3.520 »	Id.
	Rue et place de Puebla...	500 »	11 »	5.500 »	Id.
	Rue de la Dhuis projetée.	136 »	43 »	5.848 »	»
	Id.	935 »	11 »	10.285 »	Souterrain.
	Total pour la 5e section...			53.903 »	

2ᵒ VOIES PUBLIQUES (Routes, Chemins, etc.)

EMPRUNTÉES PAR LE CHEMIN DE FER.

DÉSIGNATION des Sections ou parties de Sections	COMMUNES	SURFACES		OBSERVATIONS
		par Commune	par Section	
1ʳᵉ Section. de la place des Mar-tyr à Issy.	Paris	12.240		L'occupation des voies publiques par le che-min de fer n'entraî-nera aucune dépense pour acquisition de terrains, puisque la li-gne n'est placée au milieu des rues, ou routes, qu'autant que la largeur actuelle de celles-ci est suffisante pour permettre de lais-ser de chaque côté de la voie ferrée une rue de 12 mètres de lar-geur environ.
	Clichy	440		
	Neuilly	8.221		
	Paris. Bois de Bou-logne	26.376	80.251	
	Boulogne	10.896		
du bois de Boulogne à Auteuil.	Paris. Bois de Bou-logne	2.200		
	Boulogne	16.198		
	Paris	1.920		
docks de Saint-Ouen à Auteuil.	Puteaux	1.760		
2ᵉ Section.. de l'espla-nade des Invalides à Villejuif.	Paris	76.378	85.818	
	Issy	9.440		
3ᵉ Section.. du quai Mon-tebello à Bonneuil.	Paris	22.084	42.074	
	Villejuif	14.920		
	Ivry	5.070		
4ᵉ Section.. de Romain-ville à Fon-tenay-sous-Bois	»	»	»	
5ᵉ Section.. du Château d'Eau à Saint-Ouen.	Paris	53.903	53.903	
	Total		262.046	

PREMIÈRE RÉCAPITULATION

PAR SECTION

Première Section.......	80.251^m
Deuxième —	85.818
Troisième —	42.074
Quatrième —	»
Cinquième —	53.903
Surface totale........	262.046

Surface dans Paris.....................	195.101^m
Surface hors Paris....................	66.945
Total égal........	262.046

DEUXIÈME RÉCAPITULATION

PAR COMMUNE

Boulogne.........................	27.094^m
Clichy............................	440
Issy.............................	9.440
Ivry.............................	5.070
Neuilly...........................	8.221
Paris.......?.................,....	195.101
Puteaux...........................	1.760
Villejuif.	14.920
Total égal..............	262.046^m

RELEVÉ

DES

PRINCIPAUX ÉTABLISSEMENTS INDUSTRIELS

QUI SE SERVIRONT DU CHEMIN DE FER

POUR LE TRANSPORT DES MARCHANDISES

SECTIONS DU CHEMIN et SUBDIVISIONS	DÉSIGNATION DES ÉTABLISSEMENTS INDUSTRIELS ET NATURE DE LEURS OPÉRATIONS MATIÈRES PREMIÈRES ET PRODUITS	TRAFIC ANNUEL présumé EN TONNES
	1° ÉTABLISSEMENT DANS PARIS	
	Néant	»
	2° ÉTABLISSEMENTS DANS LA BANLIEUE	
	Docks de Saint-Ouen...........................	2.000.000
	Usines de Clichy......................	42.000
1re SECTION — De la place des Mar-tyrs à Issy.	Usines de Levallois............................	62.000
	Etablissements industriels de Neuilly.............	22.000
	Etablissements industriels de Boulogne..........	80.000
	Carrières de craie et de blanc de Meudon, à Issy......... { MM. Prudent...... Salagnac...... Deschamps... Demarne..... Robb........	18.000
	Capsulerie de Gévelot, à Issy..................	2.000
	Entrepôt de l'île Saint-Germain................	100.000
	Usine à gaz d'Issy............................	1.000
1re SECTION — Du bois de Boulogne à la ligne d'Auteuil.	Néant......................................	»
1re SECTION — De Saint-Ouen à Suresnes.	ÉTABLISSEMENTS DANS LA BANLIEUE Usine Farcot, constructeur mécanicien à Saint-Ouen.	12.000
	A reporter..........	2.339.000

NATURE DES MARCHANDISES Susceptibles d'être transportées par le Chemin de fer Métropolitain et de la banlieue	OBSERVATIONS ET RENSEIGNEMENTS A L'APPUI
Marchandises diverses.	Cet établissement est aujourd'hui inactif. Il n'attend qu'un décret d'autorisation pour recommencer ses opérations. Dès ce jour, il est, par ses installations, le magasin général obligé des produits venant du Nord et de l'Ouest. Son importance pour le chemin de fer projeté sera considérable.
Produits chimiques, métaux, charbons et bois, cailloux, poteries.	Etablissements sur le tracé du chemin de fer et à relier par embranchement.
Produits chimiques, fers, charbons et bois, poteries.	Idem.
Produits chimiques, métaux, charbons et bois, poteries.	Produits arrivant en gare du pont de Courbevoie.
Produits chimiques, graisses, fers, métaux, cailloux, bois et charbons.	Produits arrivant au pont de Saint-Cloud.
Craie et blanc.	Carrières à relier par embranchement.
Métaux, bois et charbons.	A relier par embranchement.
Marchandises diverses.	Etablissement sur le tracé.
Charbons.	Usine à relier par embranchement.
Fers, fonte, charbons.	

Voir procès-verbal de la Commission d'Issy (pages 130, 131 et 132 des Annexes du 2e Mémoire), fixant à 51,000 tonnes le trafic probable. Même observation que pour les docks de Saint-Ouen, en ce qui concerne l'entrepôt de l'île St-Germain.

SECTION DU CHEMIN et SUBDIVISIONS	DÉSIGNATION DES ÉTABLISSEMENTS INDUSTRIELS ET NATURE DE LEURS OPÉRATIONS MATIÈRES PREMIÈRES ET PRODUITS	TRAFIC ANNUEL présumé EN TONNES
	Report.........	2.339.000
	Savonnerie Schmid, à Saint-Ouen...............	50.000
	Fabrique d'encre de Bream, à Saint-Ouen........	1.000
	Entrepôt de vins de M. Couvreux, à Saint-Ouen..	2.400
	Fabrique de camphre de M. Roques, à Saint-Ouen.	
	Verrerie de Saint-Ouen, MM. Sauvageot et Ce...	
	Fabrique de glycérine de M. Barbe, à Saint-Ouen.	
	Forges de M. Renard, constructeur.............	
	Fabrique de produits chimiques, M. Patrier......	
	Fabrique d'albumine de M. Foester............ .	60.000
	Charbonnage de France........................	
	Teinturerie en soie de MM. Perrier et Bert.......	
1re SECTION — De Saint-Ouen à Suresnes (suite).	Fabrique de bougies de M. Cusimberg......... .	
	Fonderie de suifs de MM. Tricoche et Ce........	
	Entrepôt de vins et spiritueux de M. Spicq.......	3.000
	Parfumerie de M. Couty......................	1.500
	Commerce de vins de M. Séguin...............	1.000
	Fabrique de liqueurs de M. Dumas.............	100
	Entrepôt de vins de M. Guérin.................	1.100
	Fabrique de toiles imperméables de MM. Gagin et Ce....................................	1.200
	Commerce de vins de M. Allaire...............	1.200
	Commerce de vins de M. Colmant.............	700
	Fabrique de pianos de M. Debain, à Saint-Ouen..	4.000
	Usines diverses de Genevilliers...............	6.000
	A reporter.........	2.472.200

NATURE DES MARCHANDISES Susceptibles d'être transportées par le Chemin de fer Métropolitain et de la banlieue	OBSERVATIONS ET RENSEIGNEMENTS A L'APPUI	
Graisse, huile et charbons.		
Produits chimiques.		
Vins et eaux-de-vie.		
Produits chimiques, charbons.		
Produits chimiques, charbons.		
Produits chimiques, charbons.		
Métaux, charbons, produits fabriqués.		
Produits chimiques et charbons.		
Matières premières et charbons.		
Bois et charbons.		Voir rapport de la Commission de St-Ouen du 1er décembre 1872 (pages 89, 90, 91, 92, 93 des Annexes du deuxième Mémoire), évaluant à 139,000 tonnes environ le trafic présumé pour cette commune.
Produits chimiques et charbons.	Quelques établissem. se trouvent sur le tracé du chemin de fer; les autres seraient à relier par embranchements particuliers.	
Graisse, huile et charbons.		
Graisse, suifs, charbons.		
Vins et eaux-de-vie.		
Produits chimiques.		
Vins et eaux-de-vie.		
Eaux-de-vie.		
Vins et spiritueux.		
Tissus, produits chimiques et charbons.		
Vins et eaux-de-vie.		
Vins et eaux-de-vie.		Voir lettre de M. le maire de Gennevilliers, du 19 décembre 1872 (page 69 des Annexes du second Mémoire), évaluant à 6 millions de kilogrammes l'importance des produits à transporter.
Bois, métaux et charbons.		
Matières premières, bois et charbons.	A relier par embranchement.	

SECTION DU CHEMIN et SUBDIVISIONS	DÉSIGNATION DES ÉTABLISSEMENTS INDUSTRIELS ET NATURE DE LEURS OPÉRATIONS MATIÈRES PREMIÈRES ET PRODUITS	TRAFIC ANNUEL présumé EN TONNES
	Report	2.472.200
	Fabrique de produits chimiques de M. Adrian, à Courbevoie................................	480
	Blanchissement de tissus de laine de MM. Bourgin et Cᵉ............................	1.760
	Usine métallurgique de M. Durenne............	6.700
	Tissage mécanique de MM. Chapon frères.......	850
	Etablissement de charronnage de M. Colas. . ..	1.940
	Fabrique de papier à lettre de MM. Marion et Géris............................	1.450
1ʳᵉ SECTION *De Saint-Ouen à Suresnes (suite).*	Chocolaterie de M. Dehesdin, à Courbevoie......	200
	Usines de Puteaux, au nombre de quarante environ................................	29.000
	Usines de Suresnes	3.000
	TOTAL pour la 1ʳᵉ section........	2.517.580
2ᵉ SECTION *De l'Esplanade des Invalides à Ville-juif.*	1° ÉTABLISSEMENTS DANS PARIS	
	Magasins d'habillements militaires.............	10.000
	Manufacture des tabacs.......................	10.000
	Usine Cail et Cᵉ, quai de Grenelle..............	40.000
	Usine Chevalier et Cheylus.	60.000
	Usine de produits chimiques de Javel..........	
	A reporter	120.000

NATURE DES MARCHANDISES Susceptibles d'être transportées par le Chemin de fer Métropolitain et de la banlieue		OBSERVATIONS ET RENSEIGNEMENTS A L'APPUI
Produits chimiques et charbons.		
Tissus, produits chimiques et charbons.		
Métaux, charbons, produits fabriqués	Usines à relier par embranchements particuliers.	Voir avis de la Commission de Courbevoie (pages 70, 71, 72 des Annexes du deuxième Mémoire), évaluant à 13,380 tonnes le trafic annuel pour la commune de Courbevoie.
Produits chimiques et charbons.		
Bois, fers, voitures, charbons.		
Chiffons, papier, charbons.		
Matières premières et charbons.		
Matières premières, produits chimiques, tissus, bois et charbons.	A relier par embranchements.	Voir rapport de la Commission de Puteaux du 1er septembre 1872 (pages 14 et 15 des Annexes du premier Mémoire), évaluant à 200,000 tonn. la quantité de marchandises à transporter pour le canton de Courbevoie.
Matières premières, produits chimiques, bois et charbons.	A relier par embranchements.	Voir avis de la Commission de Suresnes (pages 20, 21, 22 des Annexes du premier Mémoire), indiquant l'importance des usines à desservir. Voir autre avis de la Commission de Suresnes du 20 novembre 1872 (pages 66, 67 des Annexes du deuxième Mémoire), évaluant à 3,000 tonnes le trafic annuel.
Tissus, charbons.	Etablissement sur le tracé du chemin de fer	
Matières première et charbons.	Etablissement sur le tracé du chemin de fer.	
Métaux, charbons, produits fabriqués	Etablissement sur le tracé du chemin de fer.	
Métaux, charbons. produits fabriqués	A relier par embranchement.	
Produits chimiques et charbons.	Etablissement sur le tracé du chemin de fer.	

SECTION DU CHEMIN et SUBDIVISIONS	DÉSIGNATION DES ÉTABLISSEMENTS INDUSTRIELS ET NATURE DE LEURS OPÉRATIONS MATIÈRES PREMIÈRES ET PRODUITS	TRAFIC ANNUEL présumé EN TONNES
	Report.........	120.000
	Manutention militaire du quai de Billy...	30.000
	2° ÉTABLISSEMENTS DANS LA BANLIEUE	
	Entrepôts de vins et autres industries de Vanves.	3.000
	Entrepôts de vins et fabrique de produits chimiques....................................	3.200
2ᵉ SECTION *De l'Esplanade des Invalides à Ville-juif (suite).*	Usines et entrepôts de Montrouge...	13.400
	Carrières de Bagneux..........................	2.400
	Carrières de Châtillon et autres industries.......	11.200
	Sablières de Fontenay et autres établissements..	700
	Etablissements de M. Houette, à Arcueil.......... Usine Janet, à Arcueil........................ Carrières de pierre de taille d'Arcueil........ ..	10.200
	A reporter.........	194.100

NATURE DES MARCHANDISES Susceptibles d'être transportées par le Chemin de fer Métropolitain et de la banlieue	OBSERVATIONS ET RENSEIGNEMENTS A L'APPUI	
Farines et bois.	Etablissement sur le tracé du chemin de fer.	
Vins, eaux-de-vie, bois et charbons.	A relier par embranchement.	Voir rapport de la Commission de Vanves, du 22 décembre 1872 (pages 132, 133 des Annexes du deuxième Mémoire), évaluant à 9,270 tonnes (dont 3,000 provenant de Montrouge) le trafic probable pour la commune de Vanves.
Produits chimiques, matières premières et produits fabriqués.	A relier par embranchement.	
Produits chimiques, métaux, bois et charbons.	A relier par embranchement.	Voir observations de la Commission de Montrouge (pages 104, 105 des Annexes du premier Mémoire), évaluant à 21,000 tonnes le trafic présumé. Voir avis de la Commission de Montrouge (pages 133, 134 des Annexes du deuxième Mémoire), fixant à 13,445 tonnes la quantité de marchandises à transporter en provenance ou à destination de cette commune.
Pierres, moellons, briques.	A relier par embranchement.	Voir rapport des Commissions de Sceaux, Antony, etc., du 7 septembre 1872 (pages 114, 115 des Annexes du 1er Mémoire), évaluant le trafic présumé pour la gare à établir à Fontenay.
Pierres, moellons, produits chimiques, bois et charbons.	A relier par embranchement.	
Sable gras, produits chimiques, charbons.	A relier par embranchement.	
Pierres, moellons, fers, briques, bois et charbons, produits chimiques.	A relier par embranchement.	Voir rapport de la Commission d'Arcueil (pages 120, 121 des Annexes du deuxième Mémoire), faisant connaître l'importance industrielle de cette commune.

SECTION DU CHEMIN et SUBDIVISIONS	DÉSIGNATION DES ÉTABLISSEMENTS INDUSTRIELS ET NATURE DE LEURS OPÉRATIONS MATIÈRES PREMIÈRES ET PRODUITS	TRAFIC ANNUEL présumé EN TONNES
	Report.........	194.100
	Usines de Gentilly : tanneries, teinturies, blanchisseries, savonneries, etc......................	86.400
2ᵉ SECTION *De l'Esplanade des Invalides à Villejuif (suite).*		
	Usines de Villejuif. — La Plâtrière.............	6.200
	Usine de l'Ane-Vert....	1.200
	Usines diverses : tannerie, dégraissage.	10.000
	Industries diverses...........................	18.600
	TOTAL pour la 2ᵉ section.......	315.900
	1° ÉTABLISSEMENTS DANS PARIS	
3ᵉ SECTION *Du quai Montebello à Bonneuil.*	Halle aux vins................................	110.000
	Gare du quai Saint-Bernard....................	1.000.000
	Halle aux cuirs..............................	10.000
	A reporter.........	1.120.000

NATURE DES MARCHANDISES Susceptibles d'être transportées par le Chemin de fer Métropolitain et de la banlieue.	OBSERVATIONS ET RENSEIGNEMENTS A L'APPUI	
Produits chimiques, cuirs, graisse, huile, métaux, poterie, bois et charbons.	Partie de ces usines est sur le tracé du chemin de fer, partie à relier par embranchement.	Voir avis de la Commission de Gentillly et Arcueil du 31 août 1872 (pages 32, 33 des Annexes du premier Mémoire), faisant connaître l'importance de l'industrie. Voir rapport de la Commission de Gentilly (pages 121, 122, 123 des Annexes du deuxième Mémoire), fixant à 86,439,534 kil. le tonnage annuel présumé.
Plâtre, charbon et bois. Huile et charbons. Os, graisse, engrais, peaux, charbons. Lait, paille, fourrages.	La plupart de ces usines sont sur le chemin de fer, les autres devront être reliées par embranchement.	Voir avis de la Commission de Villejuif du 5 décembre 1872 (pages 117, 118, 119 des Annexes du deuxième Mémoire), fixant à 35,445 tonnes le trafic probable pour cette commune.
Vins, eaux-de-vie, futailles vides.	Etablissement sur le tracé du chemin de fer.	Voir la lettre du 12 avril 1872 du président de la Chambre syndicale du commerce des vins (pages 33, 34 des Annexes du premier Mémoire), évaluant à 90,000 tonnes, non compris les réexpéditions de futailles, la quantité de marchandises provenant de l'Entrepôt des vins.
Marchandises de toute nature.	A relier par embranchement.	
Cuirs verts.	Etablissement sur le tracé du chemin de fer.	

SECTION DU CHEMIN et SUBDIVISIONS	DÉSIGNATION DES ÉTABLISSEMENTS INDUSTRIELS ET NATURE DE LEURS OPÉRATIONS MATIÈRES PREMIÈRES ET PRODUITS	TRAFIC ANNUEL présumé EN TONNES
	Report..........	1.120.000
	2° ÉTABLISSEMENTS DANS LA BANLIEUE	
	Usines d'Ivry................. { MM. Camus........ Nicolle...... Dumas...... Valsi........ Casedanne...	60.000
	Forges de M. Coutant......................	
	Manufacture de pianos d'Alexandre.............	
3ᵉ SECTION — *Du quai Montebello à Bonneuil (suite)*	Usines de Vitry. — Cuivres français......	
	Id. — Plâtrière Michel Fusch......	4.700
	Id. — Etablissements divers.......	
	Etablissements de Maisons-Alfort :	
	Forges de M. Mazeline..	
	Fonderie de fonte de MM. Max, Springer et Cᵉ.	
	Briqueterie de M. Desnoyers..................	5.400
	Usine à gaz..................................	
	Entrepôt de vins de MM. Simon et Prétif.......	
	Entrepôt de bois, briques et tuiles de M. Prin..	
	TOTAL pour la 3ᵉ section........	1.190.100
4ᵉ SECTION — *De Fontenay-sous Bois à Romainville.*	1° ÉTABLISSEMENTS DANS PARIS	
	Néant.......................................	»

NATURE DES MARCHANDISES Susceptibles d'être transportées par le Chemin de fer Métropolitain et de la banlieue.	OBSERVATIONS ET RENSEIGNEMENTS A L'APPUI
Produits chimiques, métaux, poterie, combustible, bois, produits fabriqués.	A relier par embranchement.	Voir observations de la municipalité d'Ivry du 15 septembre 1872 (pages 41, 42 des Annexes du premier Mémoire), évaluant à 60,000 tonnes la quantité de marchandises à transporter. Voir rapport de la Commission d'Ivry du 30 novembre 1872 (page 124 des Annexes du deuxième Mémoire), faisant connaître l'importance commerciale de la commune d'Ivry.
Métaux, plâtre, produits chimiques, bois et charbon.	A relier par embranchements.
Métaux, briques, tuiles, bois, vins, produits chimiques et charbon.	A relier par embranchements.	Voir : 1° Rapport de la Commission de Maisons-Alfort du 31 août 1872 (pages 131, 132 des Annexes du premier Mémoire); 2° Rapport de la Commission de Maisons-Alfort du 14 décembre 1872 (p. 111, 112 des Annexes du deuxième Mémoire), faisant connaître l'importance de l'industrie sur le territoire de la commune de Maisons.

SECTION DU CHEMIN et SUBDIVISIONS	DÉSIGNATION DES ÉTABLISSEMENTS INDUSTRIELS ET NATURE DE LEURS OPÉRATIONS MATIÈRES PREMIÈRES ET PRODUITS	TRAFIC ANNUEL présumé EN TONNES
	2° ÉTABLISSEMENTS DANS LA BANLIEUE	
	Carrières de plâtre de Fontenay-sous-Bois.....	2.700
	Carrières de plâtre de Montreuil...............	49.600
	Carrières de plâtre de Bagnolet...............	
	Fabrique de colle forte de Bagnolet...........	11.900
	Fabrique d'apprêts pour étoffes de Bagnolet.....	
4° SECTION — *De Fontenay-sous-Bois à Romainville (suite).*	Etablissements de Romainville :	
	Fort de Noisy-le-Sec...........................	20.000
	Usine Gauvain.................................	20.000
	Carrière Brochet..............................	20.000
	Carrière Linet................................	20.000
	Etablissements industriels des Lilas :	
	Usines à vapeur, 6............................	
	Fabriques de meubles, 2.......................	
	Fabrique de caoutchouc, 1..........	
	Fabrique de porcelaine, 4.....................	
	Fabrique d'articles de voyage, 1..............	
	Fabrique de machines à vapeur, 1..............	
	Fabrique de verre, 1..........................	19.400
	Fabriques de cuirs, 4.........................	
	Fabriques de boîtes d'emballage, 5...........	
	Fabriques de boules d'oignons et savons, 3.....	
	Fabrique de noir de fumée, 1..........	
	Marchands de bois et charbons, 8..............	
	Entrepôt de vins, 22..........................	
	A reporter..........	163.600

NATURE DES MARCHANDISES Susceptibles d'être transportées par le Chemin de fer Métropolitain et de la banlieue	OBSERVATIONS ET RENSEIGNEMENTS A L'APPUI
Plâtre, bois et charbon.	A relier par embranchement.
Plâtre, bois et charbon.	Partie sur le tracé du chemin de fer, partie à relier par embranchement.
Plâtre, produits chimiques, bois et charbon.	Partie sur le tracé du chemin de fer, partie à relier par embranchement.
Produits divers. Plâtre, bois et charbon. Plâtre, bois et charbon. Plâtre, bois et charbon.	Partie sur le tracé du chemin de fer, partie à relier par embranchements.
Combustibles, métaux, huile, cuirs, peaux, terre pour porcelaine, caoutchouc, bois de construction, vins et eaux-de-vie, produits fabriqués.	Partie sur le tracé du chemin de fer, partie à relier par embranchements.

Voir : 1° Rapport de la Commission de Bagnolet (pages 81, 82 des Annexes du premier Mémoire) ; 2° Rapport de la Commission de Bagnolet du 1er décembre 1872 (pages 107, 108 des Annexes du deuxième Mémoire), indiquant l'importance du trafic présumé pour la commune de Bagnolet.

Voir délibération du Conseil municipal de Romainville du 2 septembre 1872 (p. 84, 85, 86 des Annexes du premier Mémoire), évaluant à 262,000 t. la quantité de produits à transporter. Voir lettre du maire de Romainville du 6 décembre 1872 (page 101 des Ann. du deuxième Mémoire), faisant connaître l'importance du trafic présumé.

Voir avis de la Commission des Lilas du 30 novembre 1872 (pages 103, 104, 105, 106 des Ann. du deuxième Mémoire), évaluant l'importance industrielle des Lilas.

SECTION DU CHEMIN et SUBDIVISIONS	DÉSIGNATION DES ÉTABLISSEMENTS INDUSTRIELS ET NATURE DE LEURS OPÉRATIONS MATIÈRES PREMIÈRES ET PRODUITS	TRAFIC ANNUEL présumé EN TONNES
4e SECTION — *De Fontenay-sous-Bois à Romainville (suite).*	*Report*.........	163.600
	Carrières de Noisy-le-Sec.....................	83.000
	TOTAL de la 4e section........	246.600
	1° ÉTABLISSEMENTS DANS PARIS.	
	La Douane......................................	1.000.000
	Abattoirs généraux de la Villette...............	150.000
	Cartonnerie Vaquerelle, pont de Flandre........	5.500
	Usine Gallet, François et Gibon, place de l'Argonne.	18.000
	Fonderie Lepet, rue de l'Argonne.............. Usine Schacher et Letellier, quai de l'Oise, 17....	29.000
	Magasins généraux et entrepôt du pont de Flandre.	50.000
5e SECTION — *De la place du Château-d'Eau à Saint-Ouen.*	Canaux. de l'Ourcq et Saint-Denis..............	170.000
	Compagnie du Gaz. Usine	13.000
	MM. Boulingre, 2,000 t.; Deherpe et May, 5,000 t., ensemble............ 7.000 t. MM. Erard, fabr. de pianos, 1,500 t.; Camille, 31,500 t., ensemble....... 33.000 Divers charbonniers, quai de la Loire, ensemble. 250.000	290.000
	Arrivages des chemins de fer: Nord, Est, Ceinture, 1,000,000 t., dont 1/10..................	100.000
	A reporter.......	1.825.500

NATURE DES MARCHANDISES Susceptibles d'être transportées par le Chemin de fer Métropolitain et de la banlieue	OBSERVATIONS ET RENSEIGNEMENTS A L'APPUI	
Pierres à plâtre, briques, ciment, chaux, bois et charbons.	A relier par embranchement.	Voir rapport de la Commission de Noisy-le-Sec (pages 108, 109 des Ann. du deuxième Mémoire), évaluant à plus de 83,000,000 de kilog. le tonnage présumé.
Marchandises de toute nature.	Sur le tracé du chemin de fer.	
Viandes abattues, bestiaux, suifs bruts....................	....	Les renseignements ci-contre ont été extraits d'une note remise par M. Maujan, membre de la Commission du XIXe arrondissement.
Matières premières, produits fabriqués....................	....	
Produits chimiques, bois de charbon....................	....	
Ciment, chaux, charbon.	A relier par embranchement.	
Marchandises de toute nature......	....	Le tonnage annuel des Magasins généraux est de 200,000 tonnes. On peut évaluer qu'un quart alimentera le Chemin Métropolitain.
Marchandises de toute nature.....	....	On évalue à 1,700,000 tonnes le tonnage général des arrivages par les canaux de l'Ourcq et de Saint-Denis. On peut donc fixer au dixième, sans crainte de mécompte, le trafic dont profitera le Chemin de fer Métropolitain.
Charbon de terre..................	....	La Compagnie du Gaz reçoit en moyenne par an 130,000 tonnes de marchandises dont le dixième sera, selon toute probabilité, transporté par le Chemin de la Banlieue.
Marchandises de toute nature.	A relier par embranchement.	
Marchandises de toute nature.	A relier par embranchement.	

SECTION DU CHEMIN et SUBDIVISIONS	DÉSIGNATION DES ÉTABLISSEMENTS INDUSTRIELS ET NATURE DE LEURS OPÉRATIONS MATIÈRES PREMIÈRES ET PRODUITS	TRAFIC ANNUEL présumé EN TONNES
	Report.........	1.825.500
	SUPPLÉMENT AU TONNAGE DE LA VILLETTE DANS PARIS	
	Il est compris entre la rue de Flandre, les boulevards extérieurs et la Compagnie du chemin de fer de l'Est.	
	Lebaudy frères........................ 200 t.	
	Jeanty-Prevost......................... 120	
	Trotrot.............................. 100	
	Raffinerie-Parisienne................. 130	
	Deutsch............................. 30	
	Descroix............................. 20	
	Lucot................................ 20	123.500
	Sommier............................. 150	
	Gallet-Gibon......................... 50	
	Gargan.............................. 60	
	Chantier de bois et charbon........... Mém.	
	Entrepôt Michel................ 50	
	Entrepôt du pont de Flandre........... 100	
	QUAI DE LA LOIRE	
	Usine Pidlu......................... 1.000 t.	
	— Collesion.................... 600	
	— Pacaud.................... 2.600	
5ᵉ SECTION — *De la place du Château d'Eau à Saint-Ouen (suite).*	— Rigaut.................... 30.000	
	— Lagoute 130.000	67.700
	— Olivier.................. 10.000	
	— Chapuis 9.000	
	— Michelot................. 10.000	
	— Dehaynin........ ...... 10.000	
	2° ÉTABLISSEMENTS DANS LA BANLIEUE.	
	Usines d'Aubervillers :	
	Pharmacie centrale....................	
	Fabrique de bougies du Phénix...........	
	— — de l'Etoile..........	92.000
	Manufacture de produits chimiques de St-Gobain.	
	Diverses fabriques de produits chimiques........	
	Usines diverses de Saint-Denis..........	124.000
	TOTAL pour la 5ᵉ section......	2.232.700

NATURE DES MARCHANDISES Susceptibles d'être transportées par le Chemin de fer Métropolitain et de la banlieue	OBSERVATIONS ET RENSEIGNEMENTS A L'APPUI
Produits chimiques, graisse, huile, matières premières, produits fabriqués, bois et charbon.	A relier par embranchement. Voir Rapport de la Commission d'Aubervilliers (page 66 des Annexes du 1er Mémoire). évaluant à 92,000 tonnes environ la quantité de marchandises à transporter.
Produits chimiques, graisse, huile, matières premières, produits fabriqués, bois et charbon.	Partie sur le tracé, partie à relier par embranchement.

RÉCAPITULATION

1re Section......................... 2.517.580 tonnes.

2e Section......................... 315.900

3e Section......................... 1.190.100

4e Section......................... 246.600

5e Section......................... 2.232.700

Total général............. 6.502.880 tonnes.

EMBRANCHEMENTS

DESTINATION. — RAMPES, PALIERS ET PENTES. — ALIGNEMENTS ET COURBES.

ACQUISITIONS DE TERRAINS. — TERRASSEMENTS.

TRAVAUX D'ART. — ARMEMENT DE LA VOIE. — RÉCAPITULATION.

TABLEAU

DES EMBRANCHEMENTS ET DE LEUR DESTINATION

SECTIONS et parties de sections du Chem. de fer Métrop.	NUMÉROS et DÉSIGNATION des EMBRANCHEMENTS	DESCRIPTION DU TRACÉ	DESTINATION
Première section Du chemin de fer des Docks de Saint-Ouen à Suresnes	*Embranchement* n° 1 Du chemin de fer des Docks à la Seine.	Part de la station n° 1 (village Biron), suit l'avenue de la Gare, traverse la route de la Révolte, et suit l'avenue Ardoin jusqu'à la Seine.	Desservira les Docks de Saint-Ouen, l'usine Farcot et les usines en bordure de l'avenue Ardoin.
	Embranchement n° 2 De l'embranchement n° 1 à la rue des Rosiers.	Part de l'embranchement n° 1, près de la station du village Biron, suit l'avenue de la Gare jusqu'à la route départementale n° 13, dite Avenue de Saint-Ouen, ladite route n° 13, vers Saint-Ouen, jusqu'à la rue des Rosiers.	Desservira les diverses usines en bordure des avenues de la gare de Saint-Ouen.
	Embranchement n° 3 De la station de Puteaux - Suresnes à la rue Sainte-Marie à Courbevoie.	Part de la station n° 6 (Puteaux-Suresnes), suit les rues de Neuilly, de Paris, le quai National, passe sous le pont de Neuilly, suit la rampe du pont, traverse la place Napoléon et suit le quai Napoléon jusqu'à la rue Sainte-Marie, à Courbevoie.	Desservira les teintureries de Puteaux, en bordure des rues de Neuilly et de Paris, ainsi que les usines en bordure du quai Napoléon à Courbevoie (notamment l'usine Durenne).
	Embranchement n° 4 De l'embranchement n° 3, près du pont de Neuilly à la rue de Penthièvre, à Suresnes.	MÉMOIRE On fera usage, pour desservir les usines du quai National, du tramway concédé sur ledit quai par l'Administration.	Desservira les établissements industriels en bordure du quai National.
Première section Du chemin de fer des Docks de Saint-Ouen à Issy	*Embranchement* n° 5 De la station des Moulineaux à la rue de la Reine.	Part de la station n° 13 des Moulineaux, suit le chemin de grande communication n° 2 du bois de Boulogne à Clamart, le chemin de grande communication n° 35, du Bas-Meudon à Paris et le chemin des Charbonniers jusqu'à la rue de la Reine.	Desservira l'Entrepôt de l'île Saint-Germain, les usines en bordure du chemin n° 35, aux abords du chemin des Charbonniers, et l'usine à gaz d'Issy, rue de la Reine.
2e section De l'Esplanade des Invalides à Villejuif	*Embranchement* n° 6 De la route départementale n° 54 (route de Châtillon) à la route départementale n° 65, de Cachan à Gentilly.	Part de la station n° 6 (Montrouge) près de la route de Châtillon, traverse la plaine de Montrouge en avant du fort et se raccorde au Chemin de fer Circulaire près de la station n° 9 (Gentilly).	Desservira les usines de Montrouge et de Gentilly.

TABLEAU

DES EMBRANCHEMENTS ET DE LEUR DESTINATION (suite).

SECTIONS et parties de sections du Chem. de fer Métrop.	NUMÉROS et DÉSIGNATION des EMBRANCHEMENTS	DESCRIPTION DU TRACÉ	DESTINATION
2ᵉ section De l'Esplanade des Invalides à Villejuif	*Embranchement* n° 7 Du sentier de la fosse du Pied-d'Ane (route de Châtillon) à la Grande-Rue de Montrouge.	Part de l'embranchement n° 6, près du sentier de la fosse du Pied-d'Ane, suit la route de Châtillon jusqu'à la Grande-Rue de Montrouge.	Desservira notamment les entrepôts de vins et liquides, bordant la route n° 54, dite route de Châtillon.
	Embranchement n° 8 Des abords du fort de Montrouge (route de Toulouse) à la Grande-Rue de Montrouge.	Part de l'embranchement n° 6, suit la route nationale n° 20, dite route de Toulouse ou d'Orléans, jusqu'à la Grande-Rue de Montrouge.	Desservira quelques usines et notamment les entrepôts de vins et spiritueux situés aux abords de la route d'Orléans.
3ᵉ section Du quai Montebello à Bonneuil	*Embranchement* n° 9 Du chemin de Gournay (route de Choisy) au chemin des Plantes (Ivry).	MÉMOIRE On fera usage du tramway concédé par l'Administration sur la route de Choisy. Il suffira de relier ce tramway au Chemin de fer Circulaire.	Desservira les usines et les fabriques de dégras en bordure de la route de Choisy, notamment la fabrique de savon, chandelle et bougie du chemin des Plantes, à Ivry.
	Embranchement n° 10 De la gare de Vitry au pied du glacis des fortifications.	Part de la gare de Vitry, se raccorde avec le chemin de fer d'Orléans, suit la route départementale n° 59, jusqu'au rond-point de la Bosse-de-Marne, suit la route nationale n° 19 et ensuite la partie de cette route, dite quai d'Ivry, jusqu'au pied du glacis des fortifications de Paris.	Desservira une grande partie des nombreuses usines d'Ivry, notamment les forges et ateliers d'armurerie de MM. Raynaud, Béchade et Cᵉ, la verrerie de MM. Guibert, la fabrique de wagons de M. Bonnefond, les forges à vapeur de M. Coutant et enfin la tuilerie de Montchannin.
	Embranchement n° 11 De Maisons-Alfort à la route nationale n° 19, près du pont d'Ivry.	Part de la station de Maisons-Alfort, suit l'ancien chemin de Villeneuve-Saint-Georges, le chemin du Port-à-l'Anglais et la rue Véron jusqu'à la route nationale n° 19, près du pont d'Ivry.	Desservira la plupart des usines de Maisons-Alfort, notamment l'usine à gaz et les forges de M. Mazeline

1ʳᵉ *Section*,

RAMPES, PALIERS ET PENTES

EMBRANCHEMENTS	LONGUEUR EN MÈTRES			INCLINAISON PAR MÈTRE des Rampes et Pentes	TOTAUX	OBSERVATIONS
	RAMPES	PALIERS	PENTES			
	m.	m.	m.	m.	m.	
N° 1 : du Chemin de fer des Docks à la Seine	»	»	117	0.0135	} 1.134 »	
	»	»	110	0.0076		
	»	»	907	0.0045		
N° 2 : de l'embran-branchement n° 1 à la rue des Rosiers.	75	»	»	0.0210	} 1.593 »	
	185	»	»	0.0075		
	283	»	»	0.0071		
	150	»	»	0.0173		
	»	»	900	0.0019		
N° 3 : de la station Puteaux-Suresnes à la rue Ste-Marie, à Courbevoie......	»	75	150	0.0006	} 3.000 »	
	»	»	»	»		
	85	»	»	0.0060		
	»	»	318	0.0006		
	»	»	170	0.0030		
	92	»	»	0.0020		
	»	»	370	0.0013		
	»	»	705	0.0011		
	185	»	»	0.0005		
	»	»	145	0.0038		
	»	»	60	0.0080		
	»	»	645	0.0007		
					»	
N° 4 : de l'embranche-ment n° 3, près du pont de Neuilly à la rue de Penthiè-vre (Suresnes).....	»	»	»	»	» (1)	
N° 5 : de la station des Moulineaux à la rue de la Reine.	»	»	260	0.0200	} 2.758 »	
	»	»	363	0.0053		
	»	»	140	0.0012		
	940	»	»	0.0012		
	»	»	1055	0.0008		

Observations : Le tramway qui doit être concédé par l'administration, à Puteaux, a été concédé par l'administration. Il n'y a donc pas lieu de s'occuper de l'embranchement n° 4 sur ce quai, le tramway qui doit être exécuté par les soins de l'administration donnant satisfaction aux demandes des communes de Puteaux et de Suresnes. Ce tramway pourra, du reste, desservir les nombreux établissements industriels en bordure du quai National.

(1) L'établissement d'un tramway sur le quai National, à Puteaux, a été concédé par l'administration. Il n'y a donc pas lieu de s'occuper de l'embranchement n° 4 sur ce quai, le tramway qui doit être exécuté par les soins de l'administration donnant satisfaction aux demandes des communes de Puteaux et de Suresnes. Ce tramway pourra, du reste, desservir les nombreux établissements industriels en bordure du quai National.

2ᵉ *Section.*

RAMPES, PALIERS ET PENTES

DÉSIGNATION DES EMBRANCHEMENTS	LONGUEUR EN MÈTRES			Inclinaison par mètre des rampes et pentes	OBSERVATIONS
	Rampes	Paliers	Pentes		
	mètres	mètres	mètres	mètres	
Nᵒ 6. De la route départementale nᵒ 54 (dite route de Châtillon) à la route départementale nᵒ 65, de Cachan à Gentilly.	»	»	1.140	0.00145	
	»	730	»	»	
	»	»	725	0.0135	
Nᵒ 7. Du Sentier de la fosse du Pied-d'Ane (route de Châtillon) à la Grande-Rue de Montrouge.	»	»	142	0.02	
	»	45	»	»	
	»	»	530	0.0017	
	170	»	»	0.001	
Nᵒ 8. Des abords du fort de Montrouge (route de Toulouse) à la Grande-Rue de Montrouge.	260	»	»	0.02	
	»	65	»	»	
	»	»	360	0.0067	
	430	840	2897		
	4.167				

3ᵉ Section.

RAMPES, PALIERS ET PENTES

DÉSIGNATION des EMBRANCHEMENTS	LONGUEURS EN MÈTRES			INCLINAISON PAR MÈTRE des rampes et pentes	OBSERVATIONS
	Rampes	Paliers	Pentes		
	mètres	mètres	mètres	mètres	
Nº 9					Tramway concédé par l'administration.
Du chemin de Gournay (route de Choisy) au ch. des Plantes (Ivry)..	»	»	»	»	
	»	»	345	0.02	
	»	35	»	»	
	»	»	130	0.00207	
	»	»	80	0.00962	
	»	»	275	0.00458	
	410	»	»	0.0001	
Nº 10	»	»	390	0.00036	
De la gare de Vitry au pied du glacis des for-tifications............	»	»	330	0.00009	
	495	»	»	0.00024	
	»	»	332	0.00118	
	133	»	»	0.0016	
	»	170	»	»	
	»	»	135	0.00156	
	130	»	»	0.00154	
	»	250	»	»	
	»	»	380	0.0218	
Nº 11	»	»	715	0.00014	
De Maisons-Alfort à la route nationale nº 19, près du pont d'Ivry....	330	»	»	0 00046	
	»	»	545	0.00094	
	445	»	»	0.0011	
	1.943	455	3.657		
		6.055			

1ʳᵉ Section.

ALIGNEMENTS ET COURBES

EMBRANCHEMENTS	LONGUEUR EN			Totaux	OBSERVATIONS
	Alignements	Courbes	Rayons		
	m.	m.	m.		
	»	117	75		
	38	»	»		
	»	72	100		
	35	»	»		
N° 1 : du chemin de fer des Docks à la Seine.........	»	75	150	1134 »	
	185	»	»		
	»	35	100		
	22	»	»		
	»	25	75		
	205	»	»		
	»	35	300		
	290	»	»	4	
N° 2 : de l'embranchement n° 1 à la rue des Rosiers..	508	»	»	1593 »	
	»	85	125		
	1000	»	»		
	150	»	»		
	»	75	200		
	800	»	»		
	»	50	100		
N° 3 : de la station de Puteaux-Suresnes à la rue Sainte-Marie, à Courbevoie	830	»	»	3000 »	
	»	125	200		
	215	»	»		
	»	50	500		
	140	»	»		
	»	35	300		
	300	»	»		
	»	130	500		
N° 4 : de l'embranchement n° 3, près du pont de Neuilly, à la rue de Penthièvre.	100	»	»	»	
	»	»	»		
	»	220	300		
	40	»	»		
	»	48	300		
	235	»	»		
	»	120	225		
	275	»	»		
	»	500	900		
N° 5 : de la station des Moulineaux à la r. de la Reine.	150	»	»	2758 »	
	»	115	600		
	90	»	»		
	»	48	700		
	247	»	»		
	»	40	500		
	355	»	»		
	»	200	1000		
	75	»	»		
	6285	2200	»	8485	

2ᵉ Section.

ALIGNEMENTS ET COURBES

DÉSIGNATION DES EMBRANCHEMENTS	LONGUEUR EN			OBSERVATIONS
	Aligne-ments	Courbes	Rayons	
	mètres	mètres	mètres	
Nᵒ 6.—De la route départemen-tale nᵒ 54 (dite route de Châtillon) à la route départementale nᵒ 65, de Cachan à Gentilly.	2325 » 130	» 140 »	» 500 »	
Nᵒ 7.—Du sentier de la fosse-du Pied-d'Ane (route de Châtil-lon) à la Grande-Rue de Mont-rouge.	102 » 700	» 85 »	» 75 »	
Nᵒ 8.—Des abords du fort de Montrouge (route de Toulouse) à la Grande-Rue de Montrouge.	140 » 360	» 185 »	» 100 »	
	3.757	410		
	4.167			

3ᵉ *Section.*

ALIGNEMENTS ET COURBES

DÉSIGNATION des Embranchements	LONGUEUR EN			OBSERVATIONS
	Alignements	Courbes	Rayons	
	mètres	mètres	mètres	
Nº 9. Du chemin de Gournay (route de Choisy) au chemin des Plantes (Ivry).	»	»	»	Tramway concédé par l'administration.
	»	200	2.500	
	»	145	200	
	35	»	»	
Nº 10.	»	130	150	
	325	»	»	
De la Gare de Vitry au pied du glacis des fortifications.	»	65	90	
	1.020	»	»	
	»	135	300	
	905	»	»	
	»	80	800	
	600	»	»	
	180	»	»	
	»	100	800	
	»	100	100	
Nº 11	180	»	»	
	»	33	400	
	432	»	»	
De Maisons-Alfort à la route Nationale nº 19, près du pont d'Ivry.	»	70	75	
	235	»	»	
	»	95	75	
	150	»	»	
	»	30	300	
	60	»	»	
	»	40	300	
	710	»	»	
	4.832	**1.223**		
	6.055			

EMBRANCHEMENTS	EMPLACEMENT	SUPERFICIE OCCUPÉE			SUPERFICIE APPARTENANT aux Villes et aux Communes			RESTE à Acquérir.	Prix.	Sommes	Totaux	OBSERVATIONS.
		Longueur	Largeur	Total	Longueur	Largeur	Total.					
		m.	m.	m.	m.	m.	m.	m.	fr.	fr.	fr.	
N° 1. Du chemin de fer des Docks de la Seine	Abord de la station n°1(village Biron)	82	4	328	»	»	»	328	15	4.920	»	
	Avenue de la gare.	145	4	580	145	4	580	»	»	»		
	Route de la Révolte.	35	4	140	35	4	140	»	»	»		Traversée de la route de la Révolte.
	Avenue Ardoin jusqu'à l'extrémité du bassin des docks.	289	4	1156	289	4	1156	»	»	»	7.020	
	Vis-à-vis l'extrémité du bassin des docks	28	5	140	»	»	»	140	15	2.100	»	Développement de courbe.
	Av. Ardoin du point précéd. à la Seine.	555	4	2220	555	4	2220	»	»	»		
N° 2. De l'embranchement n° 1 à la rue des Rosiers.	Avenue de la Gare	543	4	2172	543	4	2172	»	»	»	»	
	Route départementale n° 13, dite Avenue de St-Ouen.	1050	4	4200	1050	4	4200	»	»	»		
N° 3. De la station de Puteaux-Suresnes à la rue Sainte-Marie à Courbevoie.	Rue de Neuilly.	628	4	2512	628	4	2512	,	»	»		
	Rue de Paris.	1337	4	5348	1337	4	5348	»	»	»	»	
	Quai national.	147 5	5	737	147 5	5	737 5	»	»	»		
	Rampe du pont.	107 5	5	537	107 5	5	537 5	»	»	»		
	Place Napoléon.	60	4	240	60	4	240	»	»	»		
	Quai Napoléon.	645	4	2580	·645	4	2580	»	»	»		
	Pont de Neuilly.	75	8	600	75	8	600	»	»	»		Pas. dans l'arche de déch., côte du pont de Courbevoie.
N° 4. De l'embranchem. n° 3, près du pont de Neuilly, à la rue de Penthièvre (Suresnes)	»	»	»	»	»	»	»	»	»	»	»	
N° 5. De la station des Moulineaux à la rue de la Reine.	Abords de la station des Moulineaux.	260	6	1560	»	»	»	1560	2	3.120	»	Elargissement de l'emprise du chemin de fer Circulaire pʳ faciliter le raccordement.
	Chemin de grande communicat. n. 2.	403	4	1612	403	4	1612	»	»	»	3.120	
	Chemin de grande communicat. n. 35	1040	4	4160	1040	4	4160	»	»	»		
	Chemin des Charbonniers.	1055	4	4220	1055	4	4220	»	»	»	10.140	
											1.160	
	Un dixième en plus environ.	»	»	»	»	»	»	»	»	»		
	Total....	»	»	»	»	»	»	»	»	»	11.300	

ACQUISITIONS DE TERRAINS

DÉSIGNATION DES EMBRANCHEMENTS		SUPERFICIE OCCUPÉE			Superficie appartenant aux villes et communes			RESTE à acquérir	PRIX	SOMMES	TOTAUX par EMBRANCHEMENT	OBSERVATIONS
		Longueur	Largeur	Total	Longueur	Largeur	Total					
		m.	m.	m. c.	m.	m	m. c.	m. c.	f.	f. ,	fr.	
Nº 6 De la route départ. nº 54 (dite route de Châtillon) à route départ. nº 65 de Cachan à Gentilly.	De la route de Châtillon à la voie de Paris à Fontenay........	423	13	5499	»	«	»	5499 »	3	16.497		
	De la voie de Paris à Fontenay au chemin de Bagneux......	682	10	6820	»	»	»	6820 »	3	20.460		
	Du chem. de Bagneux à la route nationale nº 20.............	435	13 20	5742	»	»	»	5742 »	3	17.226		
	De la route nationale nº 20 au chemin des Prêtres..........	415	15 50	6432 50	40	15 50	620 »	5812 50	2	11.625		
	Du chem. des Prêtres à la route départementale nº 65........	640	14 45	9248 »	30	14 45	433 50	8814 50	2	17.629		
										83.437		
Un dixième en plus environ...........		»	»	»	»	»	»	»	»	6.563	90.000	Elargissem. du talus du chemin de fer Circulaire.
Nº 7. Du sent. de la fosse du Pied-d'Ane (route de Châtillon) à la Grande-Rue de Montrouge.	Abords du chemin de fer Circulaire....................	142	4	568	»	»	»	568 »	3	1.704		
		45	4	180	»	»	»	180 »	3	540		
	Route de Châtillon...........	700	4	2800	700	4	2800 »	»	»	»		
										2.244		
Un dixième en plus environ...........		»	»	»	»	»	»	»	»	256	2.500	Elargissem. du talus du chemin de fer Circulaire.
Nº 8. Des abords du fort de Montrouge (route de Toulouse) à la Grande-Rue de Montrouge.	Abords du chemin de fer Circulaire....................	140	4	560	»	»	»	560 «	3	1.680		
		120	4	480	»	»	»	480 »	3	1.440		
	Route d'Orléans.............	425	4	1700	425	4	1700 »	«	»	»		
										3.120		
Un dixième en plus environ.........		»	»	»	»	»	»	»	»	380	3.500	
Total...............		4167	»	40029 50	1195	»	5553 50	34476 »	»	»	96 000	

3ᵉ *Section.*

ACQUISITION DE TERRAINS

DÉSIGNATION DES EMBRANCHEMENTS	SUPERFICIE OCCUPÉE			Superficie appartenant aux villes et commun.			RESTE À ACQUÉRIR	PRIX	SOMMES	TOTAUX par embranchement	OBSERVATIONS
	Longueur	Largeur	Total	Longueur	Largeur	Total					
	m.		m.	m.		m.	m.	f.	f.	f.	
N° 9. — Du chemin de Gournay (route de Choisy) au chemin des Plantes (Ivry)....................	»	»	»	»	»	»	»	»	»		Tramway concédé par l'Administration.
latéral. au chem. de fer Circul.	200	2	400	»	»	»	400	3	1.200		Elargiss. du talus du chem. de fer Circulaire.
à la suite.	60	4	240	»	»	»	240	3	720		
N° 10 latéral. au ch. de fer d'Orléans.	180	2	360	»	»	»	360	3	1.080		Elargiss. du talus du chem. de fer d'Orléans.
De la gare de Vitry au à la suite.	25	4	100	»	»	»	100	3	300		
pied du glacis des for- route départementale n° 59....	1.500	4	6.000	1.500	4	6.000	»	»	»		
tifications.......... r.-point de la Bosse-de-Marne.	70	4	280	70	4	280	»	»	»		
route nationale n° 19..........	920	4	3.680	920	4	3.680	»	»	»		
quai d'Ivry..................	685	4	2.740	685	4	2.740	»	»	3.300		
Un dixième en plus environ.............	»	»	»	»	»	»	»	»	200	3.500	
N° 11 latéral. au chem. de fer Circul.	300	2	600	»	»	»	600	4	2.400		Elargiss. du talus du chem. de fer Circulaire.
à la suite.	55	4	220	»	»	»	220	4	880		
De Maisons-Alfort à la ch. de Villeneuve-St-Georges..	690	4	2.760	690	4	2.760	»	»	»		
route n° 19, près du à la suite..............	25	6	150	»	»	»	150	4	600		
pent d'Ivry.......... chemin du Port-à-l'Anglais....	285	4	1.140	285	4	1.140	»	»	»		
à la suite.............	40	5	200	»	»	»	200	4	800		
rue Véron..................	1.020	4	4.080	1.020	4	4.080	»	»	4.680		
Un dixième en plus environ.............	»	»	»	»	»	»	»	»	320	5.000	
Totaux..............	6.055	»	22.950	5.170	»	20.680	2.270	»	»	8.500	

1ʳᵉ Section. — TERRASSEMENTS

EMBRANCHEMENTS	EMPLACEMENT	NATURE DE L'OUVRAGE	DIMENSIONS			CUBES		Prix en remblai	Sommes	Prix en déblai	Sommes	Totaux	OBSERVATIONS
			Longueur	Largeur	Hauteur	En remblai	En déblai						
			m.	m.	m.	m	m.	f. c.	fr. c.	f. c.	fr. c.	fr. c.	
N° 1. Du chem. de fer des Docks à la Seine.....	Sur tout le parcours.	Déb. pour mise en place de la voie.	1134	4 »	0 20	»	907 20	»	»	0 70	635 04	635 04	
N° 2. De l'embranch. n° 1 à la rue des Rosiers..	Sur tout le parcours.	Déb. pour mise en place de la voie.	1593	4 »	0 20	»	1274 40	»	»	0 70	892 08	892 08	
N° 3. De la station de Puteaux-Suresnes à la rue Ste-Marie (Courbevoie)	De la station de Puteaux-Suresnes au pont de Neuilly...	Déblai pour mise en place de la voie..........	1965	4 »	0 20	»	1572 »	»	»	0 70	1.100 40	6.692 70	
	Abords du pont, côté de Puteaux.......	Tranchée........	147 05	5 »	3 »	»	2242 05	»	»	0 70	1.548 75		
	Pont de Neuilly.....	Souterrain.......	75	8 »	6 »	»	3600 »	»	»	0 70	2.520 »		
	Abords du pont, côté de Courbevoie	Tranchée.... ...	107 05	5 »	3 »	»	1612 05	»	»	0 70	1.128 75		
	Du pont de Neuilly à la r. Sainte-Marie, à Courbevoie	Déblai pour mise en place de la voie..........	705	4 »	0 20	»	564 »	»	»	0 70	394 80		
N° 4. De l'embranch. n° 3 près du pont de Neuilly à la rue de Penthièvre (Suresnes)..........	»	»	»	»	»	»	»	»	»	»	»	»	
N° 5. De la stat. des Moulineaux à la rue de la Reine.	Abords de la station des Moulineaux sur tout le surplus du parcours..........	Remblai........	260	6 »	2 27	3541 20	»	1 20	4.249 44	»	»	5.648 32	
		Déblai pour mise en place de la voie..........	2498	4 »	0 20	»	1998 04	»	»	0 70	1.398 88		
												13.868 14	
	Un dixième en plus environ........		»	»	»	»	»	»	»	»	»	1.331 86	
	Total..............		»	»	»	»	»	»	»	»	»	15.200 »	

2e *Section.*
TERRASSEMENTS

DÉSIGNATION des EMBRANCHEMENTS	NATURE de L'OUVRAGE	DIMENSIONS			CUBES		PRIX		SOMMES	Totaux par embranchement.	OBSERVATIONS
		Longueur	Largeur	Hauteur.	en remblai	en déblai.	du remblai	du déblai			
		mètres	m. c.	m. c.	m. c.	m. c.	fr. c.	fr. c.	fr. c.	fr.	
N° 6. De la route départementale n. 54 (dite route de Châtillon) à la route départementale n. 65 de Cachan à Gentilly....................	Remblai......	423	13 »	2 50	13.747 50	»	1 20	»	16.497 »		Pour les cubes en déblai de l'embranchement n° 6, on a porté 25 0/0 en plus pour tenir compte du foisonnement.
	Id.	447	8 »	0 20	715 20	»	1 20	»	858 24		
	Déblai........	235	12 50	2 23	»	8.188 30	»	0 70	5.731 81		
	Id.	435	13 20	5 20	»	37.323 »	»	0 70	26.126 10		
	Id.	415	15 50	7 55	»	60.706 72	»	0 70	42.494 70		
	Id.	400	16 60	8 60	»	71.380 »	»	0 70	49.966 »		
	Remblai......	50	11 40	1 12	638 40	»	1 20	»	766 08		
	Déblai........	190	14 45	5 50	»	15.100 25	»	0 70	10.570 18		
		2.595			15.101 10	192.608 27			153.010 11		
									16.989 89		
Un dixième en plus environ.....		»	»	»	»	»	»	»	»	170.000	
N° 7. Du sentier de la fosse du Pied-d'Ane (route de Châtillon) à la Grande-Rue de Montrouge	Remblai.......	142	4 »	1 43	812 24	»	1 20	»	974 69		
	Déblai pour pose de la voie.	745	4 »	0 20	»	596 »	»	0 70	417 20		
		887			812 24	596 »			1.391 89		
									108 11		
Un dixième en plus environ.....		»	»	»	»	»	»	»	»	1.500	
N. 8. Des abords du fort Montrouge (route de Toulouse) à la Grande-Rue de Montrouge..	Déblai........	260	4 »	2 55	»	2.652 »		0 70	1.856 40		
	Déblai pour pose de la voie.	425	4 »	0 20	»	340 »		0 70	238 »		
		685				2.992 »			2.094 40		
									205 60		
Un dixième en plus environ.....		»	»	»	»	»	»	»	»	2.300	
Total général............		»	»	»	»	»	»	»	»	173.800	

— 341 —

3ᵉ *Section*.

TERRASSEMENTS

DÉSIGNATION des embranchements	NATURE. de l'ouvrage	DIMENSIONS			CUBES		PRIX		SOMMES	TOTAUX par embranchem.	OBSERVATIONS
		Longueur	Largeur	Hauteur	en remblai	en déblai	du remblai	du déblai			
		mètres.	mètres	m. c.	mètres.	mètres.	fr. c.	fr. c.	fr. c.	fr. c.	
Nº 9. Du chemin de Gournay (route de Choisy) au chemin des Plantes (Ivry.)............	»	»	»	»	»	»	»	»	»	»	Tramway concédé par l'Administration.
Nº 10. De la gare de Vitry au pied du glacis des fortifications. {Abords du chemin de fer Circulʳᵉ. Sur tout le parcours.	Remblai.	345	4	4 90	3.381	»	1 20	»	4.057 20		Elargissement du talus du chemin de fer.
	Déblai pour pose de la voie.	3.295	4	0 20	»	2.636	»	0 70	1.845 20		
									5.902 40		
Un dixième en plus environ.............	»	»	»	»	»	»	»	»	597 60		
Nº 11. De Maisons-Alfort à la route nationale n.19, près du pont d'Ivry. {Abords du chemin de fer Circulʳᵉ. Sur le parcours.	Remblai.	380	2	3 60	2.736	»	1 20	»	3.283 20	6.500 »	
	Déblai pour pose de la voie.	2.035	4	0 20	»	1.628	»	0 70	1.139 60		Idem.
									4.422 80		
Un dixième en plus environ.............	»	»	»	»	»	»	»	477 20		
										4.900 »	
Total.....................	»	»	»	»	»	»	»	»	11.400 »	

TRAVAUX D'ART

EMBRANCHEMENTS	EMPLACEMENTS	NATURE DE L'OUVRAGE	DIMENSIONS			Prix du mètre	Sommes	TOTAUX	OBSERVATIONS
			Longueur	Largeur entre les têtes	Total en surface				
			m.	m.	m.	fr.	fr.	fr.	
N° 1. Du chemin de fer des Docks à la Seine.........	»	»	»	»	»	»	»	»	
N° 2. De l'embranch. n° 1 à la rue des Rosiers.......	»	»	»	»	»	»	»	»	
N° 3. De la station de Puteaux-Suresnes à la rue Ste-Marie (Courbevoie)...	Quai National	Mur de soutèn..	147 5	3 »	442 5	20 »	8.850 »	⎱ 52.800 »	Travaux d'appropriat. de l'arche de décharge (culée côté de Courbevoie) pour permettre le passage de la voie.
	Pont de Neuilly.....	Pas. par dessous.	75 »	»	»	500 »	37.500 »		
	Rampe du Pont.....	Mur de soutèn..	107 5	3 »	322 5	20 »	6.450 »	⎰	
N° 4. De l'embranch. n° 3, près du pont de Neuilly, à la r. Penthièvre(Suresnes).	»	»	»	»	»	»	»	»	
N° 5. De la station des Moulineaux à la r. de la Reine.	Abords de la station des Moulineaux...	Etablissem. d'un talus perreyé..	260 »	2 75	715 5	7 »	5.005 »	5.005 »	Talus perreyé pour soutenir la plate-forme du Chemin de fer Circulaire.
								57.805 »	
	Un dixième en plus....................		»	»	»	»	»	5.695 »	
	Total............		»	»	»	»	»	63.500 »	

TRAVAUX D'ART

DÉSIGNATION des EMBRANCHEMENTS	NATURE de L'OUVRAGE	DIMENSIONS			PRIX du mètre	SOMMES	TOTAUX par embranche-ment	OBSERVATIONS
		Longueur	Largeur entre les têtes	Total en surface				
		mètres	mètres	mètres	fr.	fr. c.	fr.	
Nº 6. — De la route départementale nº 54 (dite route de Châtillon) à la route départementale nº 65, de Cachan à Gentilly..............	Chemin de Bagneux, passage par dessous.....	8	4	32	80	2.560 »		
	Route nationale nº 20, passage par dessous..	10	12	120	100	12.000 »		
	Chemin des Prêtres, passage par dessous. ...	8	4	32	80	2.560 »		
	Chemin de fer de Sceaux, passage par dessous..	10	8	80	125	10.000		
	Voie d'Arcueil, passage par dessous.........	10	10	100	80	8.000		
						35.120 »		
Un dixième en plus environ.................						3.380 »	38.500	
Nº 7. — Du sentier de la Fosse-du Pied-d'Ane (route de Châtillon) à la Grande-Rue de Montrouge.................	Talus perreyé..........	2 × 142	2 60	738 40	7	5.168 80		
Un dixième en plus environ.................						331 20	5.500	
Nº 8. — Des abords du fort de Montrouge (route de Toulouse) à la Grande-Rue de Montrouge.................	Talus perreyé..........	2 × 260	3 25	1700 »	7	11.900 «		
Un dixième en plus environ.................						1.100 »	13.000	
Total général..................							57.000	

TRAVAUX D'ART

DÉSIGNATION des EMBRANCHEMENTS	NATURE de L'OUVRAGE	DIMENSIONS			PRIX du mètre	SOMMES	TOTAUX par embranchement	OBSERVATIONS
		Longueur	Largeur entre les têtes	Total de superficie				
		mètres	mètres	mètres	fr.	fr.	fr.	
Nº 9. — Du chemin de Gournay (route de Choisy) au chemin des Plantes (Ivry)...................	»	»	»	»	»	»	»	Tramway concédé par l'administration.
Nº 10.—De la gare de Vitry au pied du glacis des fortifications .... { latéralement au Chemin de fer Circulaire......}	talus perreyé	250	8	2.000	7	14.000		
latéralement au chemin de fer d'Orléans......	mur de soutènement......	100	6	600	25	15.000		
chemin latéral au chemin de fer d'Orléans..	passage par dessus.......	20	4	80	80	6.400		
						35.400		
Un dixième en plus environ.....						4.600	40.000	
Nº 11. — De Maisons-Alfort à la route nationale nº 19, près du pont d'Ivry { latéralement au Chemin de fer Circulaire......	talus perreyé............	340	5	1.700	7	11.900		
fossé du Marais.........	aqueduc.	5	4	20	80	1.600		
						13.500		
Un dixième en plus environ...						3.500	17.000	
Total.............................							57.000	

1re *Section.*

ARMEMENT DE LA VOIE

EMBRANCHEMENTS	EMPLACEMENT	LONGUEUR EN			Prix du mètre	SOMMES	TOTAUX	OBSERVATIONS
		Chaussée en empierrem.	Chaussée pavée	Chaussée neuve à paver				
		m.	m.	m.	fr.	fr.	fr.	
	Avenue de la gare.............	»	145	»	32	4.640		
N° 1. Du chemin de fer des Docks à la Seine.......................	Route de la Révolte..........	35	»	»	38	1.330	42.222	
	Avenue Ardoin..............	844	»	»	38	32.072		Ballast à établir.
	En dehors des voies publiques.	110	»	»	38	4.180		
N° 2 De l'embranchement n° 1 à la rue des Rosiers..............	Avenue de la gare.............	»	543	»	32	17.376	57.276	
	Avenue de Saint-Ouen	1050	»	»	38	39.900		
	Rue de Neuilly...............	»	628	»	32	20.096		
N° 3. De la station de Puteaux-Suresnes à la rue Sainte-Marie, à Courbevoie.................	Rue de Paris................	»	1337	»	32	42.784		
	Pont de Neuilly et abords....	330	»	»	38	12.540	101.850	Ballast à établir.
	Place Napoléon	»	60	»	32	1.920		
	Quai Napoléon	645	»	»	38	24.510		
N° 4. De l'embranchement n° 3, prés du pont de Neuilly, à la rue de Penthièvre (Suresnes).......	»	»	»	»	»	»		
	Abords de la station des Moulineaux..................	260	»	»	38	9.880		Etablissement de ballast.
N° 5. De la station des Moulineaux à la rue de la Reine.	Chemin de grande communication n° 2................	403	»	»	38	15.314	104.804	
	Chemin de grande communication n° 35..............	1040	»	»	38	39.520		
	Chemin des Charbonniers....	1055	»	»	38	40.090		Empierrement à établir.
Un dixième en plus environ........						306.152 29.848		
Total.................							336.000	

2ᵉ *Section.*

ARMEMENT DE LA VOIE

DÉSIGNATION des EMBRANCHEMENTS	LONGUEUR SUR			PRIX du mètre	SOMMES	TOTAUX par embranchem.	OBSERVATIONS
	Chaussée en empierrement	Chaussée pavée	Chaussée neuve à paver				
	mètre	mètre	mètre	fr.	fr. c.	fr.	
N. 6. — De la route départementale n° 54 (route de Châtillon) à la route départementale n° 65, de Cachan à Gentilly.	»	»	»	»	237.442 50		Embranchement à deux voies, à traction de locomotives. 2,595 mètres de double voie, à 90 francs le mètre .... 233.550 fr. » 5.190 mètres de clôtures ordinaires, à 0 fr. 75 .... 3.892 50 ——— 237.442 fr. 50
				Un dixième en plus envir.	22.557 50	260.000	
N. 7. — Du sentier de la fosse du Pied-d'Ane (route de Châtillon) à la Grande-Rue de Montrouge....................	142	»	»	38	5.396 »		Embranchement à une seule voie, à traction de chevaux.
	»	745	»	32	23.840 »		
					29.236 »		
				Un dixième en plus envir.	2.764 »	32.000	
N. 8. — Des abords du fort de Montrouge (route de Toulouse) à la Grande-Rue de Montrouge........................	260	»	»	38	9.880 »		Id.
	»	425	»	32	13.600 »		
					23.480 »		
				Un dixième en plus envir.	2.520 »	26.000	
				Total général...........		318.000	

3e *Section.*

ARMEMENT DE LA VOIE

DÉSIGNATION des EMBRANCHEMENTS	LONGUEUR SUR			PRIX du MÈTRE	SOMMES	TOTAUX par EMBRANCHEMENT	OBSERVATIONS
	Chaussée en empierrement	Chaussée pavée	Chaussée neuve à paver				
	mèt.	mèt.	mèt.	fr.	fr.	fr.	
N° 9. Du chemin de Gournay (route de Choisy) au chemin des Plantes (Ivry)..........		»	»	»	»	»	Tramway concédé par l'Administration.
N° 10. De la gare de Vitry au pied du glacis des fortifications.......... — Raccordement avec le chemin de fer d'Orléans........	465	»	»	50	23.250		Cette partie d'embranchement devra être établie de façon à permettre la traction par locomotive.
Route départementale n° 59.......	»	1.500	»	32	48.000		
Rond-point de la bosse de Marne.	»	70	»	32	2.240		
Route nat^{le} n° 19..	»	920	»	32	29.440		
Quai d'Ivry........	»	685	»	32	21.920		
					124.850		
Un dixième en plus environ.............................					10.150		
						135.000	
N° 11. De Maisons-Alfort à la route n° 19, près du pont d'Ivry........... — Raccordement avec le Chemin de fer Circulaire.......	355	»	»	38	13.490		
Ch. de Villeneuve-St-Georges......	715	»	»	38	27.170		
Chemin de Port-à-l'Anglais........	325	»	»	38	12.350		
Rue Véron........	1.020	»	»	38	38.760		
					91.770		
Un dixième en plus environ.........................					8.230		
						100.000	
Total.......................						235.000	

EMBRANCHEMENTS

RÉCAPITULATION DES FRAIS DE CONSTRUCTION

DÉSIGNATION des EMBRANCHEMENTS	LONGUEURS	ACQUISITION de TERRAINS	TERRASSEMENTS	TRAVAUX D'ART	ARMEMENT DE LA VOIE	DÉPENSES TOTALES	PRIX MOYEN de revient par kilomètre
	mètres	f. c.	f. c	f c.	f. c.	f c	f. c.
Embranchement n° 1............	1.134	7.800 »	700 »	»	47.000 »	55.500 »	48.942 »
— n° 2............	1.593	»	1.000 »	»	62.000 »	63.000 »	39.548 »
— n° 3............	3.000	»	7.300 »	58.000 »	112.000 »	177.300 »	59.100 »
— n° 4............	Mémoire	» »	»	»	»	»	»
— n° 5............	2.758	3.500 »	6.200 »	5.500 »	115.000 »	130.200 »	47.208 »
— n° 6............	2.595	90.000 »	170.000 »	38.500 »	260.000 »	558.500 »	202.502 »
— n° 7........... .	887	2.500 »	1.500 »	5.500 »	32.000 »	41.500 »	46.787 »
— n° 8............	685	3.500 »	2.300 »	13.000 »	26.000 »	44.800 »	65.401 »
— n° 9............	Mémoire	»	»	»	»	»	»
— n° 10............	3.640	3.500 »	6.500 »	40.000 »	135.000 »	185.000 »	10.824 »
— n° 11............	2.415	5.000 »	4.900 »	17.000 »	100.000 »	126.900 »	52.547 »
Totaux..........	18.707	115.800 »	200.400 »	177.500 »	889.000 »	1.382.700 »	73.914 »

COUT GÉNÉRAL

DU CHEMIN DE FER MÉTROPOLITAIN DE LA BANLIEUE DE PARIS

Y COMPRIS SES EMBRANCHEMENTS

Dans la première partie de notre Mémoire, nous avons évalué le coût du Chemin de fer Métropolitain et de la banlieue de Paris à cent millions environ.................................. 100.000.000 fr.

Nous n'avions pas à tenir compte des aliénations temporaires de terrains que nous demandons à titre de subvention....................................... Mémoire.

Le coût des embranchements est de............. 1.382.700

La dépense totale présumée est de.............. 101.382.700 fr.

Le nombre de kilomètres étant de :

Pour les lignes principales du chemin de fer...... 97 ^{k},183

Pour les embranchements..................... 18 707

Total............. 115 ^{k},890

Le coût moyen par kilomètre est de............. 874.818 fr.

TABLE DES MATIÈRES

MÉMOIRE

ANNEXES

DÉLIBÉRATIONS DES COMMUNES DU DÉPARTEMENT DE LA SEINE

Canton de Courbevoie.

Canton de Neuilly.

Canton de Saint-Denis.

Canton de Pantin.

Canton de Charenton.

Canton de Villejuif.

Paris. — Imp. Nouv. (assoc. ouv.), 14, rue des Jeûneurs — G. Masquin et Cᵉ

PARIS. — IMPRIMERIE NOUVELLE (ASSOCIATION OUVRIÈRE), 14, RUE DES JEUNEURS

G. MASQUIN ET Cᶜ.

www.ingramcontent.com/pod-product-compliance
Lightning Source LLC
Chambersburg PA
CBHW061122220326
41599CB00024B/4127